Keysers großes Buch der Pferde und Ponys

Mit dem Rassenlexikon von A bis Z

Keysers großes Buch der

Pferde und Ponys

von Claudia Persson
neu bearbeitet von Manfred Gold

Keysersche Verlagsbuchhandlung München

Gesamtherstellung: Verlagsdruckerei E. Rieder, Schrobenhausen
Printed in Germany
ISBN 3-87405-076-9

Inhaltsverzeichnis

Vorwort

Das Pferd ist von allen Tieren der treueste und nützlichste Gefährte des Menschen und hat für die Zivilisation eine Bedeutung gehabt, über die man sich kaum noch eine Vorstellung macht. Wirtschaft, Verkehr, Kriegswesen, Repräsentation der Macht oder elegante Vergnügungen – all dies war noch zumindest bis zu Anfang unseres Jahrhunderts ohne das Pferd so wenig denkbar, wie heute ein Leben ohne Technik und Automobil. Bestimmt ist dem Menschen unserer Zeit dieser Gedanke seltsam, daß es ein Tier war, das eine solche große Rolle gespielt hat, nachdem wir uns inzwischen ganz mit der anonymen Zuverlässigkeit der Technik eingerichtet haben!

Tatsächlich ist das Pferd innerhalb kurzer Zeit — vom praktischen Standpunkt aus gesehen — eigentlich fast überflüssig geworden, und es würde in vielen Bereichen, in denen es früher unentbehrlich war, eine Gefahr oder zumindest eine Belastung darstellen. So hat man ja auch angesichts der Technisierung unserer Welt das Aussterben des Pferdes befürchtet — eine Vorstellung, die nach der langen Tradition der Partnerschaft zwischen Mensch und Pferd für viele sehr schmerzlich erschien.

Heute sieht es so aus, als hätte der Mensch seinem alten Gefährten doch die Treue gehalten. Die anonyme Zuverlässigkeit der Technik kann die persönliche Beziehung nicht ersetzen, die zwischen einem Pferdefreund und seinem Tier besteht. Man kann sogar sagen, daß auch das Pferd vom technischen Fortschritt seine Vorteile hat, denn es wird kaum noch als Arbeitspferd ausgenutzt, sondern lebt fast ausschließlich in Pflege von sachkundigen und liebevollen Pferdefreunden, und ist bei Sport und Freizeitreiten ganz in seinem Element.

Zu dieser Wiederentdeckung des Pferdes und der neuen Bedeutung, die es in unserer Zeit haben kann, will dieses Buch mit beitragen. Als Bildband will es durch die große Auswahl von Fotos aus allen Bereichen, in denen das Pferd heute anzutreffen ist, die Freude an diesem edlen und kameradschaftlichen Tier erwecken oder vermehren. Der Text möchte ein allgemeines Verständnis für das Pferd, seine Entwicklung und seine heutige Bedeutung — besonders natürlich im Sport — vermitteln, zugleich aber auch die Möglichkeiten der Freizeitgestaltung mit Pferden und Ponys aufzeigen, wobei die wichtigsten Dinge für den Umgang mit ihnen erläutert werden. Einen besonderen Schwerpunkt bildet das Rassenlexikon von A bis Z, das eine detaillierte Übersicht gibt über hundert zur Zeit gezüchtete Pferde- und Ponyrassen, über ihre Eigenschaften, Verwendungsmöglichkeiten und Bedürfnisse.

Wenn viele Pferdefreunde an diesem Buch Gefallen und Nutzen finden, und es ihm zugleich gelingt, mehr Menschen für das Pferd zu begeistern, dann hat es seinen Sinn erfüllt.

Zu den Fotos Seite 9 bis 16:

Seite 9: Pinzgauer Fohlen. Immer weniger werden die Kaltblüter, die wir auf unseren Weiden noch sehen können. Die Maschine hat das schwere Pferd verdrängt. (Foto: Prenzel)

Seite 10: Neu geboren. Liebevoll beschnuppert die Mutterstute das Fohlen, das noch ganz von ihr abhängig ist. (Foto: Alder)

Seite 11: Die ersten Sprünge. Die Welt will erobert werden, doch sicherheitshalber immer ganz dicht an der Seite der schützenden Mutter. (Foto: Alder)

Seite 12: In einem tunesischen Gestüt. Neben Berbern werden in Tunesien auch Araber gezüchtet. (Foto: Kroehnert-Anthony)

Seite 13: Wildpferde im Merfelder Bruch. Einmal im Jahr werden die wild lebenden Pferde zusammengetrieben und die Jährlingshengste herausgefangen. (Foto: Prenzel)

Seite 14: Heute kein Zucker? Kinder haben meist keine Angst vor Pferden und gehen mit ihnen oft selbstverständlicher um als Erwachsene. (Foto: Alder)

Seite 15: Haflinger auf der Hochweide. Das Südtiroler Bergland ist die Stammlandschaft dieser Pferderasse, die heute in vielen Ländern Europas gezüchtet wird. (Foto: Fuchs-Hauffen-Anthony)

Seite 16: Das Gras schmeckt noch nicht. Die wichtigste Nahrung für das Fohlen ist die Muttermilch — das ausgiebige Weiden kann es getrost noch der Mutter überlassen. (Foto: Nilson-Anthony)

Pinzgauer Fohlen

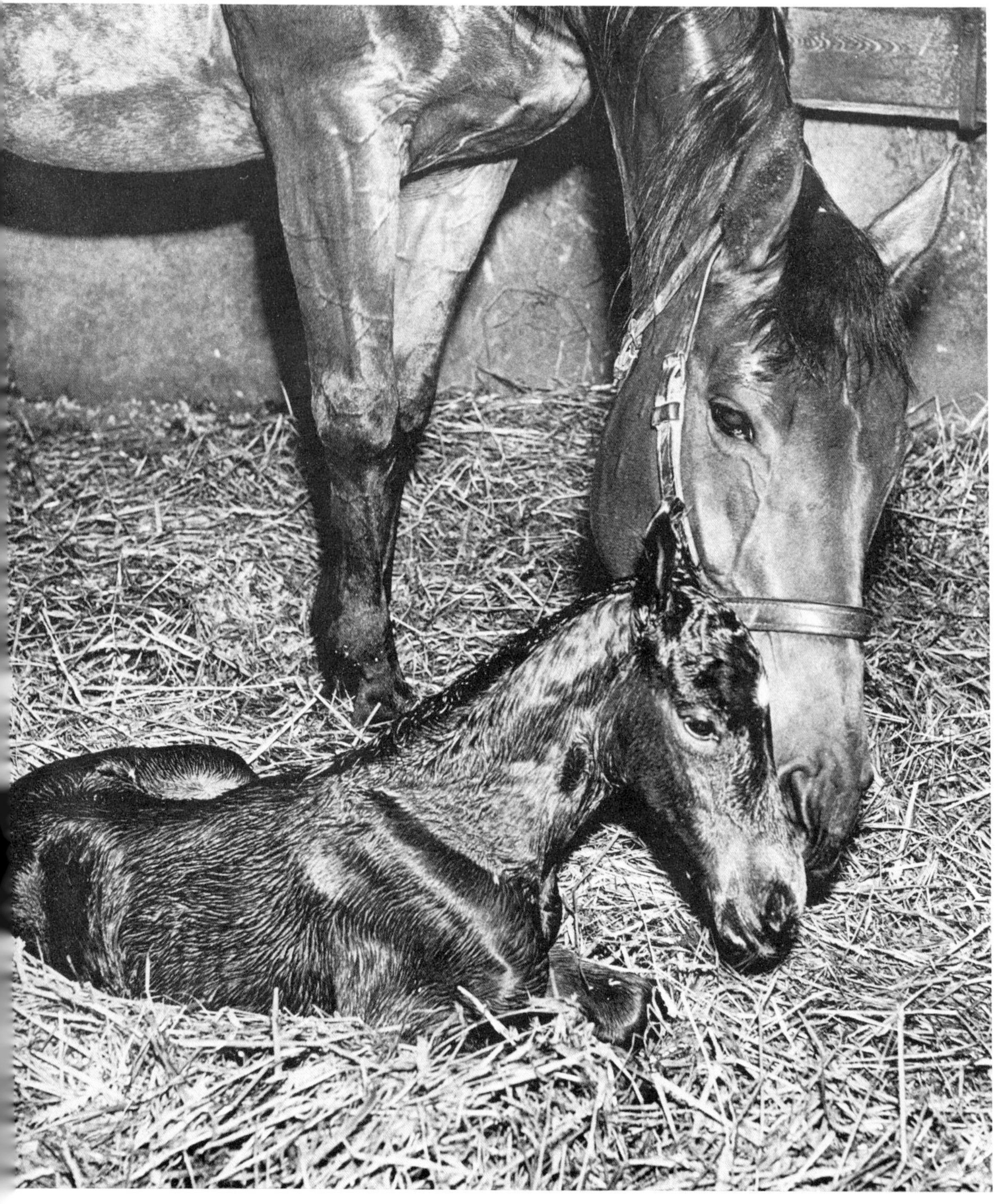

Neu geboren

Die ersten Sprünge

In einem tunesischen Gestüt

Wildpferde im Merfelder Bruch

Heute kein Zucker?

Haflinger auf der Hochweide

Das Gras schmeckt noch nicht

1. Vom Urpferd zum Rassepferd

Pferde — das sind für uns Lipizzaner, Trakehner, Holsteiner und Hannoveraner, es sind Haflinger, Friesen und Shetlandponys. Sie alle haben eine typische, unverwechselbare Gestalt, sie gehören zu einer bestimmten »Rasse«, die sich genau von anderen Rassen unterscheidet. Daß unsere heutigen Pferderassen nicht von Anfang an da waren, daß sie Ergebnis einer langen, sehr komplizierten Entwicklungsgeschichte sind, macht sich kaum ein Laie klar. Das Arabische Vollblut, das Englische Vollblut — sie spuken in den meisten Stammbäumen unserer Pferderassen herum. Doch auch diese Vollblüter mußten irgendwoher kommen — sie haben nicht immer in den Wüsten Arabiens oder den Gestüten Englands gelebt.

Alle Pferde, so wurde anhand von Skelettfunden bewiesen, gehen letztlich auf einen Urahnen zurück, den kleinen Eohippus, den ein deutscher Fachmann ebenso sinnvoll wie poetisch das »Morgenrötepferdchen« genannt hat, denn es lebte im erdgeschichtlichen Zeitalter der Morgenröte, dem Eozän, einer Epoche des Tertiärs. Unter diesem Urpferdchen dürfen wir uns nun keinen hohen, stolzen Renner mit einem Ristmaß von 1,70 m vorstellen — nein, der Eohippus war nicht mehr als hundegroß, er ernährte sich hauptsächlich von Laub und jungen Trieben und hatte keineswegs schon richtige Hufe, sondern vier (hinten drei) mit einem Hornschuh versehene Zehen. Diese Füße waren für die sumpfigen Urwaldgebiete Nordamerikas, in denen das kleine Tier vor etwa siebzig Millionen Jahren lebte, sehr viel besser geeignet als unbewegliche, harte Hufe, mit denen es natürlich in den weichen Boden eingesunken wäre. Das Klima änderte sich jedoch im Laufe von Jahrtausenden und Jahrmillionen und mit ihm die Vegetation und Bodenbeschaffenheit. Aus dem kleinen Buschbewohner des Eozäns wurde bis zum Ausgang des Tertiärs, im Pliozän, ein mittelgroßes, grasfressendes Steppentier, der Pliohippus, der nun nicht mehr ein Zehengänger, sondern ein Zehenspitzengänger war: ein echter Einhufer, dessen zweiter und vierter Zeh zu den heutigen »Griffelbeinen« (s. Kapitel 12 »Anatomie des Pferdes«) degeneriert waren. Die Anpassung an den trockenen Steppenboden war gelungen.

Von Nordamerika aus, der Urheimat all dieser pferdeartigen Tiere, begann nun eine große Wanderung: über die damals, in der frühen Eiszeit noch bestehende

Landbrücke der Beringstraße drang der Pliohippus nach Zentralasien, in den Vorderen Orient, nach Europa und Nordafrika vor, während er in seiner eigentlichen Heimat noch in vorgeschichtlicher Zeit völlig ausstarb. Die europäischen Eroberer des 16. Jahrhunderts fanden die Neue Welt ohne Pferde vor!

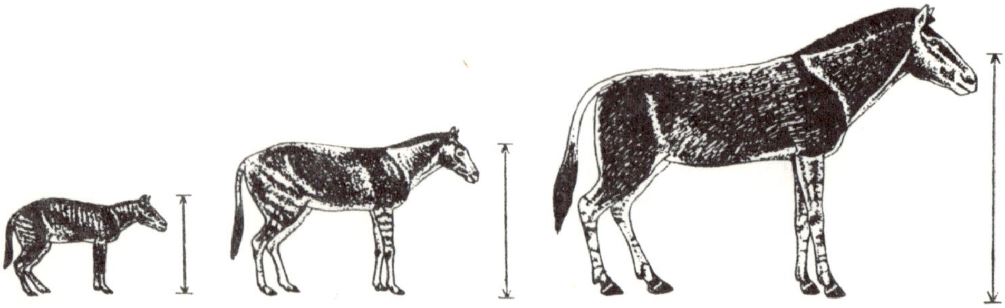

Eohippus 38 cm Miohippus 71 cm Pliohippus 113 cm

Die vier Urformen der heutigen Pferde

Wie wurden jedoch aus den Urwildpferden unsere heutigen Rassepferde?
Die Forschung hat sich mit diesem Problem so eingehend auseinandergesetzt, daß nicht nur eine oder zwei, sondern eine ganze Reihe von Theorien aufgestellt wurde. Eine von ihnen, die sogenannte »Mehrwildpferdetheorie« hat besonders viel für sich. Sie nennt vier verschiedene Wildformen als Ausgangsformen unserer heutigen Rassen: das Urpony, den Urkaltblüter, das Steppenpferd und den Uraraber.
Das Urpony war ein stämmiges kleines Tier mit tonnigem Körper, dem unsere heutigen Shetlandponys sehr ähnlich sind. Es war, wie Skelettfunde beweisen, sehr weit verbreitet: man hat es in West- und Mitteleuropa gefunden, wie auch in Kleinasien, Zentral- und Ostasien. Das Tier hatte eine Wideristhöhe von 120 bis 125 cm. Von ihm sollen alle unsere heutigen Ponyrassen abstammen, außerdem aber auch eine Reihe von Warm- und Kaltblütern.
Etwa gleichzeitig wie das Urpony, vielleicht schon zu Beginn der ersten Eiszeit, kam ein zweites Urpferd von Nordamerika nach Eurasien, das sogenannte Tundrenpferd, der Urkaltblüter. Im heute noch wildlebenden mongolischen Urwildpferd oder Przewalskipferd haben wir einen direkten Nachfahren dieser Tundrenpferde vor uns, die sich besonders gut an das Leben in kalten Gegenden angepaßt hatten. Diese massigen Tiere mit ihrem groben Kopf und »Elchmaul« kamen in den sumpfigen Gebieten Nordasiens und Nordeuropas vor, ebenso wie am Nordrand der

Alpen, einer damals vermoorten Zone. Die Widerristhöhe des Tundrenpferdes betrug etwa 135 cm, doch muß es auch sehr viel größere Arten gegeben haben. Viele unserer Gebirgsrassen, etwa die Haflinger, besitzen eine gute Portion Tundrenpferdeblut, ebenso wie fast alle Kaltblüter.

Einen ganz anderen Typ haben wir im Steppenpferd vor uns, das schon am Ende des Tertiärs von Nordamerika nach Asien kam. Zu ihm gehören auch die Zebraarten, die sich dann in Afrika zu ihrer heutigen Gestalt entwickelten, sowie die Wildesel und echten Südpferde. Die Heimat des südlichen Steppenpferdes reichte von Nordwestafrika und Südspanien bis nach Turkmenistan, und in der letzten Zwischeneiszeit drang es auch bis nach Mitteleuropa vor. Das südliche Steppenpferd war ein schlankes, ja hageres Lauftier von etwa 140 bis 150 cm Widerristhöhe – ein Typ, den Cervantes mit der »Rosinante« Don Quijotes unsterblich machte, und der heute durch Rückzüchtung in Andalusien wieder entstanden ist. Bei der Entwicklung der alten Andalusier und Berberpferde, der Turkmenen und Partherpferde hat das südliche Steppenpferd eine ausschlaggebende Rolle gespielt.

Der Uraraber – die letzte der vier Urwildpferdformen – weicht in seiner Erscheinungsform kaum von dem uns gewohnten Bild des Arabers ab: ein zierliches, kurzrückiges Tier mit schmalem, kurzem Kopf, konkavem Nasenprofil, schöngetragenem, hochaufgesetztem, schlankem Hals, hohem Widerrist, langen Schultern, schmaler Kruppe und schlanken, hohen Gliedmaßen.

Nicht nur in Arabien kam dieses Pferd jedoch vor; es wird – ursprünglich zwar ebenfalls aus Nordamerika kommend – wohl alle hügeligen Länder von Ostasien bis Nordafrika bevölkert haben. Nach dem Abklingen der Eiszeit, mit der Veränderung der klimatischen Verhältnisse, zog es sich dann aber in die Bergländer des Vorderen Orients und Nordafrikas zurück. Der Uraraber ist wesentlich an der Entwicklung vieler edler orientalischer Rassen beteiligt. Da die Kelten ihn aus Kleinasien mit nach Mittel- und Westeuropa brachten, hat er jedoch auch viele europäische Groß- und Kleinpferderassen beeinflußt.

Wo bringen wir nun aber in unserem Schema den Tarpan unter, der vielfach als Ausgangsrasse aller Pferderassen angesehen wird? Heute ist die Forschung der Ansicht, daß der Tarpan ein Kreuzungsprodukt aus Urpony und Uraraber war und dann in historischen Zeiten – wie das Przewalskipferd – stets von neuem das Blut entlaufener Hauspferde aufnahm.

Das einstige Vorkommen der Tarpans in Südrußland wird von einigen westlichen Forschern allerdings bestritten.

Die Domestikation des Pferdes

Die Frage nach der Domestikation des Pferdes, seiner Zähmung und Nutzbarmachung durch den Menschen, hat viele Forscher beschäftigt. Professor F. Zeuner, heute auf diesem Gebiet am meisten zu Rate gezogen, ist der Ansicht, daß die erste

Domestikation wohl in den Gegenden nördlich der persischen Gebirge, vor allem in Turkestan, erfolgte, und zwar noch vor dem Jahr 3000 v. Chr. Von dort habe sich das domestizierte Pferd langsam nach Westen verbreitet, sei um 2500 nach Mazedonien gekommen, um 2000 in den Kaukasus und nach Kleinasien, und habe um 1800 v. Chr. Troja erreicht, von wo aus es innerhalb eines Jahrhunderts – als Kampfpferd vor dem zweirädrigen Streitwagen – den ganzen zivilisierten Nahen und Mittleren Osten erobert habe. Dabei war es im Laufe der Jahrhunderte zu einer anderen Einschätzung dieses Tieres gekommen: während der prähistorische Mensch das Pferd in Eurasien noch – wie alle anderen Nutztiere – zum Zweck der Fleischversorgung gezüchtet hatte, erkannte man später seinen Wert als Zugtier und noch später als Reittier. Wörtlich schreibt Zeuner: »Nachdem der Gebrauch von pferdebespannten Streitwagen sich eingebürgert hatte, brachten im ersten Viertel des zweiten Jahrtausends damit ausgerüstete Eroberer das Pferd gegen Südwesten bis nach Ägypten. Als Folge dieser Ereignisse kam es zu einer allgemeinen Einführung des Pferdes im ganzen bronzezeitlichen Europa. Reiten war weniger gebräuchlich als Fahren und wurde erst später eingeführt. Mit der Verwendung des Pferdes im Kriege scheint sich dessen Stellung als Gefährte des Menschen gefestigt und zu einem allgemein verbreiteten Verbot des Genusses von Pferdefleisch in der Bronzezeit geführt zu haben.«

Reliefstreifen aus dem Palast Assurbanipals in Ninive (Kuljundschuk) aus dem 9. Jahrhundert v. Chr.

2. Pferd und Geschichte

»Die Götter haben den Menschen verliehen, Menschen durch Worte zu lehren, was sie tun müssen. Daß man aber ein Pferd durch Worte nichts lehren kann, das ist einleuchtend. Wenn man aber jedesmal, wenn das Pferd etwas tut, wie man es von ihm haben will, ihm einen Gefallen erweist, dagegen, wenn es ungehorsam ist, es straft, so wird es so am besten lernen, seine Schuldigkeit zu tun.«

Bis diese Worte geschrieben werden konnten – sie stammen von dem griechischen Reiterführer Xenophon – war ein weiter Weg nötig, ein Weg, den das Pferd vom reinen Zweckobjekt zum Freund des Menschen machte. Wir haben schon gehört, daß das Zugtier dem Reittier voranging, wollen jedoch nun doch etwas gründlicher auf die Beziehung des Menschen der alten Welt zum Pferd eingehen.

Die sumerische Hochkultur im Süden Mesopotamiens brachte zwei- und vierrädrige Streitwagen hervor, die von pferdeartigen Tieren mit langen Ohren – entweder Esel oder Onager – gezogen wurden. Man kämpfte damals vom Wagen aus, hatte noch nicht entdeckt, daß der Waffengebrauch auch vom Pferderücken herab möglich ist. Erst die Hethiter gingen einen Schritt weiter, denn sie setzten schon berittene Patrouillen ein. Sie übernahmen von den Sumerern den Streitwagen, entwickelten ihn zur Perfektion und errangen in der Schlacht von Kadesh dank ihrer gut ausgebildeten Pferde einen großen Sieg über den Ägypterkönig Ramses II. Zum ersten Mal haben wir in dieser Zeit Aufzeichnungen über das »Training der Pferde«. Kikkuli, ein damals wohl berühmter Reitmeister, berichtet in aller Ausführlichkeit vom Einfangen, der Pflege, der Fütterung und der Dressur des Pferdes.

Die Eroberung Mesopotamiens durch die Assyrer wurde durch den Einsatz von Streitwagen erst möglich gemacht. Wir kennen die schönen assyrischen Reliefs, auf denen bärtige assyrische Krieger mit ihren hochrädrigen Wagen dargestellt sind. Zum ersten Mal werden hier auch Reiter abgebildet; die Krieger sitzen auf fransengeschmückten Satteldecken, die Pferde tragen Brustzeug und Schweifriemen. Inzwischen sind es auch richtige Pferde, nicht mehr Esel oder Onager, deren sich die Kämpfer bedienen. In dieser Zeit gibt es schon Aufzeichnungen über Stammbäume – ein Beweis dafür, daß man mit der regelrechten Pferdezucht begonnen hatte.

Auch auf ägyptischen Reliefs sehen wir Pferde dargestellt, doch muß angenommen

Löwenjagd des Königs Assurbanipal.
Assyrisches Relief aus dem 9. Jahrhundert v. Chr.

werden, daß es hier wieder mehr der Streitwagen war, der im Kampf eingesetzt wurde, nicht das berittene Pferd. Das Pferd selbst wurde von den Hyksos, einem Nomadenvolk, das im 17. Jahrhundert v. Chr. in das Land eindrang, in Ägypten eingeführt.

Die alten Israeliten hatten, soviel man weiß, keine starke Beziehung zum Pferd, doch gibt es im Alten Testament einen sehr schönen Text, der beweist, daß auch dieses Land nicht auf das Pferd als Kampfgefährte verzichten konnte. Im Buch Hiob (39, 19–25) ist zu lesen: »Kannst du dem Roß Kräfte geben oder seinen Hals zieren mit seiner Mähne? Läßt du es aufspringen wie die Heuschrecken? Schrecklich ist sein prächtiges Schnauben. Es stampft auf den Boden und ist freudig mit

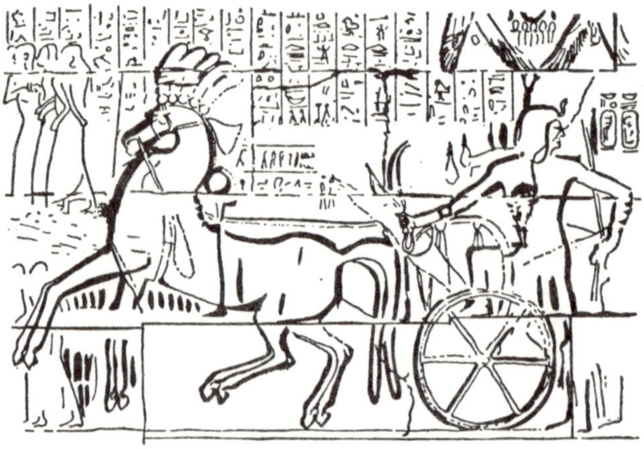

Rückkehr des siegreichen Königs Sethos I.
Ägyptisches Relief aus dem großen Säulensaal von Karnak (um 1295 v. Chr.)

Kraft und zieht aus, den Geharnischten entgegen. Es spottet der Furcht und erschrickt nicht und flieht vor dem Schwert nicht, wenngleich über ihm klingt der Köcher und glänzen beide, Spieß und Lanze. Es zittert und tobt und scharrt in die Erde und läßt sich nicht halten bei der Drommete Hall. So oft die Drommete klingt, spricht es: Hui! und wittert den Streit von ferne, das Schreien der Fürsten und Jauchzen.«

Pegasus, das geflügelte Dichterroß der Antike

Doch gehen wir nun zu den Griechen über und damit zu Xenophon, von dem wir so schöne Äußerungen über das Pferd haben. Im Kapitel 5, wo wir uns eingehender mit Fragen der Dressur beschäftigen wollen, werden wir noch hören, daß dieser Spartaner Reiterführer in seinen beiden Werken »Über die Reitkunst« und «Der Reiteroberst« reiterliche Maximen aufstellte, die auch heute noch nicht überholt sind. Um einen Eindruck von seinen Einsichten zu geben, seien hier bereits einige Passagen aus seinem Werk zitiert:
»Man muß davon ausgehen, daß Hitze beim Pferde soviel bedeutet wie Zorn beim Menschen. Einen Menschen erzürnt man dann am wenigsten, wenn man ihm nichts Unangenehmes sagt oder antut, genauso beim hitzigen Pferd. Der Reiter, der ihm nichts zuleide tut, erzürnt es auch nicht. Schon beim Aufsitzen sorge man dafür, ihm nicht wehe zu tun. Ist man aufgesessen, bleibe man länger halten als bei einem gewöhnlichen Pferd. Dann setze man es langsam mit möglichst sanften Hilfen in Bewegung, dabei allmählich zu schnellerer Gangart übergehend, aber so, daß das Pferd es gar nicht merkt, wie es in den schnellen Gang kommt. Eine Hilfe, jäh und unerwartet gegeben, bringt ein mutiges Pferd leicht in Verwirrung, wie ein unerwarteter Anblick, ein plötzlicher Lärm oder eine unvermutete Bewegung einen Menschen auch leicht erschrecken können. Man muß sich also merken, daß das Unerwartete dem temperamentvollen Pferd Verwirrung verursacht. Will man nun das mutige Pferd, wenn es in schnelleren Lauf verfällt, als es soll, verhalten, so muß man es nicht plötzlich am Zügel zerren, sondern ganz sachte die Zügel anziehen und durch sanfte Mittel, aber nicht mit Gewalt, wieder beruhigen.

Lange Ritte besänftigen ein Pferd weit mehr als häufiges Anhalten und Wieder-Umkehren. Und die gleichmäßig, aber lange Zeit fortgesetzten Ritte ermüden und besänftigen ein mutiges Pferd und beschwichtigen seine Reizbarkeit. Wenn nun aber einer glaubt, durch schnelle und lange Ritte ein Pferd dadurch zu besänftigen, daß ihm die Kräfte ausgehen, so möchte ich ihm auf Grund meiner Erfahrung darin widersprechen. Denn in solchen Fällen des »Abjagens« versucht ein mutiges Pferd meistens durchzugehen und hat dann im Zorn schon oft wie ein zorniger Mensch sich selbst und seinem Reiter manchen unheilbaren Schaden zugefügt.«

Mit Xenophon (430 bis 354 v. Chr.) befinden wir uns auf dem Höhepunkt der griechischen Kultur. Wie fand das Pferd Eingang in die hellenische Welt? In Kreta war das Pferd bis zur spätminoischen Zeit unbekannt. Dann finden wir es auf einem königlichen Siegel abgebildet → vielleicht als Erinnerung an das erste Auftreten dieses Tieres, das möglicherweise das Geschenk eines fremden Herrschers gewesen ist. In späterer Zeit sehen wir Abbildungen von Pferden, die vor zweirädrige Wagen gespannt sind, oder die als Ersatz für die Stiere in den berühmten kretischen Stierspielen eingesetzt wurden. Um 1400, so ist uns bekannt, besaß der Herrscher von Knossos etwa vierhundert Wagen. Die Glanzzeit des Pferdes erleben wir jedoch erst in Griechenland selbst. Die erste bis heute überlieferte Abbildung eines lebenden Wesens ist die eines Pferdes auf einer Amphora der protogeometrischen Epoche (1050 bis 950 v. Chr.). Die klassische griechische Kunst, besonders die Plastik, stellte das Pferd in solcher Vollkommenheit dar, daß diese Darstellungen weit in die abendländische Kultur hineinwirkten: die byzantinischen Bronzepferde aus St. Markus in Venedig, das Reiterstandbild Marc Aurels in Rom und die prächtigen italienischen Reiterdenkmäler der Renaissance sind ohne griechisch-klassische Vorbilder nicht zu denken. Auch in Griechenland war es jedoch zuerst das Pferd des Streitwagens und dann erst das des Reiters, das im Kampf Bedeutung hatte. Erinnern wir uns an die Schilderung Homers im XVI. Gesang der Ilias, als Patroklus mit seinen Rossen in den Kampf zog:

»Automedon befahl er, die eilenden Rosse zu schirren,
Denn nach dem wilden Achilleus verehrte er diesen am meisten.
Harrte doch keiner im Treffen so zuverlässig des Zurufs,
Und so schirrte ihm denn Automedon die hurtigen Rosse
Xanthos und Balios, die sturmbeflügelten Renner,
— Diese gebar dem wehenden Zephyr die Harpie Pogarde —
Wie sie beweidet die Trift fern an des Okeanos Strömung —
Und den wackeren Pedasos schnallte er seitwärts als Beipferd,
den Achilleus gewann beim Sturm auf die Burg Ëetions,
Und der als sterbliches Roß doch mit den unsterblichen Schritt hielt.«

Die Sitte, ein Beipferd zu schirren, von der wir hier erfahren — sie führte später vielleicht zur Einführung der Quadriga — wurde Patroklus beinahe zum Verhängnis:

Reiter als Sieger — Griechisches Basisrelief in Marmor
aus dem 5. Jahrhundert v. Chr.

»Aber als Sarpedon seinerseits nun mit der funkelnden Lanze
Stürmend sich nahte, da sandte er fehl und traf in des Beipferds
Pedasos' rechte Schulter, und stöhnend verhaucht' es das Leben,
Ächzend stürzte es nieder, ihm war das Leben entflohen.
Scheuend prallten die Rosse, es krachte das Joch, und die Zügel
Wirrten sich durcheinander, nachdem gefallen das Beipferd.
Aber schon wußte Hilfe der tapfere Held Automedon,
Denn er zog das spitzige Schwert am kräftigen Schenkel,
Sprang, und ohne Säumen zerhieb er die Leinen des Beipferds:
Neu gerichtet standen die Rosse und strafften die Stränge.«

Der Wagen, zuerst nur als Streitwagen benutzt, wurde später auch zu Wettfahrten eingesetzt, und bei den Olympischen Spielen hatten die Wagenrennen immer den Vorrang vor den reiterlichen Wettkämpfen. Rennen für gesattelte Pferde wurden sogar erst mit der LIV. Olympiade eingeführt, die im Jahre 564 v. Chr. abgehalten wurde.

Selbst in der Blütezeit der griechischen Kultur spielte im Kriegswesen die Kavallerie nur eine untergeordnete Rolle. Sparta hatte zunächst nur 300 Ritter der königlichen Leibwache und richtete erst Ende des 5. Jahrhunderts eine Kavallerie ein, doch ihre Leistungen blieben immer unbedeutend. Athens ganzer Stolz war seine in Schwadronen gegliederte Reiterei von 1000 Mann, die auch auf dem Parthenonfries dargestellt ist, aber sie kam eher bei glanzvollen Staatsprozessionen als im Kriege zur Geltung. Erst durch Philipp von Makedonien wurde um 350 v. Chr. die zur Verfolgung des geschlagenen Gegners unentbehrliche Kavallerie geschaffen.

Zwei römische Münzen mit Pferdedarstellungen
links: Tetradrachme (Afrika), Pferdekopf mit Palme
rechts: Sesterz, Kaiser Hadrian (117—138) zu Pferde

Eine viel wichtigere Rolle spielte die Kavallerie dagegen bei den Römern. Zu jedem Regiment gehörten 300 mit Lanzen und langem Schwert bewaffnete Reiter, die in 10 Turmen (Schwadronen) zu je 3 Decurien (10 Mann) eingeteilt waren. Die einheimische Kavallerie wurde aber mit der Zeit immer mehr verdrängt, so daß in Cäsars Heer nur noch Nichtrömer als Reiter dienten, vor allem Germanen, Gallier, Spanier oder Numider. Neben dieser der Legion ständig zugewiesenen Kavallerie verfügte man noch über berittene Hilfstruppen befreundeter Länder, die im Winter immer in die Heimat zurückkehrten. Die Kavallerie diente in erster Linie zur Verfolgung und Aufklärung; in der Schlacht stand sie auf den beiden Flügeln der Infanterie, auf dem Marsch bildete sie mit den Leichtbewaffneten die Vorhut. Echte Reiterschlachten gab es im Altertum jedoch nicht.
Große Bedeutung hatten im alten Rom die Wagenrennen, für die in jeder großen Stadt ein Hippodrom zur Verfügung stand. Die Rennbahn war stets langgestreckt, an der Ablaufseite gradlinig, an der gegenüberliegenden bogenförmig abgeschlossen und in der Mitte durch eine den Längsseiten parallele Schranke in zwei Laufbahnen für die Hin- und Rückfahrt getrennt. Beide Bahnen mußten bei jedem Rennen mehrmals durchmessen werden. Besonders gefährliche Stellen waren die durch je eine Spitzsäule bezeichneten Enden der Schranke. Es galt, sie auf dem kürzesten Wege zu umfahren, knapp an der Säule vorbei, und so stießen die Wagen

oft mit ihr oder mit anderen Wagen zusammen. Die Wagenlenker trugen die Zügel um den Leib geschlungen und hatten ein scharfes Messer bei sich, um die Zügel nach einem Sturz durchschneiden zu können. Siegreiche Wagenlenker und ihre Pferde wurden ebenso gefeiert wie heute unsere großen Sportler, und man versteht die Klage des berühmten Epigrammatikers Martial, der erklärte: »Ja, ich bin in der ganzen Welt bekannt, doch warum der viele Neid? Ich werde nie berühmter sein als Andremone.« Und Andremone war ein Pferd!
Um immer genügend Material für diese Rennen zu haben, wurden im großen Rahmen Pferde gezüchtet. Man unterschied damals schon zwischen Jagdpferden, Pferden für Distanzritte, Arbeitspferden schweren und leichten Schlages und Rennpferden! Die Wettrennen waren in ihrer Beliebtheit wohl nur mit unserem heutigen Fußball zu vergleichen. Unter Augustus wurden in Rom zwölf Rennen pro Tag abgehalten, unter Caligula fünfunddreißig und unter den Flaviern sogar hundert, so daß von Sonnenaufgang bis Sonnenuntergang ohne Unterbrechung Rennen stattfanden.

Doch wenden wir uns von den Römern ab, einem Volk zu, das deren Kavallerie an der dakischen Grenze schwer zu schaffen machte: den Skythen. Diese Stämme, die man zu den pferdefreudigsten der gesamten Geschichte rechnet, lebten als Nomaden und waren ständig unterwegs quer durch die Steppen der Krim, des Kubangebiets und der Ukraine. Sie waren im Krieg gefürchtet, ihre Hauptwaffe war der zusammengesetzte, doppelt geschweifte Bogen aus Horn. Da er eine Reiterwaffe war, mußte er kurz sein, er war aber sehr kräftig und reichte gespannt bis zu einem Ohr. Die größte Reichweite eines solchen Bogens betrug etwa 450 Meter. Interessant ist, wie die Skythen ihre Pferde sattelten. Bei den Griechen, Römern und Persern bestand der Sattel nur aus einem Polster, das man dem Pferd auf den Rücken legte und mit einem Gurt und oft auch einem Brustgeschirr und einem Schweifriemen sicherte. Der skythische Sattel war dagegen eine Verbesserung. Er bestand aus zwei sechzig Zentimeter langen Kissen, die mit Rehhaar ausgestopft und durch Quergurte verbunden, zu beiden Seiten des Rückgrats auf der Satteldecke lagen. So ergab sich kein Druck auf einen hervortretenden Wirbel, und das Gewicht des Reiters wurde von den Rückenmuskeln und Rippen getragen. Die Skythen waren nicht nur gefürchtete Krieger sondern auch passionierte Jäger. Sie jagten Wildschweine, Hasen, Wapitis, vielleicht auch Tiger und erlegten sie im freien Kernschuß.

Die Völkerwanderungszeit kannte ein anderes Nomadenvolk, das damals zur Heimsuchung der zivilisierten Welt wurde: Die Hunnen unter ihrem Anführer Attila. Genau wie die Skythen lebten die Hunnen auf dem Rücken ihrer Pferde, lebten von Pferdefleisch und Stutenmilch. Man sagt ihnen nach, daß sie sogar zum Essen und Trinken nicht vom Pferde stiegen und daß sie auf den Hals ihrer Pferde gebeugt schliefen. Als Krieger und Jäger waren sie grausam und gewalttätig. Wenn

Fränkisches Relief
mit der Darstellung eines bewaffneten Reiters,
etwa 7. Jahrhundert n. Chr.

sie jagten, formierten sie ihre Bogenschützen zu großen Kreisen von 60 bis 80 Kilometern Umfang, schlossen die Kreise dann immer enger, trieben ihre Beute in der Mitte zusammen und töteten sie. Für die Geschichte der Reitkunst ist es sehr wichtig, daß die Hunnen es waren, die den Steigbügel erfanden. Ein seltsames Phänomen: weshalb brauchte der reitende Mensch so lange, bis er auf die Idee kam, sich dieses praktischen und notwendigen Hilfsgerätes zu bedienen?
Gehen wir nun aber in der Geschichte einen Schritt weiter. Was verbinden wir vom Standpunkt des Pferdefreundes oder Reiters am ehesten mit dem Mittelalter? Es sind wohl die Worte »Turniere«, »Rittertum« und »Kreuzzüge«.
Befassen wir uns zunächst etwas mit den Turnieren, den Ritterkampfspielen, wie sie in der europäischen Ritterschaft vom beginnenden 11. Jahrhundert an üblich waren. Man weiß heute, daß die Turniere, wie sie später als eine Art Gesellschaftssport ausgeübt wurden, ursprünglich richtige, jedoch im voraus verabredete Gefechte zwischen zwei gleich starken Gruppen waren. Aus diesen ursprünglich blutigen

Normannenzug nach England — Ausschnitt aus dem Wandteppich von Bayeux, der Ende des 11. Jahrhunderts entstand.

Kämpfen mit geschärften Waffen entwickelten sich dann mit der Zeit Turniere, die nach genau festgelegten Regeln ausgetragen wurden. Der gewöhnliche Rittersmann beteiligte sich bei ihnen als Amateur, doch gab es außerdem eine Klasse von »hauptberuflichen« Turnierrittern, meist jüngere Söhne ohne Landbesitz, die umherzogen und überall ihre Kunst zeigten. Während des 13. Jahrhunderts verwandelten sich die Turniere zu organisierten Schauspielen, die oft mit stumpfen Waffen ausgetragen wurden. Es galt als ungehörig, einen Menschen im Turnier zu töten, geschweige denn ein Pferd. Der Ritter machte es sich lediglich zur Aufgabe, möglichst viele Gegner aus dem Sattel zu heben und dabei möglichst viele eigene Lanzen zu brechen, denn dies war ein Beweis dafür, daß die Stöße den Gegner besonders wuchtig getroffen hatten. Die geltenden Regeln bei einem Turnier sahen etwa vor, daß der Kampf sich auf drei Gänge mit abgestumpfter Lanze beschränken sollte, oder auf dreifachen Schlagwechsel mit Schwert oder Streitaxt, nachdem man abgesessen war, oder auch auf drei Stöße mit dem Dolch.

Da die Turniere eine zeit- und geldraubende Angelegenheit waren und der Turnierpreis oft in der Minne einer auserwählten, meist verheirateten Rittersfrau bestand, war es kein Wunder, daß die Kirche diesem sündigen Treiben mit Argwohn zusah, zumal das Turnierwesen den Ritter vom Kreuzzugsgedanken ablenkte. Interessant ist übrigens, daß die westeuropäischen Ritter, die immer »lang«, das heißt mit langem Bügel ritten, während der Kreuzzüge durch die Moslem-Ritter das Reiten im »schwebenden Sitz«, wie es auch heute üblich ist, kennenlernten. Schauen wir uns Reiterabbildungen aus dem Mittelalter und zum Teil auch noch aus der Renaissance an, so werden wir überall noch den langen Sitz erkennen. Angeblich war er für Turniere, für Kämpfer mit der Lanze besser geeignet als der kurze Sitz; man hatte mehr Halt, um den Aufprall des gegnerischen Stoßes abzufangen.

Schauen wir uns noch einen Ritterkampf an, wie er zwar nicht in Wirklichkeit stattfand, wie er aber in der mittelalterlichen Welt Westeuropas überall hätte ausgetragen werden können. In seinem Epos »Parzival« schildert Wolfram von Eschenbach in eindrucksvoller Weise, wie Gachmuret, der Vater Parzivals, im Kampf die Minne der Königin Herzeloide gewann. Hier kommt zum Ausdruck, welcher Glanz mit diesen Waffengängen verbunden war, welcher Reichtum damals bei kriegerischen Begegnungen zur Schau gestellt wurde:
»Vom Pallas schauten die Frauen die Mühe der Kämpfer. Der Königin aber war es leid, daß sich der fremde Held nicht mit den andern drängte dort auf dem Plan. Doch nicht lange mußte sie warten, schon wappnete sich Gachmuret: er trug den Harnisch, den Fridbant zu Patelamunt ihm hatte lassen müssen, sein Helm glänzte von großen Edelsteinen, auf seinem Schild wölbte sich ein großer Buckel arabischen Goldes von blendendem Feuer. Nicht minder leuchtete sein langer Wappenrock von reich gewirktem kaukasischem Brokat, dessen Saum die Bilde des Teppichs streifte. Man führte dem Helden sein starkes Roß heran, das bis auf den Huf gewappnet war, und leicht sprang er in den Sattel. Laut ertönte der Kampfruf der Knappen, und in raschem Sturm verschwendete seine Hand die starken Speere. Quer hinein ritt er in die Kämpfe und zertrennte sie. Hinter dem Anker jagte der mit dem Schlangenhaupt. Vier mit einem Greifenschwanz gezierte Banner führte man jetzt gegen Gachmuret, und eine Flut von Rittern folgte ihnen nach. Hardis war es, der König von Gaskonje, der König Karlet suchte. Zornig sprengte er seinen Mannen voraus, als er das Schlangenhaupt erblickte, aber der Anker kam schneller an ihn. Der König von Zassamank stach ihn hinter sein Roß und nahm ihn gefangen. Wilder wurde das Gedränge. Sie kämmten die Köpfe mit ihren Schwertern und stampften die hohen Furchen zu ebener Tenne. Der Streit war so nahe an den Pallas gekommen, daß die Frauen entscheiden konnten, wer den Ruhm erwerben sollte. Der minnedurstige Riwalin kämpfte, daß von seinen Speersplittern eine Fährte herabschneite. Der schwarze Morolt stahl den Gegnern einen Ritter, er hob ihn aus dem Sattel und setzte ihn vor sich aufs Pferd. Das war ein ungefüger Brauch. Karlet stach den Herzog von Brabant, daß er die Hufspur küßte, und der König von Aragon setzte den alten Utepandragon auf den Plan. Rings um den Weißhaarigen wuchsen da viele Blumen, und gewiß war es höflich, den würdigen Bretonen hier auf die Aue zu betten, die nie eines Bürgers Fuß betrat. Leider vergaßen die Kämpfenden ihn nicht. In scharfem Galopp stürmten sie wieder aufeinander und beschütteten sein Haupt mit Lanzenstücken. Gachmuret fällte den König Brandelidelin von Puntur, doch dessen Mannen entführten Karlet von Toledo. Da sie ihren König verloren, fingen sie sich einen andern. Mit Füßen und Keulen wurde den Tapfern das Fleisch gemürbt, und schwarze Beulen zierten ihr lichtes Fell. Langsam ritt Gachmuret aus dem Gedränge und suchte einen ruhigen Ort, um ein neues Pferd zu besteigen. Man band ihm den Helm vom Haupte und streifte ihm die Haube ab, daß der kühle Wind sein Antlitz labe.«
In dem gleichen Epos heißt es weiter: »Gachmuret . . . schloß sein Visier und

Vorbereitung zu einem deutschen Turnier
Meister des deutschen Hausbuches, Mittelrhein, um 1480

sprengte wieder in den Kampf. Wo Gedränge war, machte er Raum. Da konnte ein Mann die Ehre wiedergewinnen, der seine Tat versäumt hatte. Hier stürmten sie im Einzelkampf und dort in Rotten aufeinander. Man entsagte den Freundesstichen, die man sich gelobt, und die Kraft des Zornes trennte alle heimliche Vetternschaft. Ritterrecht galt nur wenig. Was sie gewannen, hielten sie fest und fragten nicht nach dem Haß der andern. Da wurde Amflisens Bitte, für sie zu kämpfen, von Gachmuret erfüllt. Er sah König Lot seinen Schild gegen das dichteste Gedränge wenden. Dahin stürmte auch er. Wie ein Gewitter brach er in die Kämpfer und trennte sie. Den König von Aragon prellte er aus dem Sattel über die Kruppe seines Pferdes. Keiner war, der sich nicht vor seiner Lanzenspitze neigte ... Aus

Ritterturnier um 1320 (Codex Balduini Trevirensis)

langem Anlauf stürmten die beiden gegeneinander. Das leichte Spiel war nun zu Ende. Einen Wald verschwendeten ihre Arme, immer wieder schallte der Ruf: ›Speere Knappen, Speere!‹ Endlich mußte Lähelin (einer der Ritter) schmähliche Pein dulden: speerlang stach ihn der König von Zassamank hinters Roß, daß er klirrend auf die Brache stürzte.«

Mit der Renaissance, der Wiederbelebung der Antike, griff man auch auf die alte Reitkunst zurück, und das heißt: auf die Lehren Xenophons. Das 16. Jahrhundert, theorie- und schreibfreudig, brachte eine Flut von Büchern über die Reitkunst hervor, voran die »Ordini di cavalcare« des Federigo Grisone. Sein Werk blieb für Jahrhunderte richtunggebend und fand im Ausland willkommene Aufnahme, das heißt, es wurde eifrig abgeschrieben. Von den Schulen über der Erde kannte Grisone die Capriole und die Courbette, die erst dann gelehrt werden sollten, wenn das Pferd die Hebungen der Vorhand sicher beherrschte. Am Schluß seines Werkes führt Grisone nicht weniger als fünfzig verschiedene Stangengebiße (Kandaren) an, doch wurde er in der Gebiß-Lehre noch übertroffen von seinem deutschen Nachahmer Georg Engelhard von Löhneysen, der in seinem Buch gar 126 Stangengebisse anführte.

Es war kein Zufall, daß gerade in Italien das erste wichtige nachklassische Werk über die Reitkunst erschien, denn die großen italienischen Fürstenhöfe überboten sich darin, ihre eigenen Pferderassen zu entwickeln – Pferde, die schneller, schöner und ausdauernder sein mußten als die der rivalisierenden Familien. Diese neuen Rassen mehrten den Ruhm der Herrscherhäuser, die Pferde wurden in ganz Italien herumgeschickt und von Pagen in Livree – Vorgänger unseres Jockeys – geritten.

Anatomie des Pferdes, Kupferstich aus einer deutschsprachigen Ausgabe der Reitlehre Federigo Grisones

Vor allem die Familien der Este und Gonzaga taten sich in der Pferdezucht hervor: die herrlichen Fresken im Palazzo del Tè in Mantua geben heute noch Kunde von diesen Bemühungen. Das Reiten gehörte – ebenso wie im Mittelalter – zu den Fähigkeiten, die der Edelmann beherrschen mußte. Burckhardt betont dies (Die Kultur der Renaissance in Italien), wenn er schreibt: »Der Cortigiano muß mit allen edlen Spielen vertraut sein, auch mit dem Springen, Wettlaufen, Schwimmen, Ringen; hauptsächlich muß er ein guter Tänzer sein und (wie sich von selbst versteht) ein nobler Reiter.« Das Interesse für Pferde ging – jedenfalls nach dem Geschmack von Baldassare Castiglione, dem Autor des »Cortigiano« (Der Hofmann)

Entwürfe Leonardo da Vincis zu einem Reiterdenkmal, um 1500

– zu weit, denn er beklagte sich über seine Herrschaft: »Die großen Herren sind eben so. Vor allem muß man ihnen neue Nachrichten von ihren Pferden bringen und stundenlang mit ihnen über diese sprechen, ihnen dann zuhören was sie über diesen Gegenstand zu sagen belieben ohne zu ermüden.«

Über die großen Reitmeister der Renaissance und des Barock wird später noch im Kapitel 5 »Die Hohe Schule« berichtet, ebenso über die neuen gesellschaftlichen Reiterspiele, die das Turnier ablösten, die Karusselle. Neben diesen Karussellen waren es noch die sogenannten »Quintana-Stechen«, die zum reiterlichen Zeitvertreib der damaligen Edelleute gehörten. Antoine de Pluvinel, der Oberstallmeister König Ludwigs XIII. von Frankreich, berichtete darüber:
»Die Cavallieri werden bißweilen müd und überdrüssig, immerdar einerley zu treiben: auffeinander Treffen und Speerbrechen hat zu gar viel Mühe auff sich, gehet auch unterweilen sonder Schaden nicht ab. Beim Ringel-rennen ist zwar mehr Lust, und wird man dessen nicht sobald überdrüssig, doch halten ihrer viel diese Übung nicht genug Martialisch oder Kriegsmännisch. Daher etliche für andern subtile Köpffe ein Mittel zwischen beyden erfunden haben, nemlich eines Mannes Bild, welches sie eben an den Platz setzen, den der halten sollte, so mit ihnen rennen würde, und eben in derselbigen Höhe. Hier an zerbrechen sie ihre Speer, und richten die Lantze gerade auff dieses Bild, so sie den Quintan nennen, nicht anderst als auff einen natürlichen Speer-reuter, halten also in diesem Rennen das Mittel zwischen der Furi deß Scharpff-rennens im Treffen, und Leichtfertigkeit deß Ringel-rennens. Der Ort darauff man trifft, ist der Kopff deß Quintanen, die besten Stöß gehen auff die Stirne über die Augen, die darunter gerathen, werden geringer geachtet. Sollte aber ein ungeschickter Speer-Reuter mit der Lantzen auff den Schild treffen, den der Quintan am lincken Arm hält, so wendet sich derselbe auff einem Gewerb herumb, und schlägt nach dem, der so übel mit der Lantzen getroffen hat. Da er nun in Partheien reitet, wird er ausgemustert, und verleurt seinen Ritt, zur Straff und Ungeschicklichkeit. In diesem Exercitio kann man ihme eine unter den vier Levaden der Lantzen erwehlen, davon E. M. schon genugsamen Bericht hat, und weiln die Speer, damit man auff den Quintan trifft gemeiniglich schwach und leicht, und wol ohne Widerhalt zubrechen sind, als pflegt man meisten theils nur im Wammes zu rennen ...«
Nicht nur im Karussell, auch beim Quintana-Stechen mußte es also martialisch zugehen, man fand nicht genügend Gefallen an dem harmlosen Ringelstechen, bei dem es darum ging, die Lanze in voller Karriere durch einen aufgehängten kleinen Ring hindurchzuführen!

Doch gehen wir einen Schritt weiter in der Entwicklung der reiterlichen Kunst, des reiterlichen Vergnügens. Die Unterschiede zwischen der Reitweise eines Xenophon und eines Pluvinel waren vergleichsweise gering im Verhältnis zu dem, was im 19. Jahrhundert an Veränderungen geschah. Wir werden dem Namen Caprilli

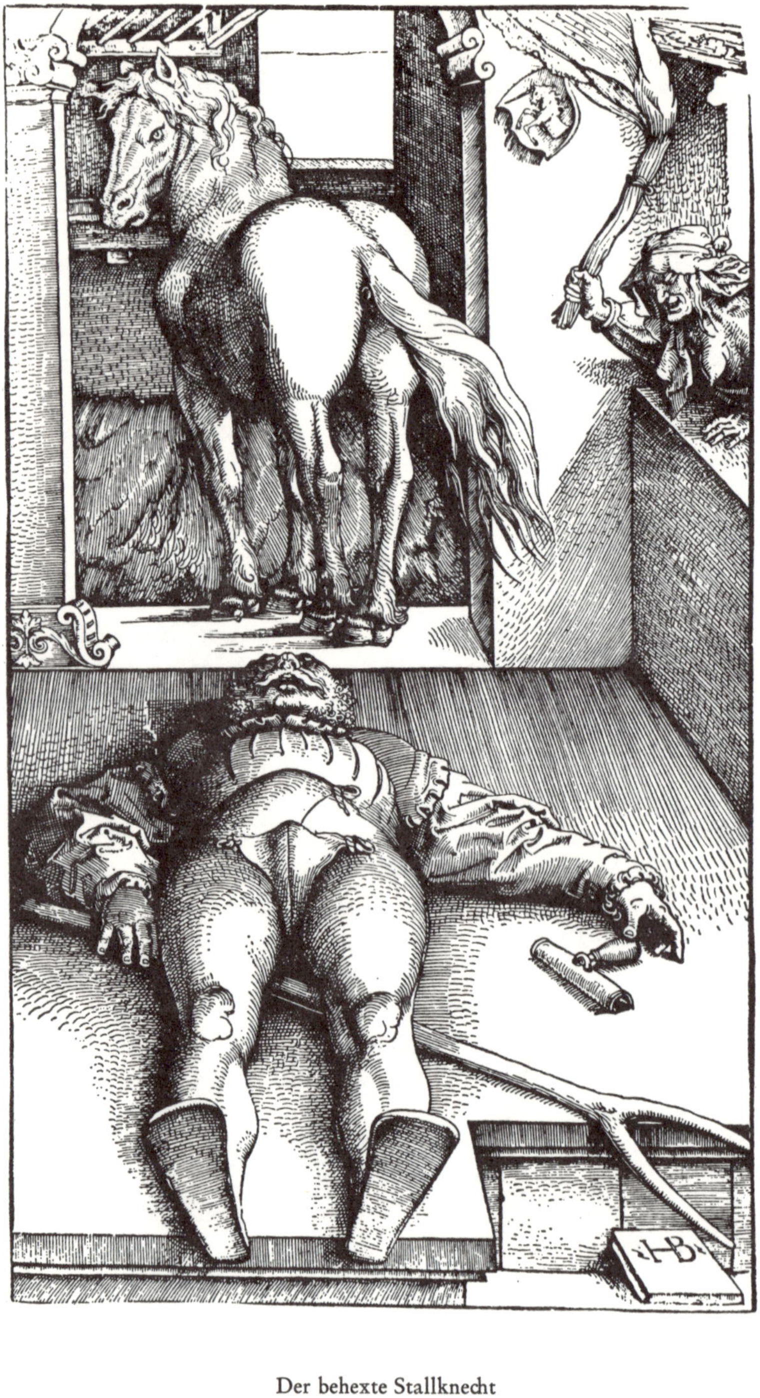

Der behexte Stallknecht
Kupferstich von Hans Baldung Grien, 1544.

noch an anderer Stelle begegnen, doch wollen wir hier schon etwas eingehender über diesen Revolutionär sprechen, dem wir vieles, was dem heutigen Reiter selbstverständlich ist, zu verdanken haben. Federigo Caprilli (1868–1907) war Kavallerie-Offizier und wirkte in der italienischen Reiterschule Pinerolo. Seine Studien der Pferde in der freien Natur führten ihn zu vernünftigen, für die damalige Zeit jedoch unerhörten Einsichten. Entgegen den Lehren aller westeuropäischen Meister der Reitkunst, die nichts anderes als Variationen über das Thema der Versammlung waren (Versammeln: Zusammenstellen des Pferdes durch vermehrtes Vortreiben bei gleichzeitig ruhigem Aushalten mit den leicht angestellten Zügeln; hierdurch schiebt sich das Pferd besser mit der Hinterhand unter und damit nach und greift mit der Vorderhand exakter aus, der Gang wird dadurch kadenzierter, ausgesprochener), lehnte Caprilli den Begriff der Versammlung ab, die er für schädlich hielt, da sie den natürlichen Vorwärtsdrang des Pferdes hemme. Der Reiter hatte seiner Ansicht nach nichts anderes zu tun, als das Pferd so wenig wie möglich in seiner natürlichen Balance zu hindern. Doch lassen wir Caprilli selbst sprechen:
»Ich glaube, daß man dazu neigen sollte, das Pferd so zu bekommen, wie es in der Natur ist: mit einem natürlichen Gleichgewicht, mit natürlicher Haltung seines Kopfes, denn wenn irgend ein Grund besteht, das Gleichgewicht zu ändern, wird man sehen, wie das Pferd von sich aus die Veränderung herbeiführt, vorausgesetzt, man läßt ihm die Freiheit, es zu tun ... – Im Gegensatz zu einer weitverbreiteten Ansicht ist das Springen für das Pferd eine ebenso natürliche Bewegung wie der Schritt, der Trab und der Galopp. Um seine Fähigkeit zum Springen zu verbessern und zu vervollkommnen, braucht das Pferd ein besonderes Training, immer auf den gleichen Grundsätzen beruhend, daß nichts von ihm verlangt wird, was erzwungen oder künstlich ist, und nur eine Hilfestellung für das gegeben wird, was ihm ganz natürlich ist ... Wer hätte nicht schon gehört, daß es desto besser ist, je weniger man mit einem Pferd springt, und daß jeder Sprung es etwas in seinem Wert vermindert, so daß man es nur dann springen lassen sollte, wenn es unbedingt nötig ist? Wie unsinnig diese Vorstellungen sind, habe ich hier nicht auseinanderzusetzen; doch diese Leute haben ihre Meinungen auf Grund von Springübungen gebildet, die schlecht ausgeübt wurden, so daß das Pferd, vom Reiter ermüdet und strapaziert, nur ein schlechtes Springen lernt und sich angewöhnt, ein Hindernis zu verweigern ...«
Steif nach hinten gelehnt, dem Pferd nicht in seiner natürlichen Bewegung entgegenkommend – so hatte man bis zu Caprillis Erscheinen in ganz Europa die Hindernisse bezwungen, die sich auf der Jagd, bei Geländeritten und Jagdrennen in den Weg stellten. Erst Caprilli lehrte den freien, nach vorne gebeugten Sitz, der dem Pferd das Springen erleichterte, er bewies auch, daß jedes Pferd es selbst fertigbringt, die Entfernung zum Hindernis richtig einzuschätzen.
Da die Reiter überall in der Welt die Tendenz haben, am althergebrachten festzuhalten, setzten sich die Lehren Caprillis nur sehr zögernd durch. Am schnellsten fanden sie Eingang in den Vereinigten Staaten, wo schon um 1900 die jungen Rei-

ter in der Kavallerieschule Fort Riley im italienischen Springstil und Geländereiten ausgebildet wurden. Heute sind auch bei uns Caprillis Theorien fester Bestandteil der reiterlichen Ausbildung.

Ritter im Angriff gegen Landsknecht. Zeichnung von Albrecht Dürer, 1515

3. Rassenlexikon von A bis Z

Die Zahlen in eckigen Klammern weisen auf die Seiten hin, auf denen die betreffende Rasse abgebildet ist.

Achal-Tekkiner [170] UdSSR

Hier haben wir einen direkten Abkommen der Turkmenenpferde, die schon zur Zeit Alexanders des Großen bekannt waren. Bis zum vorigen Jahrhundert lebte der Achal-Tekkiner nur in den Steppengebieten der Turkmenen, wo er dem Stamm der Tekke ein wertvolles, schnelles und ausdauerndes Reittier bei seinen Raubzügen war. Nach der Revolution wurde die Zucht und Veredelung der Rasse planmäßig betrieben, auch außerhalb ihrer ursprünglichen Heimat. Die Ausdauer und Härte des Achal-Tekkiners bewies sich in dem nun schon berühmt gewordenen Ritt, der im Jahre 1935 von Aschchabad nach Moskau unternommen wurde und über eine Distanz von 4300 km ging. Die Pferde brauchten nicht länger als 84 Tage.

Heute wird dieses edle, hoch im Blut stehende Tier als Rennpferd, Springpferd und Dressurpferd eingesetzt. Der bekannteste Vertreter ist »Absent«, ein Hengst, der unter Sergej Filatow 1960 in Rom die Goldmedaille in der olympischen Dressurprüfung gewann, 1964 in Tokio die Bronzemedaille und der noch 1968 in Mexiko seiner Mannschaft zur Bronzemedaille verhalf.

Typ und Exterieur: Dem englischen Vollblut ähnliches Reitpferd.

Leichter, feiner, im Profil meist gerader Kopf; große, ausdrucksvolle Augen; aufwärts gerichteter, gut angesetzter Hals, oft Hirschhals; langer, hoher Widerrist; lange, schräge Schulter; schmale, nicht sehr tiefe Brust; gerader, langer, starker Rücken; Kruppe oft abfallend; trockene, feine Glieder; sehnig; hochbeinig; harte, mittelgroße Hufe. Haut und Haar sehr fein; glänzend, seidig. Mähnen- und Schweifhaar spärlich. Farben: immer ein deutlicher Metallschimmer, besonders auffallend bei den Goldenen; Braune, Hellbraune, Graue, Rappen, Füchse, Schimmel. Größe 147 bis 157 cm.

Mechanik: Weich und elastisch, gleitend; auch Paßgang. Sehr gutes Galoppiervermögen, gute Spring- und Dressuranlagen.

Eigenschaften und Verwendung: Lebhaftes Temperament, oft widerspenstig; intelligent. Reines Reitpferd. Erfordert viel Einfühlungsvermögen.

Zuchtgebiete: UdSSR. Kasachische, Kirgisische, Turkmenische, Usbekische Republik. Hauptzuchtgebiet die Achal-Tekkiner Oase mit dem Gestüt Machmut-Kuli, Nähe Aschchabad. Weitere Gestüte: Lugowsk in Kasachstan, Tersk im nördlichen Kaukasus, Alma-Ata.

Altér Real Portugal

Dieses edle portugiesische Schulpferd steht heute in einem Gestüt der Provinz Alentejo, doch seine ursprüngliche Heimat ist Vila de Portel, ein Gestüt, das schon 1748 vom Hause Braganza gegründet wurde. Die Zucht wurde mit 300 andalusischen Stuten begonnen, zu dem Zweck, Schulpferde für die königlichen Ställe in Lissabon zu liefern. In der Mitte des 19. Jahrhunderts erlitt die Zucht einen Niedergang, nicht zuletzt durch die Zuführung von Arabern, Vollblütern, Normännern und Hannoveranern. Erst durch die Zufuhr von andalusischem und spanischem Blut gewann die Rasse wieder ihre alte Qualität. Anfang der dreißiger Jahre wurde das Gestüt vom Wirtschaftsministerium übernommen, das durch Beschränkung auf zwölf der besten Stuten ausgezeichnete Erfolge hatte.

Typ und Exterieur: Edles Schulpferd im Viereckformat.

Kleiner Kopf mit geradem Profil; kurzer, schön gewölbter Hals; breite, tiefe Brust; gut bemuskelte, kräftige Kruppe; Vorderarm kürzer als Röhre; große, flache Vorderfußwurzeln, starke Sprunggelenke; feine Knochen; Beine korrekt gestellt. Farben: Braune. Größe: 152 bis 158 cm.
Mechanik: Begrenzte Vorwärtsbewegung, da sehr hoher Kniebug.
Eigenschaften und Verwendung: Nervöses, energisches, oft ungestümes Reitpferd für Hohe Schule.
Zuchtgebiet: Provinz Alentejo.

Amerikanisches Quarter Horse [78] USA

Hier haben wir die älteste der noch existierenden Pferderassen der USA vor uns. Es ist ein Pferd, das in der Kolonialzeit Carolinas und Virginias enstand, das spanischen Ursprungs ist und später, im 17. Jahrhundert, mit britischen Hengsten, die orientalisches Blut führten, gekreuzt wurde. Seinen Namen bekam es ebenfalls schon in der Kolonialzeit, da damals sehr oft Rennen über eine Distanz von einer Viertelmeile (Quarter = Viertel) gelaufen wurden. Als später die Vollblüter aufkamen und andersartige Bahnen gebaut wurden, fand man weniger Gefallen an Viertelmeilen-Rennen. Nun wurde das Quarter Horse einem neuen Zweck zugeführt, es wurde zum »Cowpony« zum Pferd der Rinderhüter. Wie vielen »Western-Pferden«, etwa dem Appaloosa, Pinto, Palomino (s. d.) sagt man auch dem Quarter Horse einen ausgesprochenen »Kuhverstand« nach, einen Instinkt für das Treiben, Beschützen und Hüten des Rindes. Als reines Cowboy-Pferd treffen wir das Quarter Horse heute jedoch fast nur noch in Australien an. Seine moderne Bestimmung fand dieses vielseitige Tier im Rodeo (s. Kapitel 6: »Reiterfeste und Reiterspiele«) und nicht zuletzt als ideales Freizeitpferd. Mit über 680 000 eingetragenen Tieren bilden die Quarter Horses heute die größte Pferderasse der Welt!
Typ und Exterieur: Cowpony mit geschlossenem Rahmen, kurzem, edlem Kopf; muskulöse Erscheinung.
Kopf mit großen, offenen Augen, nicht zu breit; kräftige Ganaschen; feine Nüstern; Hals tief angesetzt, etwas schwer; Schulter stark und genügend schräg; kurzer muskulöser Rücken; markierter Widerrist; breite, etwas abgeschlagene Kruppe; stark bemuskelte Hosen; kurze Röhren, gute offene Hufe. Farben: Grundhaarfarben; Schecken nicht erwünscht; Braune und Füchse vorherrschend. Größe: 150 bis 165 cm, doch meist nicht höher als 155 cm.
Mechanik: Sehr guter Schritt, hervorragendes Galoppiervermögen.
Eigenschaften und Verwendung: Ruhiges Temperament, frei von Nervosität, zuverlässig, intelligent. Ideales Freizeitpferd. Als Cowpony und bei den in Amerika so beliebten Rodeos wird es häufig verwendet.
Zuchtgebiete: USA. Vor allem Texas, Kalifornien, Montana.

Amerikanisches Saddle Horse [79] USA

Man nennt dieses Pferd in seiner amerikanischen Heimat ganz einfach »Saddler« oder »Kentucky Saddle Horse«. Es war das Zuchtziel der Pferderancher von Kentucky, ein ausdauerndes, leichtes, repräsentatives Tier zu bekommen, und so kreuzte man englische, kanadische und amerikanische Paßgänger und führte später Morgan-Messenger- und Mambrinoblut zu. Die amerikanischen Horseshows sind heute ohne dieses schöne Pferd mit seinen bestechenden Aktionen nicht zu denken. Den Saddler gibt es in drei Modellen, als Wagentyp, als dreigängigen und als fünfgängigen Typ. Das »fivegaited saddlehorse«, wird in fünf Gangarten geritten, in einfachem Schritt, Trab und Canter (leichter »Parkgalopp«), außerdem in einem langsamen Gang, dem »Slow Gait«, und dem stürmischen »Rack« (s. Kleines hippologisches Wörterbuch). Die Pferde werden dabei unterschiedlich vorgeführt, der dreigängige Saddler mit geschorener Mähne und geschorenem Schweif, der fünfgängige mit langer Mähne und langem Schweif.
Typ und Exterieur: Elegantes, stattliches Reitpferd mit edlem, kleinem Kopf, kompaktem Rumpf und trockenen Gliedmaßen.
Augen groß und ausdrucksvoll; Hals hochgetragen, gebogen, gut bemuskelt; hoher Widerrist; breite Brust; Rücken kurz und flach; Kruppe flach; Gliedmaßen trocken, mit markierten Sehnen und starken Gelenken; Hufe lang und fest. Schweif elegant getragen, oft durch operativen Eingriff in der Wirkung unterstützt. Haar besonders fein und seidig. Farben: Grundfarben, zuweilen mit Abzeichen. Größe: 152 bis 165 cm.
Mechanik: In allen drei Gangarten energische, fördernde Bewegungen. Die Trabaktion der des Trabers sehr ähnlich.

Eigenschaften und Verwendung: Ausdauernd, hart und genügsam; lebhaftes Temperament. Geeignet für den anspruchsvollen Freizeitreiter. Teilnehmer an amerikanischen Horseshows.
Zuchtgebiete: USA. Besonders Kentucky und Virginia. Daneben auch Indiana, Kansas, Iowa, Louisville, Ohio etc.

Amerikanischer Standardtraber [78, 80] USA
(Standardbred-Trotter)

Der Stammvater des amerikanischen Standardtrabers ist »Hambletonian 10«, geboren 1849, Sohn des Englischen Vollbluts »Messenger«. Dieses Pferd hinterließ über 1320 Fohlen, wovon 150 Zuchthengste waren; 90 Prozent aller Standardbreds führen ihn heute im Stammbaum. Der Name »Standardbred« kommt daher, daß sich in der Frühzeit des amerikanischen Trabersports noch unerprobte Pferde einem Test unterziehen mußten, um zu beweisen, daß sie die Meile innerhalb eines bestimmten Standards, einer festgelegten Zeit zurücklegen konnten. Der Standard wurde dann immer weiter heraufgeschraubt, und heute beträgt er für die Meile 1:56. Es haben sich im Laufe der Zeit zwei Arten von Standardbreds entwickelt, die Traber und Paßgänger, für die es getrennte Rennen gibt.
Typ und Exterieur: Rennpferd im Typ des Englischen Vollbluts.
Mäßig langer Kopf mit langen Ohren; Schulter lang, steil, gut bemuskelt; Rücken oft lang und weich; Kruppe oft überbaut; stahlharte Beine; langes Oberarmbein, kurze Röhre; Sprunggelenk schwach nach außen gedreht, sehr tief sitzend; Fesselung steil und lang. Farben: Braune, Füchse, Rappen. Größe 158 bis 170 cm.
Mechanik: Schritt eilig und nicht sehr raumgreifend; Trab lang, flach und schnell; Hauptgangart Renntrab oder Rennpaß; Galopp oft ungenügend und schwankend. Ausgezeichnete Schulterfreiheit; Hinterbeine treten an den Vorderbeinen außen vorbei.
Eigenschaften und Verwendung: Hervorragendes Rennpferd für Trabrennen und Rennen im Paß. Hart, ausdauernd, eifrig. Sehr gutartig und intelligent.
Zuchtgebiet: Zahlreiche Gestüte in den USA, vor allem in Kentucky, Kalifornien, Illinois, Pennsylvania. Nachzuchtgebiete: Kanada und Europa. Zuchtverein: The United States Trotting Association.

Andalusier Spanien

Der Andalusier ist der Stolz der spanischen Pferdezucht, und man spricht von ihm als der »Pura Raza Español«, der reinen spanischen Rasse. Tatsächlich geht dieses Pferd schon auf die alten iberischen Pferde der Antike zurück, und später, als die Pferdebestände während der Völkerwanderungszeit reduziert worden waren, wurde durch die Mauren Berber- und Araberblut zugeführt. Die eigentliche Wiege des Andalusiers, ebenso wie der ihm eng verwandten Kartäuser-Pferde und Zapatas, sind jedoch drei Kartäuserklöster Spaniens, die sich schon im 15. Jahrhundert mit der planmäßigen Zucht dieses Tieres befaßten und sich besonders verdient machten, als sie – im Gegensatz zu königlichen Edikten, die eine Einkreuzung nordischen Blutes befahlen – ihre Pferde reinrassig weiterzüchteten. Im 16. und 17. Jahrhundert war der Andalusier so begehrt, daß er zum Stammvater fast aller europäischer Reitpferdezuchten wurde. Der berühmte Reitmeister des damaligen Prinzen von Wales, der Herzog von Newcastle (s. Kapitel 4: »Die Hohe Schule«) sprach von diesen Tieren als den »Fürsten unter den

Pferden«. Hengste und Stuten aus den königlichen Gestüten von Cordoba, Sevilla und Jerez wurden nach Dänemark (Frederiksborg), Österreich (Kladrub und Lipizza) gebracht, um neue Rassen zu gründen. Mittelbar gehen jedoch auch die Ostfriesen, Oldenburger, Holsteiner und Orlow-Traber auf den Andalusier zurück. Auch die Rassen Süd- und Mittelamerikas sind ohne Zufuhr andalusischen Blutes nicht zu denken.
Typ und Exterieur: Mittelgroßes, edles Reitpferd mit ramsnasigem, eher schwerem Kopf und aufrecht getragenem Schwanenhals. Auge groß und feurig; Ohren tief angesetzt, klein;

Hals gut aufgesetzt und gebogen; gedrungener Rumpf; Widerrist niedrig und rund; Kruppe rund; schmal; Schweif tief angesetzt; Gliedmaßen im Verhältnis zum Körper leicht. Farben: meist Schimmel, vielfach geapfelt; Rappen und alle dunklen Schattierungen. Größe: 155 bis 165 cm.
Mechanik: Wenig raumgreifend; hoher Kniebug; gutes Springvermögen.
Eigenschaften und Verwendung: Gutartiges, gelehriges, doch feuriges Reitpferd. Ideal für Schulzwecke. Beliebt als Zirkuspferd und bei Stierkämpfen zu Pferde.
Zuchtgebiete: Spanien, Andalusien. Gestüte: Cordoba, Jerez de la Frontera, Moratalla.

Anglo-Normänner [153] Frankreich

Dieses französische Pferd begegnet uns heute in zwei Typen: als leichtes Reitpferd (**Typ Selle**) und als schwereres Landwirschaftsund Wagenpferd (**Typ Cob**). Der Normänner soll noch auf die alte armorikanische Rasse zurückgehen, die zur Zeit der Maurenherrschaft in Südfrankreich verbreitet war. Systematisch aufgebaut wurde sie jedoch – nachdem sie fast ausgestorben war – erst nach 1830, und zwar durch Einkreuzung englischen Voll- und Halbbluts. Als Stammvater der heutigen Anglo-Normänner kann der Norfolk-Traber »Young Rattler« angesehen werden. Um die Jahrhundertwende war der Anglo-Normänner als Karossier und als Kavalleriepferd sehr gefragt, doch mit der Motorisierung ging die Entwicklung stark zurück. Als Geländepferd und als Springpferd ist der Anglo-Normänner heute in aller Welt, natürlich vor allem in Frankreich, sehr begehrt. Zu den bekanntesten Vertretern der Rasse gehört »Lutteur«, der bei den Olympischen Reiterspielen 1964 in Tokio unter Pierre J. de Oriola die Springprüfung gewann (s. a. Französischer Traber).
Typ und Exterieur: Typ Selle: edles Reitpferd mit schönen, harmonischen Linien. Typ Cob: nicht sehr großes, kurzbeiniges, kräftiges Pferd. Beiden Typen gemeinsam ist der kräftige Kopf mit geradem Profil, tiefliegenden Augen, langen Ohren; starke Ganaschen; langer, muskulöser Hals; hoher, langer, breiter Widerrist; Rücken oft weich; Kruppe lang und breit; Hosen tief hinabreichend; ziemlich lange Gliedmaßen, oft mit schwachen Röhren und Gelenken; Hufe fest. Farben: meist Braune, jedoch auch Füchse, selten Schimmel. Größe ca. 160–165 cm.
Mechanik: Energisch, raumgreifend in allen drei Gangarten; Typ Selle mit ausgezeichnetem Galoppier- und Springvermögen.
Eigenschaften und Verwendung: Springpferd, Landwirtschafts- und Wagenpferd. Lebhaftes Temperament; gutmütiger Charakter.
Zuchtgebiete: Frankreich: Normandie und Nachbarlandschaften. Orne, Calvados, la Manche. Die Gestüte Haras du Pin und Haras de St. Lô sind Mittelpunkt der Zucht.

Appaloosa [77, 79] USA

»Apalouse« nannten die weißen Händler, die um das Jahr 1870 in die Gegend des Flusses Palouse im heutigen Staate Idaho kamen, das auffällig gefleckte Pferd der Nez-Percé, der eingeborenen Schlitznasen-Indianer. Aus dieser Bezeichnung wurde im Laufe der Zeit der Name »Appaloosa«. Heute ist diese Rasse hinter dem amerikanischen Quarter Horse (s. d.) und dem Vollblut mit 125 000 Pferden die drittgrößte der Welt. Wahrscheinlich stammt der Appaloosa von Pferden ab, die von den Conquistadores nach Amerika gebracht worden waren und dann von den Nez-Percé-Indianern als eigene Rasse weitergezüchtet wurden. Die Indianer, die ihre Pferde für Krieg, Jagd und Rennen verwendeten, züchteten vor allem auf die spezifische Zeichnung dieser Tiere, auf Ausdauer, Härte, Schnelligkeit und Gutartigkeit. Daß dieses Zuchtziel voll erreicht wurde, beweist der Ausspruch eines englischen Forschers aus dem Jahre 1806: »Ihre Pferde scheinen von einer ausgezeichneten Rasse zu sein – sie sind stolz, elegant gestaltet, aktiv und ausdauernd; kurz gesagt, viele von ihnen sehen wie edle englische Pferde aus und würden sich in jedem Land behaupten«. Als die Schlitznasen-Indianer sich im Jahre 1877 den amerikanischen Truppen ergeben mußten, gingen etwa 200 dieser herrlichen Tiere in den Besitz der Armee über, die sie an Händler verkaufte. Einige Rancher waren von diesen Pferden dann so begeistert, daß sie sich mit der Nachzucht befaßten. Im Jahre 1938 wurde ein nationales Appaloosa-Stammbuch gegründet.
Typ und Exterieur: Mittelgroßes, auffällig geflecktes Reitpferd.
Kopf gerade, zwischen den Ohren breit; spitze, ziemlich kleine Ohren; das Auge zeigt viel Weiß; Hals gut bemuskelt, hoch angesetzt; Brust tief und ziemlich schmal; Schulter lang und schräg; Rücken gerade; Kruppe gerundet,

manchmal leicht gespalten; Schweif hoch angesetzt. Sehr auffallende Färbung, bei der man viele Typen unterscheidet:
Schabrackenscheck (blanket pattern): Vorhand kräftig gefärbt, Hinterhand weiße Grundfarbe mit zahlreichen dunklen, regelmäßig verteilten Flecken.
Schneeflockenscheck (snowflake oder snowstorm pattern): gleichmäßig dunkel gefärbt mit wenigen weißen Sprenkeln über Nierenpartie und Kruppe.
Tigerscheck (leopard oder polka-dot pattern): meist weiß, lichtgrau oder stichelhaarig, ganz mit dunklen Flecken bedeckt.
Marmorscheck (mottled oder marbleized pattern): meist braun, stichelhaarig mit einzelnen weißen Flecken. Die Maulpartie soll rosagrau gesprenkelt sein. Die Hufe haben vertikale schwarze und weiße Streifen auf der Oberfläche des Horns. Mähne und Schweif sind dünn und kurz. Größe: 145 bis 155 cm.
Mechanik: Gutes Galoppiervermögen und Springbegabung.
Eigenschaften und Verwendung: Als Zirkuspferd und für Rodeos sehr beliebt. Ausgezeichnetes, robustes Reitpferd, das auch im Offenstall gehalten werden kann. Williges, freundliches Temperament.
Zuchtgebiete: Vor allem im Westen der USA. Kanada (Provinz Alberta).

Araber [74, 75]

Araber – das ist für den Pferdekenner ein Zauberwort, denn mit ihm verbindet sich alles, was Adel, Schönheit, Harmonie und Eleganz beim Pferd bedeutet. Drei Typen von Arabern unterscheiden wir heute: den »männlichen«, kraftvollen und harten **Kuhaylan**, den eleganten, »weiblichen« **Saqlawi** und den weniger edlen **Muniqi** mit dem langen Hals, das typische Rennpferd. Kompliziert wird die Wissenschaft vom Araber dadurch, daß er heute nicht nur in Nordafrika, sondern in vielen Ländern Europas, in den USA und auch in Asien gezüchtet wird, und daß man daher von einem »Deutschen Araber«, einem »Polnischen Araber« oder auch einem »Persischen Araber« spricht.
Wahrscheinlich geht die Rasse auf die Züchtungen des Babylonischen Reiches und des ägyptischen Pharaonenreiches zurück, doch gab es zu Zeiten Mohammeds kaum noch Pferde auf der arabischen Halbinsel, und es war Mohammed selbst, der durch besonders strenge Gebote eine neue Entwicklung der Araberzucht einleitete. Daß allerdings alle reinblütigen Araber auf die fünf Stuten des Propheten zurückzuführen sind, müssen wir in den Bereich der Legende verweisen.
Schon im 16. Jahrhundert wurde außerhalb der nordafrikanischen Stammlandschaft damit begonnen, arabische Pferde auf europäischem Boden rein weiterzuzüchten: unter Sigismund II. entstand im polnischen Gestüt Knyszyna eine Stätte der Araberzucht, und in späteren Jahrhunderten folgte man in Ungarn, Österreich und Deutschland (Württemberg) diesem Beispiel.
Der rein gezüchtete Wüstenaraber starb mit der Motorisierung nach dem Ersten Weltkrieg nahezu aus. Er war der »typische« Araber von großer Ausdauer und Härte, der es gewohnt war, in äußerster Genügsamkeit zu leben, der keinen Hafer kannte, sondern von den Beduinen mit Dromedarmilch und gedörrtem Fleisch aufgezogen wurde, dem man Gerste und Hirse gab, dem aber fette Weiden fremd waren. Andere klimatische Voraussetzungen, eine andere Vegetation machten den »Kulturaraber«, der außerhalb Nordafrikas gezüchtet wurde, zu einem anderen, weniger harten Tier, das leicht zu Fettansatz neigte. Heute werden zwar in einigen arabischen Luxusgestüten Saudi-Arabiens, Jordaniens und Ägyptens (Staatsgestüt El Zahraa) Araber rein weitergezüchtet, doch sind auch diese Tiere nicht mehr mit den Wüstenarabern zu vergleichen, die bei den Beduinen unter ganz anderen Bedingungen gehalten wurden.
Als hervorragender, konstanter Vererber wurde der Araber schon früh zur Veredelung anderer Rassen herangezogen, so daß man ihn als Stammvater aller warmblütigen Pferderassen ansehen kann. Eine ausschlaggebende Rolle spielte er bei der Entwicklung des Englischen Vollbluts (s. d.).
Typ und Exterieur: Edles, anmutiges, nicht zu großes Reitpferd mit kleinem Kopf und harmonischen Linien.
Ausdrucksvoller, leichter Kopf mit großen, feurigen Augen; breite Stirn; am Nasenbein Einsenkung (Araberknick); anmutiger, schön gebogener Hals; ziemlich breite Brust; lange Schulter; scharfer, hoher Widerrist; kompakter, kurzer Rumpf, runde Kruppe mit hohem Schweifansatz; trockene, sehnige Beine; lange Fesselung; kleine, harte Hufe; Mähne und Schweif nicht sehr dicht, fein, seidig. Farben: Dominierend sind Schimmel in allen Nuancen. Füchse und Braune kommen vor. Muniqis

sind häufig Füchse. Größe: meist nicht über 150 cm.
Mechanik: Schwebende, leichte Bewegungen; nicht sehr raumgreifend; Schritt oft mangelhaft, Trab flach, Galopp leicht und schnell.
Eigenschaften und Verwendung: Lebhaft, temperamentvoll, feinfühlig, anschmiegsam, fügsam. Intelligent. Reit-, Kutsch- und Rennpferd. Hervorragend geeignet für den Freizeitreiter, da angenehm und unkompliziert.
Zuchtgebiete: Ursprünglich Hochland des Nedjd, Arabien. Heute Gestüte in der ganzen Welt. (Siehe: Deutscher Araber, Persischer Araber, Polnischer Araber.)

Ardenner Frankreich

Er ist ein naher Verwandter des Brabanters (s. d.), ein mittelschweres Arbeitspferd, von dem man sagt, daß es schon zu Cäsars Zeiten bekannt gewesen sei. Der Ardenner ist für jede landwirtschaftliche Arbeit geeignet, er ist ein hervorragendes Wagenpferd, das wegen seiner Gefügigkeit von jedem Kind gelenkt werden kann. Kommt vor in den französischen Ardennen, der Lorraine, Champagne, den Vorgebirgen der Vogesen, wo die herben Winter ihn witterungsunempfindlich machten.
Typ und Exterieur: Mittelschweres, untersetztes Arbeitspferd.

Kopf viereckig; Hals breit und muskulös; runder Rumpf; mächtige Schulter; kräftiger, kurzer Rücken; abfallende, kurze Kruppe; kurze, kräftige Gliedmaßen; große Knochenstärke; wenig Fesselbehang; schwere Hufe. Farben: Rotschimmel, Füchse, Braune, Falben. Größe: 160 bis 165 cm.
Mechanik: Energische, schnelle Bewegung. Vor allem der Trab raumgreifend.
Eigenschaften und Verwendung: Arbeitsfreudiges Kaltblutpferd mit frommem Temperament, robust und energisch.
Zuchtgebiete: Französische und belgische Ardennen, Luxemburg. Besonders in der Umgebung von Sedan und Charleville.

Aveligneser Italien

Im Oberen Etschtal, dem Trentino, in Sondrino, Mantua, Verona, Treviso, Forli und Rieti wird dieses kleine Pferd gezogen, das in seinen wesentlichen Merkmalen dem Haflinger (s. d.) gleicht. Der Aveligneser ist ein zuverlässiges, trittsicheres Bergpferd, das meist von Bauern und Fuhrunternehmern gezüchtet wird. Er ist zwischen 140 und 150 cm groß, und derzeit soll die Rasse etwa 270 Hengste und 2000 Stuten umfassen. Einmal im Jahr kommen die Züchter in Verona zusammen und wählen ihr »Pferd des Jahres«.

Basuto Pony Südafrika

Das Pony des südafrikanischen Basutolandes ist ein Abkömmling des alten Kappferdes, das wiederum auf javanische Ponys zurückgeht, die im 17. Jahrhundert von der Ostindischen Kompanie nach Südafrika gebracht wurden. Durch Buschkriege, Tauschhandel und auch durch Diebstahl gelangten viele Kappferde in die Hände der Basutos, die es als einziger Stamm südlich des Äquators verstanden, sich – den Indianern gleich – zu einem Reitervolk zu machen. Im kargen, gebirgigen Basutoland verwandelte sich das ursprünglich größere Kappferd in das kleine, zähe Pony, das es heute ist. Zu Anfang des Jahrhunderts war die Rasse konsolidiert, wurde aber während der Burenkriege und auch später so viel gehandelt, daß in den vierziger Jahren nur noch spärliche Reste des alten Bestandes vorhanden waren. Die südafrikanische Regierung ging deshalb Anfang der fünfziger Jahre daran, den Basuto zu retten und hat mit ihren Bemühungen einen recht guten Erfolg.
Typ und Exterieur: Hartes, tiefes Reitpony. Gedrungenes, kompaktes Pony mit steiler Schulter, kurzem Rücken und leicht abfallender Kruppe; kleine, harte, gesunde Hufe.
Mechanik: Das Basuto ist fünfgängig, wird jedoch meist im Schritt und Canter geritten. Außerordentliche Trittsicherheit.

Eigenschaften und Verwendung: Reitpferd der Basutos, das auch als Polopony verwendet wird. Hart, anspruchslos und gutartig.
Zuchtgebiet: Südafrika, Basutoland; Regierungsgestüt Nooitgedacht in Ermelo.

Bayerisches Warmblut → Rottaler

Belgier → Brabanter

Berber [211] Nordafrika

Er war das Pferd der französischen Spahis – schnell, hart und anspruchslos, das ideale Kavalleriepferd. Heute können wir ihm vor allem bei den nordafrikanischen Scheinkämpfen, der »Fantasia«, begegnen (s. Kap. 6: »Reiterfeste und Reiterspiele«), bei der es in erster Linie auf Schnelligkeit und absoluten Gehorsam des Pferdes ankommt.
Der Berber, der in Libyen, Algerien und Marokko gezogen wird, geht auf die alte numidische Rasse zurück, also auch auf die Pferde, derer sich Hannibal während der Punischen Kriege bediente. Bei Römern und Griechen war das nordafrikanische Pferd wegen seiner Robustheit und Schnelligkeit bekannt. Später, als die Wandalen nach Nordafrika eindrangen und ihr Reich gründeten, vermischte sich das Blut ihrer kaltblütigen Gewichtsträger mit der einheimischen Rasse. Als dann im 7. und 8. Jahrhundert die Mohammedaner mit einem Heer von 75 000 Reitern die Küstenländer eroberten, beeinflußte das Blut ihrer orientalischen Pferde das Berberblut. Unter der Herrschaft des Islam begann die Blütezeit des Berbers, der noch während des Barocks zu den begehrtesten Rassen gehörte und von Kennern gepriesen wurde. Auf viele europäische Rassen, darunter den Andalusier, den Lipizzaner und das Englische Vollblut nahm dieses Pferd mit seiner typischen Ramsnase nachhaltigen Einfluß. Der Berber war während des Barocks eines der beliebtesten Kampfpferde, und damals (1686) sagte ein englischer Kenner über ihn: »Wenn er aufgewacht ist und sein Feuer zeigt, gibt es kein Pferd, das behender, stärker und geschickter ist und eine Schlacht von einer oder zwei Stunden besser übersteht. Er gibt einen guten Beschäler, um Rennpferde davon zu züchten.«
Seit etwa tausend Jahren wird der Berber vielfach mit dem Araber gekreuzt; während der französischen Kolonialzeit führte man auch das Blut des Bretonen und des Boulonnais zu, um ein etwas größeres und kräftigeres Pferd zu erzielen. Heute bemüht man sich wieder, die Rasse durch Reinzucht zu verbessern.
Typ und Exterieur: Leichtes, elegantes, hoch im Blut stehendes Reitpferd.
Kopf mit leichter Ramsnase und etwas groben Ganaschen; große, ausdrucksvolle Augen; langer Hals; hoher Widerrist; kurzer Rücken; gewölbte, kräftige Nierenpartie; abgeschlagene, runde Kruppe; tief eingesetzter Schweif; steile, flache Schulter; trockene Beine mit gut markierten Gelenken und Sehnen; gröbere Knochen als der Araber; kleine, harte Hufe. Farben: häufig Schimmel, jedoch auch Braune, Füchse und Rappen. Größe: 143 bis 153 cm.
Mechanik: Schritt kurz, Trab befriedigend, Galopp leicht und nicht sehr raumgreifend. Gutes Springvermögen.
Eigenschaften und Verwendung: Zähes, ausdauerndes, anspruchsloses Reitpferd mit viel Temperament. Zuverlässiger Charakter.
Zuchtgebiete: Algerien, Marokko, Libyen, Tunesien. Gestüte Constantine, Oran, Sidi Tabet.

Bosnisches Gebirgspferd Jugoslawien

Von den jugoslawischen Pferden, die auf etwa 1,3 Millionen geschätzt werden, sind allein 450 000 Bosniaken. Dieses außerordentlich harte und leistungsfähige Tier geht wahrscheinlich auf das Przewalskipferd zurück, das dann während der Türkenherrschaft durch Zuführung orientalischen und türkischen Blutes verfeinert wurde. Auch in der Zeit der Donaumonarchie wurde viel arabisches Blut zugeführt, doch heute wird auf Reinzucht geachtet und versucht, durch Selektion ein massiveres Pferd zu erzielen. Die drei heutigen bosnischen Hauptbeschäler gehen alle auf drei Hengste zurück, die im Jahre 1933 im Hauptgestüt Borike als Beschäler ausgewählt wurden: »Misko«, »Barut« und »Agan«. Der Bosniake wird seit einigen Jahren zu Tausenden in den Westen exportiert und ist auch bei uns ein beliebtes, da noch relativ billiges Freizeitreitpferd geworden.
Typ und Exterieur: Stämmiges, kompaktes Tragpferd.
Kleiner, dem Araber ähnlicher Kopf mit kleinen Ohren; niedriger Widerrist; stämmiger, kompakter Körper; abgeschlagene Kruppe mit tief angesetztem Schweif; kurze, kräftige Beine mit kurzen Röhren und starken, gut markierten Sehnen und Gelenken; gut geformte, kleine, harte Hufe. Farben: Braune und Schimmel. Größe: 135 bis 140 cm.

Mechanik: Außerordentliche Trittsicherheit; Galoppier- und Springvermögen.
Eigenschaften und Verwendung: Gebirgspferd, das in seiner Heimat als idealer Säumer bekannt ist, das bei uns aber auch ein immer beliebteres Freizeitpferd wird. Ausdauernd ausgeglichenes Temperament, hart, gutartig und besonders intelligent.
Zuchtgebiet: Hauptzuchtstätten im Gebiet von Rogatica und in den Kreisen Mostar und Livno. Gestüte: Borike, Han Pijesak, Pale, Banja, Luka.

Boulonnais Frankreich

Dieses schwere Pferd ist in der Gegend um Boulogne, Desvres und Marquise zu Hause und wird dort schon seit dem 17. Jahrhundert als »Boulonnais« bezeichnet. Wahrscheinlich geht die Rasse auf den alten Europäischen Kaltblüter zurück, der schon zu Cäsars Zeiten mit orientalischen Rassen gekreuzt wurde. Der orientalischen Blutzufuhr ist wohl auch zuzuschreiben, daß der Boulonnais dem Percheron (s. d.) so ähnlich sieht, mit dem er aber sonst nichts zu tun hat. Das Pferd kommt heute in zwei Typen vor, und zwar in einem kleineren von 155 bis 161 cm Höhe und einem größeren, der eine Höhe von 162 bis 172 cm erreicht.
Typ und Exterieur: Starkes, bewegliches, kaltblütiges Arbeitspferd.
Kurzer, breiter, aber edler Kopf; großes Auge breiter, stark gewölbter Hals; Schulter steil und kurz; Brust breit und tief; Rücken kurz und oft etwas gesenkt; Nierenpartie kurz und muskulös; breite, gespaltene Kruppe; Beine relativ leicht, mit breiten, trockenen Gelenken; kleine, starke, gut geformte Hufe. Farben: Früher klare Schimmelfarbe vorherrschend, heute auch Grau-Rot- und Eisenschimmel, Füchse und Braune. Größe: der verbreitetere, größere Typ: 162 bis 172 cm, der kleinere, seltenere Typ: 155 bis 161 cm.
Mechanik: Energische Aktion in Trab und Schritt.
Eigenschaften und Verwendung: Ausdauerndes, bewegliches Arbeitspferd mit aktivem Temperament und gutartigem Charakter.
Zuchtgebiet: Boulogne, Desvres, Marquise, Tiefebene von Waterringes; Vimeux, Pas de Calais, Pays de Caux, Oise, Seine Maritime, Picardie, Artois, Haute Normandie, Flandern. Als Boulonnais werden alle Pferde anerkannt, die beim »Syndicat Hippique Boulonnais« eingetragen sind.

Brabanter (Belgier) Belgien

Ehemals nannte man ihn »Flandrisches Pferd« dann »Brabanter« und dann erfand man für ihn den Namen »Cheval de Trait Belge«, kurz »Belgier«. Fachleute sind der Ansicht, daß er ein direkter Nachkomme des alten Diluvial-Pferdes ist, doch ist diese Annahme natürlich nicht nachprüfbar. Schon um etwa 1870 hatten sich drei heimische Stämme herausgebildet, die sich kaum voneinander unterschieden: die **Gros-de-la-Dendre**-Linie, die **Gris-du-Hainot**-Linie und die **Colosses de la Mehaique.** Der Brabanter ist seit etwa 100 Jahren stark vom Ardenner (s. d.) beeinflußt.
Typ und Exterieur: Mächtiges, massives, kaltblütiges Arbeitspferd.

Ziemlich kleiner Kopf; kurzer, schwerer Hals mit struppiger Mähne; niedriger, fleischiger Widerrist; tiefe, breite Brust; breiter, kurzer Rücken; kräftige, muskulöse Nierenpartie; stark bemuskelte, leicht gespaltene, etwas abschüssige Kruppe; guter Schweifansatz; mächtige, lange Schulter; kurze und starke Beine mit viel Behang; große Hufe. Farben: meist Rotschimmel, aber auch Falben und Rotfalben. Größe: 165 bis 175 cm.
Mechanik: Kräftig, aktiv, nicht ohne Anmut. Nicht immer ganz regelmäßige Bewegungen im Schritt und Trab.
Eigenschaften und Verwendung: Sehr kräftiges und schweres Zugpferd. Williger und frommer Charakter.
Zuchtgebiete: Provinz und Landschaft Brabant. Die Zucht ist in bäuerlicher Hand.
1866 Gründung des Verbandes »Le Cheval de Trait Belge«.

Bretone Frankreich

Dieser prachtvolle bretonische Kaltblüter ist ein typisches, schweres Zugpferd, das früher bei der bespannten Artillerie sehr begehrt war. Beim modernen Bretonen läßt sich sein Ardenner- und Percheronblut nicht verheimlichen, doch erkennen wir auch in ihm einen Anteil Norfolkblut, das zugeführt wurde, um die Gangart des Pferdes zu verbessern. Nicht nur in seiner Heimat, sondern auch im Ausland, vor allem in Italien, Spanien und auf dem Balkan ist der Bretone sehr beliebt, denn er ist nicht nur arbeitswillig, sondern auch sehr genügsam und ausdauernd.

Typ und Exterieur: Schweres kaltblütiges Zugpferd.

Gerader, schwerer Kopf mit starken Ganaschen; kurzer, gedrungener Hals mit Doppelmähne; steile, gepackte Schulter; tiefe, breite Brust; kräftige, kurze Nierenpartie; kurze, gespaltene, abschüssige Kruppe; tief angesetzter, buschiger Schweif; kurze, stramme Beine mit kräftigen Gelenken; Hufe groß und flach. Farben: Füchse, Hellbraune, Rot- und Fuchsschimmel, häufig geäpfelt. Größe: 150 bis 160 cm.

Mechanik: Energische Bewegungen in Schritt und Trab.

Eigenschaften und Verwendung: Kraftvolles, energisches und ausdauerndes Zugpferd, das keine hohen Ansprüche stellt.

Zuchtgebiete: Frankreich. Nordküste der Bretagne. Hauptort der bretonischen Zucht ist Landivisiau im Finistère Nord.

Budjonnij-Pferd UdSSR

Auf Wunsch des russischen Marschalls Budjonnij wurde nach der Revolution durch die Paarung von russischen Donpferden (s. d.) und Englischem Vollblut eine neue Rasse entwickelt, die sich etwa 1948 konsolidiert hatte. Das Zuchtziel war dabei, die guten Eigenschaften des Donpferdes (starke Konstitution, Vitalität, Anspruchslosigkeit, Eignung zur ganzjährigen Herdenhaltung) mit denen des Englischen Vollbluts (günstige Winkelung der Gelenke, gute Mechanik, Schnelligkeit, Ausdauer) zu vereinen. Anfangs waren die Budjonnij-Pferde als Kavalleriepferde gedacht, doch mit der Motorisierung und dem Zurückgehen der Kavallerie-Divisionen wurde das Pferd anderen Zwecken zugeführt. Heute ist diese Rasse nicht nur auf Renn- und Turnierplätzen anzutreffen, sondern leistet auch gute Dienste in der Landwirtschaft.

Typ und Exterieur: Edles, vielseitiges Sportpferd, meist mit auffallender goldfarbener Jacke.

Mittelgroßer, trockener Kopf mit geradem Profil und kleinen, lebhaften Ohren; ausdrucksvolle, große Augen; langer, hochangesetzter Hals; ziemlich hoher, langer Widerrist; breite, tiefe Brust; schräge, lange Schultern; gerader, ziemlich kurzer Rücken; breite, muskulöse Nierenpartie; leicht abfallende, lange Kruppe; trockene Gliedmaßen mit kräftigen Gelenken; mittellange Fesselung; feste, mittelgroße Hufe. Farben: Füchse und Hellbraune mit auffallend goldbrauner Jacke; auch Rappen, jedoch keine Schimmel. Größe: ca. 163 cm.

Mechanik: Schöne, regelmäßige Bewegungen, sehr gutes Galoppier- und Springvermögen.

Eigenschaften und Verwendung: Vielseitiges Renn- und Sportpferd (Military, Steeple Chase, Distanzritte, Springen, Dressur). Wird auch in der Landwirtschaft verwendet. Sehr langlebig. Gutes, ruhiges Temperament.

Zuchtgebiete: Kollektiv der Don-Gestüte um Rostov. Das Pferd lebt ganzjährig in Herden (Tabunen), die von Hirten überwacht werden.

Camargue-Pferd (Crin Blanc) [210] Frankreich

Die »Weißen Pferde der Camargue« sind ein Begriff für jeden Pferdefreund – und für viele Touristen, die das herrliche Tierreservat im Rhône-Delta sehen konnten. Die Anfänge der Rasse liegen im dunkeln, doch nimmt man heute an, daß es sich hier um einen echten Abkömmling des prähistorischen Solutrépferdes handelt, dem dann freilich später noch das Blut von Berbern und Iberern eingekreuzt

(Fortsetzung S. 58)

Zu den Fotos Seite 49 bis 53:

Seite 39: Dülmener Wildpferdstute mit ihrem Fohlen. Schon seit Jahrhunderten leben die Dülmener in der Freiheit des Merfelder Bruchs. (Foto: Krings-Anthony)

Seite 50 oben: Hannoveraner. Eine der beliebtesten deutschen Rassen, das Sportpferd par exellence. (Foto: Gold)

Seite 50 Mitte: Westfale. Der Hannoveraner Einfluß ist bei dieser Rasse gut zu erkennen. (Foto: Gold)

Seite 50 unten: Holsteiner. Die Zucht des Holsteiners — eines der gefragtesten deutschen Sportpferde — geht bis auf das 13. Jahrhundert zurück. (Foto: Gold)

Seite 51: Oldenburger. Der typische Karossier — ein tiefes und schweres Pferd mit mächtigem Hals, dessen hohe Knieaktion bestechend ist. (Foto: Gold)

Seite 52—53: Einsiedler. Im schweizerischen Kloster Einsiedeln werden diese Pferde, die auf anglo-normänner Blut zurückgehen, schon seit dem 11. Jahrhundert gezüchtet. (Foto: Alder)

Dülmener Wildpferdstute mit ihrem Fohlen

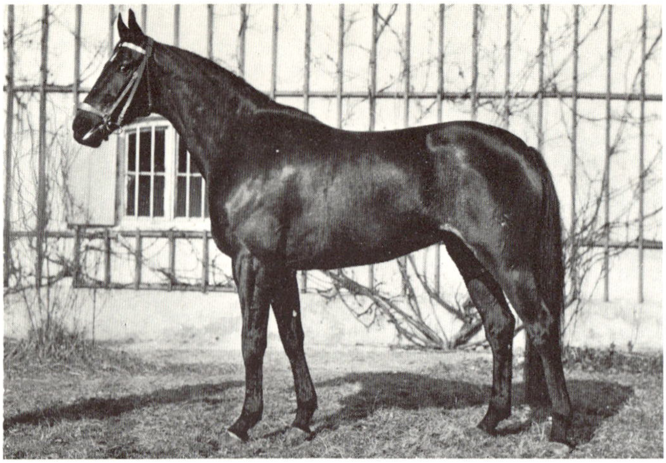

Hannoveraner

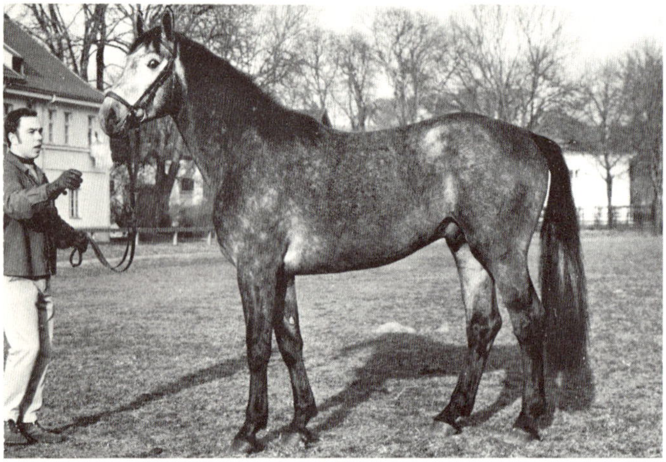

Westfale

Holsteiner

Oldenburger

Folgende Doppelseite: Einsiedler

Trakehner (Ostpreuße
Trakehner Abstammung)

Polnischer Trakehner

Schwedisches Warmblut

Haflinger

Süddeutsches Kaltblut
(Noriker)

Bayerisches Warmblut

Württemberger Warmblut

Furioso — North Star

Nonius

Zu den Fotos Seite 54 bis 56:

Seite 54 oben: Trakehner (Ostpreuße Trakehner Abstammung). Das ostpreußische Stammgestüt dieser Rasse ist in polnischer Hand, doch sie wird heute auch in Westdeutschland gezüchtet. (Foto: Gold)

Seite 54 Mitte: Polnischer Trakehner. Typ des Trakehners, wie er heute in Polen gezüchtet wird. (Foto: Gold)

Seite 54 unten: Schwedisches Warmblut. Ein edles Reitpferd, das auf Trakehner, Hannoveraner, Anglo-Normänner und Vollblüter zurückgeht. (Foto: Gold)

Seite 55 oben: Haflinger. Obwohl diese Rasse stämmig und kompakt wirkt, ist sie nicht ohne Adel – Erinnerung an das Araberblut, das bei ihrer Entwicklung mitwirkte. (Foto: Gold)

Seite 55 Mitte: Süddeutsches Kaltblut (Noriker). Einer der wenigen Kaltblüter, die heute in Deutschland noch eine Rolle spielen. (Foto: Gold)

Seite 55 unten: Bayerisches Warmblut. Die alte Rottaler Rasse diente als Grundlage für ein Reitpferd, das nach dem Krieg unter Zuführung Hannoveraner und Trakehner Blutes gezüchtet wurde. (Foto: Gold)

Seite 56 oben: Württemberger Warmblut. Dem ursprünglich schwereren Gebrauchspferd wurde durch Zuführung von Trakehner Blut mehr Adel und Trockenheit gegeben. (Foto: Haupt- und Landgestüt Marbach)

Seite 56 Mitte: Furioso – North Star. Ein ungarisches Halbblut, das als Vielzweckpferd in seiner Heimat sehr beliebt ist. (Foto: Gold)

Seite 56 unten: Nonius. Das Stammgestüt dieses ungarischen Gebrauchspferdes ist Mezöhegyes. (Foto: Gold)

wurde. Das Pferd lebt heute halbwild, in sogenannten »Manaden« von 40 bis 50 Stück und wird von Hirten zugeritten, die es dann zur Führung von Camarguerindern beim Weidewechsel gebrauchen.
Typ und Exterieur: Kleines, halbwildes, sehr hartes Reitpferd. Meist Schimmel.
Viereckiger, ziemlich schwerer Kopf mit breiter Stirn, meist ramsnasig; kurze Ohren, große, ausdrucksvolle Augen; Hals gerade; breite, flache Brust; langer Widerrist; kräftiger Rükken; muskulöse Nierenpartie; kurze, schmale, oft abschüssige Kruppe; guter Schweifansatz; trockene Gliedmaßen mit guten Gelenken; starke Hufe; reiches Mähnen- und Schweifhaar. Farben: meist Schimmel, selten Füchse. Größe: 135 bis 145 cm.
Mechanik: Sehr ausdauernd in allen drei Gangarten.
Eigenschaften und Verwendung: Genügsames, ausdauerndes, hartes, bewegliches Reitpferd mit viel Temperament.
Zuchtgebiet: Frankreich, Rhône-Delta.

Cleveland Bay — England

Hier haben wir eine der ältesten englischen Rassen vor uns, denn sie wird schon seit über zwei Jahrhunderten in der Gegend von Cleveland (Yorkshire) gezüchtet. Der Cleveland Bay oder »Cleveland brown«, wie er wegen seiner ausschließlich braunen Farbe auch genannt wird, ist das Equipagenpferd der englischen Könige. Er ist ein ausgezeichneter Vererber und war u. a. an der Entwicklung unseres Oldenburgers beteiligt. Man kreuzt ihn heute gerne mit englischem Vollblut und erhält so bei der Erstkreuzung erstklassige Hunter und Springpferde; die Zuchtstuten, wiederum mit Vollblütern gepaart, bringen dann Pferde hervor, die wegen ihrer Schnelligkeit vor allem als Militarypferde eingesetzt werden.
Typ und Exterieur: Mittelschweres, kräftiges, wohlproportioniertes Warmblutpferd.
Langer, schön getragener Kopf; langer, kräftiger Schwanenhals; ziemlich langer Rücken; lange Kruppe; schräg gelagerte, lange Schulter; lange Unterarme und Unterschenkel; breite Sprunggelenke. Farben: Hellbraune bis Kastanienbraune; schwarze Beine, schwarze Mähne, schwarzes Schweifhaar; weiße Abzeichen sind bis auf einen Stirnfleck nicht erlaubt. Größe: 165 bis 170 cm.
Mechanik: Der Schritt raumgreifend, der Trab flach und fördernd. Gutes Galoppier- und Springvermögen.

Eigenschaften und Verwendung: Beliebtes Wagenpferd. Natürliches Springvermögen. Mit Englischem Vollblut gekreuzt, entsteht der englische Halbblut-Hunter sowie Militarypferde. Ausdauer, gute Konstitution, Langlebigkeit gehören zu den Charakteristika der Rasse.
Zuchtgebiet: England (Yorkshire). Seit 1884 Bestehen der »Cleveland Bay Horse Society«, die sich für die Reinzucht des Pferdes einsetzt. Nur Pferde, die in das »Cleveland Bay Stud Book« eingetragen sind, gelten als Cleveland Bay.

Clydesdale — Schottland

Die Geschichte des Clydesdales beginnt bereits im 18. Jahrhundert, als man das Stammpferd der Grafschaft Lanark (Schottland) mit flandrischen Hengsten kreuzte. Damals war das Zuchtziel, ein schweres Packpferd zu bekom-

men, das für die Händler dieser Gegend als Transportpferd geeignet wäre. Die Industrialisierung ließ dann die Nachfrage nach reinen Zugpferden größer werden, und heute ist der Clydesdale ein starkes Zugpferd, gut in der Aktion, mit außerordentlich belastungsfähigen Beinen und Hufen. Im Jahre 1877 wurde die Clydesdale Horse Society gegründet, und seit dieser Zeit wird auch ein Stutbuch geführt.

Typ und Exterieur: Großes, starkes, kraftvolles Zugpferd.

Kopf nicht zu schwer; Stirne zwischen den Augen breit, flach; klares, glänzendes Auge; Hals lang und gut gebogen; lange, schräge Schultern; hoher, gut markierter Widerrist; Vorhand höher als Hinterhand; kurzer Rükken; Nierenpartie gut bemuskelt; lange, gewölbte, schräge Kruppe; feste, gesunde Beine und Hufe; gut unter die Schulter gestelltes Vorderbein, bis zum Fesselbein eine lotrechte Linie bildend; Hinterbeine gut gewinkelt, stark; Hufe rund und offen; Farben: meist Braune, seltener Rappen; viel Weiß an Kopf und Beinen, oft auch am Rumpf. Größe: etwa 168 cm.

Mechanik: Fördernde Aktion; von hinten gesehen sieht man deutlich, wie jeder Huf sich vom Boden anhebt. Langer, gemessener Schritt, energischer Trab.

Eigenschaften und Verwendung: Kräftiges, energisches, dabei frommes und leicht lenkbares Zugpferd.

Zuchtgebiete: Schottland und Irland. Vor allem Clydesdale in der Grafschaft Lanark.

Connemara Pony [102] — Irland

Die irische Landschaft Connaught in der Grafschaft Galway ist seit Jahrhundeten die Heimat eines Ponys, das heute zu den beliebtesten Freizeitreitpferden für Kinder und Erwachsene gehört. Das kleine Pferd erinnert nicht zufällig an einen Lipizzaner, denn man weiß, daß die Kelten spanische Kriegspferde einführten, und im Mittelalter floß das Blut der spanischen »Genetten«, Verwandter des Berbers, hinzu. Im Jahre 1928 wurde die »Connemara Breeder's Society« gegründet, und man eröffnete ein Stutbuch. In letzter Zeit hat man das Blut von Arabern und Englischem Vollblut eingekreuzt, und die Resultate waren erstaunlich: das berühmte Springpferd »Dundrum« und der nicht minder berühmte »Stroller« sowie das Dressurpferd »Little Model« brachten so große internationale Erfolge, daß durch sie das Reiten auf Connemara-Ponys in Mode kam. Fachleute behaupten allerdings, daß die guten Ponyeigenschaften der Connemaras, vor allem ihre Genügsamkeit und ihr ruhiges Temperament, durch diese Einkreuzungen verlorengingen.

Typ und Exterieur: Kompaktes, edles Reitpony.

Edler, nicht zu kleiner Kopf mit kleinen Ohren; langer, gut getragener Hals; lange, schräge Schultern; hoher Widerrist; gerader, starker Rücken; lange, leicht abfallende Kruppe; gute Gurttiefe; korrekte, trockene Gliedmaßen mit gut markierten Gelenken und Sehnen; Knochen hart und flach; Beine eher zu kurz als zu lang; Farben: Schimmel, Rappen, Braune, Falben mit Aalstrich und dunklen Beinen; Abzeichen an Kopf und Extremitäten. Größe: 130 bis 145 cm.

Mechanik: Guter, langer Schritt, gutes Galoppiervermögen, ausgezeichnetes Springtalent.

Eigenschaften und Verwendung: hartes, anspruchsloses, ausdauerndes Reitpony. Ruhiges Temperament. Sehr fügsam. Ausgezeichnetes Freizeitpferd, nicht nur für Kinder, sondern auch für Erwachsene. Auch als Polopony geeignet. Bester Springer von allen Kleinpferderassen.

Zuchtgebiete: Irland, Connemara (Grafschaft Galway). Züchtung vor allem in Wildgestüten. Private Gestüte in Großbritannien. Einmal im Jahr wird in Clifden (The Twelve Pins, Irland) eine Connemaraschau abgehalten.

Criollo — Südamerika

Südamerika war, wie auch das übrige Amerika, zur Zeit seiner Entdeckung durch Kolumbus ohne Pferde. 1493 brachte Kolumbus auf seiner zweiten Reise zwar einige Pferde mit, die sich auch rasch vermehrten, doch die eigentliche »Einfuhr« von europäischen Pferden fand erst im Jahre 1535 durch Don Pedro

Mendoza, den Gründer von Buneos Aires, statt. Er brachte etwa hundert Andalusier und einige schwerere Pferde ins Land, und nach fünfzig Jahren sollen ihre Nachkommen schon zu Tausenden wild anzutreffen gewesen sein. Wahrscheinlich war es das Berberblut dieser Tiere, das sie dazu befähigte, unter den harten Umweltbedingungen in diesen Gegenden zu überdauern. Die Siedler benutzten sie als Reit- und Tragtiere, doch zu einer regelrechten Zucht kam es erst vor etwa sechzig Jahren, jedenfalls in Argentinien. Die Chilenen, die ihre Criollos »Fina Sangre Chilena« genannt hatten, legten schon 1893 ein Stutbuch auf, gefolgt von Argentinien (1912), Brasilien (1930) und Uruguay. Heute sind alle vier Register unter dem Namen »Zuchtbuch der Criollo Rasse« zusammengelegt. Nicht zu verwechseln ist der Criollo dieser Staaten mit dem brasilianischen Crioulo, der nicht auf Andalusier, sondern auf portugiesische Altérs zurückgeht, die 1541 ins Land kamen.

Typ und Exterieur: Halbwildes Reitpferd der Pampas.

Großer Kopf mit breiter Stirn, oft mit Ramsnase; kräftiger, mittellanger Hals; markierter, muskulöser Widerrist; schräge Schulter; tiefer und kurzer Rücken; Kruppe abschüssig; kräftige, muskulöse Beine und harte Hufe. Farben: Mausfalben, Falben, Fuchsfalben mit Aalstrich, Isabellen. Größe: 140 bis 153 cm.

Mechanik: Bodenbedeckende Bewegungen in allen Gangarten; Begabung zu Paßgang; gutes Galoppiervermögen.

Eigenschaften und Verwendung: Hartes, ausdauerndes, widerstandsfestes Reittier der Rinderhirten. Aktiv, gelehrig.

Zuchtgebiete: Argentinien, Brasilien, Chile, Peru, Uruguay. Der Criollo lebt halbwild in Herden.

Dales Pony England

Dieses Pony ist ein enger Verwandter des Fell Ponys (s. d.) und des alten Galloway-Pferdes. Es stammt aus dem an Schottland angrenzenden englischen Norden und wird seit vielen Generationen auf den Farmen von Northumberland, der County Durham und den North Yorkshire Dales gezüchtet. Vor etwa hundert Jahren kam der berühmte Welsh-Cob-Hengst »Comet« nach Westmoreland, ein sehr guter Traber, und man paarte ihn mit Dales Ponystuten. Heute führt jedes Dales Pony diesen Welsh Cob im Stammbaum. Die Motorisierung schien in den fünfziger Jahren dem Dales Pony den Garaus zu machen, und nur wenige Züchter blieben ihrer Rasse treu, doch mit dem Aufschwung des Ponyreitens und des Pony-Trekking ist dieser Entwicklung zum Glück ein Ende gesetzt worden. Heute können die Züchtervereine die Nachfrage nach ihren Pferden kaum mehr erfüllen.

Typ und Exterieur: Kräftiges, starkes, besonders hartes Pony.

Kleiner trockener Kopf mit kleinen Ohren; kurzer Hals; Schulter etwas gerade; breite Brust; starker, gut bemuskelter Rücken; gut bemuskelte Hinterhand; Schweif nicht sehr hoch angesetzt; gesunde Beine und Gelenke; kräftige Knochen im Verhältnis zur Größe; Hufe hart und offen; reiches Mähnen- und Schweifhaar; seidiger Fesselbehang. Rappen, Braune, manchmal Schimmel. Größe: 140 bis 147 cm.

Mechanik: Gute Aktion in allen drei Gangarten. Sehr trittsicher.

Eigenschaften und Verwendung: In der Landwirtschaft, besonders in Schottland, als Arbeitspferd verwendet. Sehr gutes Wagenpferd, jedoch auch als Reitpony geeignet. Einfach zu behandeln, da sehr fügsam.

Zuchtgebiete: Englischer Norden. Durham und Northumberland.

Dartmoor Pony England

Es ist in der großen Heide- und Moorlandschaft Südwestenglands, dem Dartmoor, zu Hause und lebt heute zum Teil dort noch wild in Herden. Noch bis zum Ende des 19. Jahrhunderts wurden die Tiere nicht registriert und unterschieden sich sehr stark im Typ, doch im Jahre 1899 wurde ein Stutbuch geschaffen und ein Standard festgelegt. Im

Jahr 1961 legte man ein Vorbuch an, das besonders strenge Vorschriften enthält. Wer in dieses Register aufgenommen wurde, bekommt den Dreieck-Brand des Zuchtvereins auf den Hals. Das Dartmoor Pony ist in England eines der gesuchtesten Kinderreitponys und wird auch auf dem Kontinent immer beliebter. Die Zucht reinrassiger Dartmoor Ponys liegt heute fast ausschließlich in privater Hand. Die gelegentliche Einkreuzung von Vollblut ist im Exterieur deutlich bemerkbar.

Typ und Exterieur: Edles, elegantes und hartes Kinderreitpony.
Kopf klein, mit kleinen Ohren; starker, mittellanger, schwerer Hals; Rücken, Nierenpartie und Hüfte kräftig und muskulös; Kruppe kurz und abschüssig, mit hohem Schweifansatz; Beine mittelstark; Hufe sehr hart. Farben: Braune und Rappen werden vorgezogen, doch sind alle Farben außer Schecken erlaubt. Größe: 120 bis 127 cm.
Mechanik: Sehr guter Schritt. Hervorragendes Spring- und gutes Galoppiervermögen.
Eigenschaften und Verwendung: Hartes, ausdauerndes, schnelles Pony. Sehr ruhig und zuverlässig. Besonders kinderfreundlich. Ideales Kinderreitpony.
Zuchtgebiete: England, Gebiet von Dartmoor. Das Pony lebt halbwild in Herden, wird aber auch privat gezüchtet. Gestüte auch auf dem Kontinent.

Deutscher Araber Deutschland

Die Könige von Württemberg, voran Wilhelm I., schufen schon im frühen 19. Jahrhundert die Grundlage für eine vorbildliche Araberzucht auf deutschem Boden. In das Hofgestüt Weil wurden in den Jahren 1817 bis 1819 einige hervorragende arabische Zuchtpferde eingebracht, darunter Bairaktar I., der Stammvater von Weil, und die Stute Murana I. Die Weiler Araber übertrafen alle Produkte der übrigen europäischen Arabergestüte, was Reinheit und Schönheit betraf. Die Zucht wurde dann im Jahre 1932 in das württembergische Landgestüt Marbach (Lauter) überführt und dort weiterentwickelt. Es bestehen jedoch daneben mehrere Privatgestüte. In Deutschland haben sich die Araberfreunde zu zwei kleinen Verbänden zusammengeschlossen, der »Gesellschaft der Züchter und Freunde des arabischen Pferdes e. V.« und dem »Araber-Stutbuch Deutschland e. V.«. Stutbücher werden von beiden Verbänden geführt. In Marbach besteht ein eigenes Stutbuch. Die in Deutschland anerkannten Vollblutaraber führen hinter ihrem Namen das Zeichen »ox«.
Typ, Exterieur, Mechanik, Eigenschaften, Verwendung: siehe Araber, S. 15.
Arabergestüte in Deutschland (nach Greil/Osborne): Staatl. Haupt- und Landgestüt Marbach (Lauter) Württemberg. Achental-Coburg/Cortendorf. Dunsdorf bei Dahlenburg (gegr. 1949). Eifgental (gegr. 1962). Friesenhof bei Wankendorf/Holstein (gegr. 1945). Haldenwang (gegr. 1949). Hansen bei Wankendorf/Holstein (gegr. 1960). Rittergut Osthoff (gegr. 1949). Schloß Tambach bei Coburg (gegr. 1949). Seehof (gegr. 1960). Steinhorst-Mühlenbrook (gegr. 1949). Tierpark Duisburg (gegr. 1943). Tierpark Rostock (gegr. 1952). Schmidt Ankum. Tierpark Ströhen (gegr. 1963).

Deutscher Traber Deutschland
(Europäischer Standardtraber)

Die erste deutsche Traberzuchtstätte war Mariahall (Rheinland-Hessen), ein Gestüt, das 1885 gegründet wurde. Grundlage zur Entwicklung des Deutschen Trabers waren russische Orlow Traber (s. d.), die gegen Ende des letzten Jahrhunderts eingeführt wurden. Die Zucht nahm jedoch erst Aufschwung, als die schnellen amerikanischen Traber importiert wurden. Zwischen den Kriegen wurde dann auch französisches Traberblut zugeführt. Aus dem französischen Traber (sehr guter Steher) und dem amerikanischen Traber (ausgezeichneter Speed) wurde nach dem Kriege ein einheitlicher Europäischer Standardtraber entwickelt. Heute werden deutsche Traber vor allem in Norddeutschland, Westdeutschland und Bayern gezüchtet, wobei die Zucht ausschließlich in Privathand liegt. Seit 1927 wird ein Register für Traber geführt. Die hervorragenden Hengste der deutschen Zucht waren »Epilog«, »Permit« und »Simmerl«, derzeit schnellster und gewinnbringendster Deutscher Traber, 1:15,6 (700 000,– DM).

Typ und Exterieur: Vollbluttyp; dem amerikanischen Standardtraber nahestehend. Meist hochbeinig.

Ziemlich großer, nicht sehr edler Kopf; großes, intelligentes Auge; schmaler, tief angesetzter Hals; lange, steile, gut bemuskelte Schulter; weicher Rücken; kurze, abgeschlagene Kruppe; oft überbaut; Sitzbeinmuskeln lang, gut ausgebildet; tiefsitzendes Sprunggelenk; kurze Röhren; steile Fesselung; gesunde Hufe; Farben: Braune, Füchse, Rappen, Schimmel. Größe: 155 bis 170 cm.

Mechanik: Kurzer Schritt; ausholende, bodendeckende Trabaktion; nicht sehr raumgreifender Galopp; häufig gutes Springvermögen.

Eigenschaften und Verwendung: Rennpferd für Trabrennen im Sulky. Sehr gute Zuchtpferdeeigenschaften. Sehr intelligent, gelehrig, gutartig. Lebhaftes Temperament. Große Leistungsbereitschaft.

Zuchtgebiete: Der Europäische Standardtraber wird in ganz Europa gezüchtet. In der Bundesrepbulik ist die Zucht in Privathand und steht unter der Leitung des Hauptverbandes für Traberzucht und Rennen, mit dem Sitz in Bonn.

Deutsches Vollblut — Deutschland

Obwohl die deutsche Vollblutzucht klein ist – z. Z. hat sie etwa 1200 Mutterstuten und macht nur ein Prozent des gesamten Weltbestandes aus –, hat sie doch qualitativ ein großes Wort in der Welt des Galoppsports mitzusprechen. Ein italienischer Fachmann, Dr. Franco Varola, reihte – um nur ein Beispiel zu nennen – den deutschen Hengst »Ticino« (Gestüt Erlenhof) unter die zwanzig erfolgreichsten Vererber dieses Jahrhunderts ein und gab ihm damit den Titel eines »Chef de Race«.

Die deutsche Vollblutzucht begann zu Anfang des 19. Jahrhunderts in Mecklenburg und Pommern, gestützt auf englische Importe. Bald darauf faßte sie auch in Schlesien Fuß, doch erst mit den Gestüten im westdeutschen Raum, wie Schlenderhan (1874) und Waldfried (1895) begannen die großen Erfolge. Man verzichtete mit der Zeit auf die ständige Einfuhr englischer Hengste und stützte sich vielfach auf selbstgezogene Pferde, mit denen eine bodenständige Vollblutzucht entwickelt wurde. Seit 1833 betrieb der preußische Staat eine eigene Vollblutzucht, die 1866 in das Hauptgestüt Graditz bei Torgau verlegt wurde.

Der frühere preußische Oberlandesstallmeister Graf Georg Lehndorff stellte schon im Jahre 1881 fest: »Die Vollblutzucht ist in viel geringerem Maße ein Produkt der Scholle als das Halbblut oder gar die kaltblütigen Schläge, sie ist vielmehr ein universelles Kunstprodukt, eine äußeren Einflüssen gegenüber widerstandsfähige Rasse, welche sich nach allen Ländern verpflanzen und überall weiterzüchten läßt, ohne wesentlich zu degenerieren, solange sie nach denselben Prinzipien fortgezüchtet wird.« Dies ist eine Antwort darauf, warum wir auch in diesem Buch von einem »deutschen« oder einem »französischen« Vollblut sprechen, was die Beschreibung des Exterieurs betrifft, jedoch auf die Darstellungen unter dem Stichwort »Englisches Vollblut« verweisen.

Das Gestüt Waldfried war besonders erfolgreich mit der Stute »Festa«, einer St.-Simon-Tochter. Ihre fünf Nachkommen »Festino«, »Fels«, »Fabula«, »Faust« und »Fervor« gewannen 75 Rennen und die stattliche Summe von 1 630 000 Goldmark und machten Festa zur bisher erfolgreichsten deutschen Mutterstute.

Neben Waldfried sind es vor allem die folgenden Gestüte, die heute in der deutschen Vollblutzucht eine Rolle spielen:

Erlenhof, Ravensberg, Mydlinghoven, Röttgen, Zoppenbroich, Asta, Bad Harzburg.

Das Gestüt Erlenhof hat seine Nachkriegserfolge dem Hengst »Ticino« zu verdanken. Er wurde 1939 geboren, war wie sein Vater »Athanasius« Sieger im Deutschen Derby und im Großen Preis von Baden und außerdem dreimaliger Sieger im Großen Preis von Berlin. Mit dem berühmten »Oleander« (Gestüt Schlenderhan) steht er unter allen deutschen Hengsten in Renn- und Zuchtleistung an erster Stelle.

1840 entstand als Zentrale für Galopprennen der Norddeutsche Jockeyklub, dem dann 1867 der Union-Club folgte. 1869 wurde das erste deutsche Derby gelaufen. Bis zum Ende des Zweiten Weltkrieges befand sich die Zucht- und Leistungszentrale in Hoppegarten bei Berlin. Heute steht an deren Stelle das Direktorium für Vollblutzucht und -rennen in Köln, das auch die Herausgabe des »Allgemeinen deutschen Gestütbuches für Vollblut« (Zuchtbuch seit 1847) besorgt.

Dølepferd Norwegen

Er ist wahrscheinlich im südnorwegischen Gudbrandsdal entstanden (Døl-Tal) – ein kleiner Kaltblüter, der viel Gemeinsames mit dem britischen Dales und Fell Pony und dem holländischen Friesen hat. Im 19. Jahrhundert wurde der Vollblüter »Odin« importiert, der einen nachhaltigen Einfluß auf die Rasse nahm. Schon im 17. Jahrhundert war das Blut von dänischen Frederiksborgern zugesetzt worden. Seit Ende des vorigen Jahrhunderts wird das Pferd rein gezogen und auf schwere Exemplare selektiert. Neuerdings besteht allerdings wieder mehr Nachfrage nach dem leichteren Dølepferd. Die Rasse macht etwa die Hälfte des gesamten norwegischen Pferdebestandes aus.

Typ und Exterieur: Kleiner, leichter Kaltblüter.
Tief, auf korrekten Beinen stehend, mit starkem Fesselbehang; gesunde Hufe. Farben: Rappen oder Braune. Größe: 150 bis 157 cm. Der **Døle-Traber** ist ein Kreuzungsprodukt aus dem Dølepferd und norwegischen Trabern. Er wird einer Leistungsprüfung unterzogen und muß die 1000 m in drei Minuten traben, ehe er zur Zucht zugelassen wird.
Eigenschaften und Verwendung: Der schwerere Kaltblutschlag wird als Arbeitspferd gezüchtet, der leichtere Traber als Rennpferd vor dem Sulky. Sehr ausdauernd, energisch, beweglich. Genügsam und leichtfuttrig.
Zuchtgebiete: Gudbrandsdal bis Oslo; Ostprovinzen.

Donpferd UdSSR

Es war das Pferd der berühmten Donkosaken, es war auch das Pferd, das mit seinen Reitern Napoleon schwer zu schaffen machte, als er sich im Jahre 1812 geschlagen aus Rußland zurückziehen mußte. Die Donrasse der damaligen Zeit hatte allerdings schon eine sehr lange Entwicklung hinter sich, und auch heute finden wir in der Kirgisischen Republik ein andersartiges Pferd vor, als es sich Napoleons Truppen präsentiert hatte. Am Anfang stand das Alt-Donsche Pferd, ein sehr leichter, trokkener Schlag. Es waren Pferde, die die Kosaken von Kalmücken übernahmen und weiterzüchteten. Es wurde dann das Blut von Turkmenen und Karabakhs zugeführt, und schließlich, zu Beginn des 19. Jahrhunderts, veredelte man mit Orlow-Trabern und anderen Hengsten der russischen Hochzuchten. Ende der 70er Jahre des letzten Jahrhunderts wurde dann schließlich noch Englisches Vollblut eingekreuzt. Seit Beginn dieses Jahrhunderts wurde kein Fremdblut mehr zugeführt, doch bemühte man sich, stark zu selektieren. Durch den Ersten Weltkrieg wurde der Zucht schwer zugesetzt, doch seit dem Jahre 1920 wurde ein planmäßiger Wiederaufbau betrieben.
Typ und Exterieur: mittelgroßes, vielseitiges Warmblutpferd im Viereck-Typ.
Mittelgroßer Kopf mit geradem Profil oder Ramsnase; kleine, bewegliche Ohren; große Augen; mittellanger Hals; nicht sehr stark markierter Widerrist; kurzer Rücken; kräftige Nierenpartie; lange, etwas abschüssige Kruppe; tiefe Brust; Schulter meist kurz und steil; trockene, leichte Beine; Vorderfußwurzeln manchmal rückbiegig; Hintergliedmaßen oft säbelbeinig; steile Fesselung; feste, große Hufe. Farben: meist Füchse mit dem typischen goldfarbenen Schimmer. Daneben aber alle Grundfarben. Größe: 156 bis 160 cm.
Mechanik: Regelmäßige, aber recht harte Bewegungen. Besonders der Galopp nicht sehr raumgreifend.

Eigenschaften und Verwendung: Allroundpferd, das als Reit- und als Zugpferd verwendet wird. Sehr gute Konstitution, Ausdauer, Energie. Spätreif, lange Lebensdauer. Ruhiges Temperament.
Zuchtgebiete: Kirgisische Republik, Kasachstan, Gebiet von Rostow. Budjonnij-Gestüt, Gestüt Zimownikow. Die Pferde weiden fast ganzjährig im Freien und sind auch heute noch dem harten Steppendasein gewachsen.

Dülmener Wildpferd [13, 49] Deutschland

Schon im Jahre 1316 werden die Wildpferde des Merfelder Bruchs bei Dülmen im Münsterland erwähnt, die heute zum Besitz des Herzogs von Croy gehören. Die »Dülmener« sind kein einheitlicher Pferdeschlag, da im Laufe der Jahrhunderte das Blut vieler Rassen (Pyrenäenpferde, Welshponys, Exmoorponys, Huzulen, Konikpferde) eingekreuzt wurde, doch haben sich zwei Typen herausgebildet, ein etwas größerer, mausfalbener oder dunkelgrauer und kleinerer, zierlicher, dunkelbrauner. Einmal im Jahr, am letzten Samstag im Mai, werden die Tiere zusammengetrieben, die Jährlingshengste herausgefangen und versteigert. Nur die besten Hengste werden bei der Herde gelassen. Die Stuten werden niemals angefaßt, sie werden in der Freiheit geboren und sterben im Freien.
Typ und Exterieur: Mittelgroßes, halbwildes Pony, das jedoch mehr im Pferdetyp steht.
Ziemlich edler Kopf mit kurzen Ohren; mittellanger, kräftiger Hals; gut bemuskelter Rücken; abschüssige Kruppe; tief angesetzter Schweif; ausreichende Gurttiefe; trockene, harte Beine mit gesunden Hufen. Farben: viel Mausfalbene, Gelbbraune, Graue. Aalstrich und Querbeinstreifen nicht selten; weiße Abzeichen selten. Größe: ca. 130 cm. Der größere Typ ca. 140 cm.
Mechanik: fördernde Bewegungen in allen drei Gangarten. Galoppier- und Springvermögen.
Eigenschaften und Verwendung: Sehr gutes Kinderreitpony und Zugpferd. Gelehrig, gutartig, temperamentvoll.
Zuchtgebiete: Lebt halbwild im Merfelder Bruch bei Dülmen/Westfalen.

Einsiedler (Anglo-Normänner) [52, 53] Schweiz

Die Stiftstatthalterei des Klosters Einsiedeln in der Nordschweiz ist die älteste der noch bestehenden Schweizer Pferdezuchtstätten. Schon im Jahre 1064 wird urkundlich ein Gestüt erwähnt. Damals benötigten Äbte, Patres und Mönche die Pferde für ihre Reisen, man züchtete also für Eigenbedarf. Eine frühe Blütezeit gab es schon im 16. Jahrhundert; damals exportierte man viel in andere Länder, vor allem nach Italien. Ende des 18. Jahrhunderts gingen als Folge der Französischen Revolution fast alle Tiere als Beute nach Frankreich. Der Wiederaufbau war schwierig, und es gab Mitte des 19. Jahrhunderts noch einmal einen Tiefstand. Erst mit der ersten Schweizerischen Pferdeausstellung in Aarau, im Jahre 1865, konnte ein verheißungsvoller Anfang gemacht werden. Im Jahre 1866 wurde der vierjährige Yorkshirehengst »Bracken« gekauft, 1883 und 1885 die dreijährigen Anglo-Normännerhengste »Corall« und »Egalité«, die einen nachhaltigen Einfluß auf die Einsiedler-Zucht hatten. Nach der Jahrhundertwende kamen dann englische Hackney-Hengste zum Einsatz, von denen vor allem »Thirtleby-Saxonia« bleibende Spuren hinterließ.
Heute ist der Einsiedler ein in der ganzen Schweiz verbreitetes Allroundpferd, das sowohl unter dem Sattel als auch im Geschirr seinen Dienst tut. Er ist etwa 158 cm groß (Mittelwert) und kommt in allen Grundfarben vor. Er ist das typische Schweizer Kavalleriepferd, wird aber neuerdings auch als Turnierpferd geschätzt.

Englisches Vollblut [74, 76] England
(Thorough Bred, Pur Sang)

Der Vollblut-Experte de Beaulieu hat wohl am besten definiert, was man unter einem Vollblut zu verstehen hat. Er sagt: »Mit dem Ausdruck ›Vollblut‹ bezeichnet man heute die in international anerkannten Stutbüchern verzeichneten Pferde, deren väterliche und mütterliche Ahnenketten lückenlos in dem im Jahre 1793 erstmalig in England herausgegebenen ›Allgemeinen Gestütbuch‹ verzeichnet stehen.
Das Englische Vollblut wird »Englisch« genannt, weil es in England entwickelt wurde und dort seit Jahrhunderten gezüchtet wird. Alle modernen Vollblüter gehen auf drei berühmte arabische Hengste zurück, die im 17. und frühen 18. Jahrhundert lebten: »Darley Arabian« (importiert 1705), »Byerley Turk« und »Godolphin Arabian«. Von Darley Arabian stammen in direkter Linie die beiden Vaterpferde ab, die wohl den größten Einfluß

auf das moderne Vollblut hatten: »Eclipse« (1764) und »St. Simon« (1883).
Ob nun diese drei berühmten Hengste – wie vielfach behauptet wird – einheimischen englischen Stuten zugeführt worden sind oder orientalischen, genauer arabischen Stuten, kann heute nicht mehr gesagt werden. Tatsache ist, daß das Englische Vollblut heute dem Araber, was die Schnelligkeit anbelangt, weit überlegen ist. Es gibt heute kein Pferd, das auf den Mittelstrecken schneller ist als der Vollblüter, während die Araber Spezialisten auf Langstrecken sind.
Das Englische Vollblut ist im Laufe seiner Geschichte in hohem Maße zur Veredelung anderer Pferderassen herangezogen worden und wird heute bei der Züchtung der Hunter (s. d.) eingesetzt. Der Anglo-Araber (s. Französischer Anglo-Araber) geht auf eine Kreuzung von Araber und Englischem Vollblut zurück.
Typ und Exterieur: Sehr edles, trockenes Rennpferd.
Feiner, leichter, trockener Kopf; große, lebhafte Augen; weite Nüstern; Hals lang, muskulös, schön angesetzt; ausgeprägter, hoher Widerrist; lange, gut bemuskelte, sehr schräge Schulter; große Gurttiefe; gut bemuskelter, elastischer, nicht immer gerader Rücken mit sehr guter Sattellage und kräftiger Nierenpartie; Kruppe kräftig, muskulös, lang, oft überbaut; Beine trocken, hart, kräftig, mit kurzen Röhren, oft eng gestellt; feste, harte, gut geformte Hufe; solide Sehnen; seidiges Haarkleid, sehr feines Langhaar. Farben: meist Braun, in erster Linie Dunkelbraun, aber auch Füchse, Schimmel und Rappen. Größe: 155 bis 170 cm. Durchschnittshöhe: 165 cm.
Mechanik: Raumgreifender Schritt; leichter, flüssiger Trab; gewaltiger, schwungvoller bodenbedeckender Galopp. Ausgezeichnetes Springvermögen.
Eigenschaften und Verwendung: In erster Linie Rennpferd, jedoch auch gutes Military-, Spring-, Jagd- und Dressurpferd. Sehr intelligent, lebhaft, eifrig. Im Temperament manchmal etwas schwierig.
Zuchtgebiete: Schwerpunkte in England und Irland; daneben alle Kulturstaaten der Welt (s. a. Deutsches Vollblut und Französisches Vollblut). Zentrum der Englischen Vollblutzucht: Newmarket.

Europ. Standardtraber → Deutscher Traber

Exmoor Pony England

Es ist in den Heidegebieten von Exmoor (Somerset) zu Hause – das älteste Pony Englands, das sehr wahrscheinlich auf das alte Keltische Pony zurückgeht. In seiner Frühzeit gebrauchte man es als Saumtier und Zugpferd, heute ist es ein gesuchtes Kinderpony, das sich durch gute Springanlagen auszeichnet.
Typ und Exterieur: Halbwildes, sehr hartes Pony.

Trockener Kopf, breit zwischen den Augen; kleine, dicke, spitze Ohren; große, weit auseinanderstehende Augen; »Mehlmaul«; hafergelbe, mehlige Markierungen auch um die Augen, in den Ohren, auf der Innenseite der Beine und unter dem Bauch; kurzer Hals; gutgelagerte Schulter; hoher Widerrist; mittellanger, starker Rücken mit starker Nierenpartie; Kruppe meist etwas abgeschlagen; Beine sauber, mit feinen, harten Hufen. Farben: Braune, Dunkelbraune und Dunkelfalben. Bis auf die mehligen Markierungen keine Abzeichen. Das Fell ist im Winter sehr dicht, stumpf und rauh, im Sommer dicht anliegend, hart und kupferglänzend. Der Schweif liegt dicht an den Hinterbeinen an und wird an der Wurzel durch einen Fächer kurzer, abstehender Haare geschützt; ebenso wie die Mähne ist er sehr üppig. Größe: 115 bis 120 cm.
Mechanik: Fördernde Bewegungen in allen drei Gangarten. Trab flach. Gutes Galoppier- und Springvermögen. Trittsicherheit.
Eigenschaften und Verwendung: Ausdauerndes, hartes, genügsames Kinderreitpony. Sehr schnell. Muß verständnisvoll eingeritten werden, da es oft recht wild ist.
Zuchtgebiete: Lebt halbwild in Herden in den Heidegebieten von Exmoor (Somerset, England). Zoologische Gärten in England und auf dem Kontinent. Zuchtverein: »The Exmoor Pony Society«.

Fell Pony England

Es ist seit über zweihundert Jahren in Cumberland, Westmoreland und North Lancashire zu Hause. Wie das Dales Pony, ein sehr naher Verwandter, war das Fell Pony früher ein Packtier, das dazu gebraucht wurde, um Blei- oder Zinnbarren aus den Minengebieten Nordenglands zu den Docks zu bringen. Beide Rassen sollen, wie auch das Exmoor Pony (s. d.), vom alten Keltischen Pony abstammen, doch ist das eine nicht zu beweisende Theorie. Heute wird das Tier als Vielzweckpony eingesetzt: zum Reiten und zum Fahren.
Im Jahre 1900 wurde die »Fell Pony Society« gegründet, man hält sich seitdem strikt an die Reinzucht-Vorschrift und führt kein Fremdblut mehr zu.
Typ und Exterieur: Kompaktes, hartes Reit- und Fahrpony.

Kleiner Kopf, breit zwischen den Augen; Hals in guter Proportion zum Körper; Schultern gut zurückgelegt und schräg mit langen Schulterblättern; Rücken stark; Nierengegend muskulös; gute Gurttiefe; kräftige Beine mit günstigem Sprunggelenkswinkel; Fesselbehang; offene, runde Hufe; Röhren besonders kurz; Schweif hochgetragen. Meist Rappen. Farben: Dunkelbraune und Braune, zuweilen mit Milchmäulern. Größe: 134 bis 144 cm.
Mechanik: Fördernde Bewegungen in allen drei Gangarten. Sehr gutes Springtalent.
Eigenschaften und Verwendung: Reit- und Fahrpony. Sehr hart, ausdauernd und drahtig. Energie und Stärke. Aufmerksamkeit. Ausgeglichenes Ponytemperament.
Zuchtgebiete: Westmoreland und Cumberland. Zuchtverein: The Fell Pony Society.

Fjordpferd (Norweger) [98] Norwegen

Hier haben wir eine sehr alte norwegische Rasse vor uns, die wahrscheinlich auf die Ponys der Wikinger zurückgeht und vielleicht zu den Ahnen des schweren abendländischen Kaltblutes gehört. Der norwegische Bauer ist nicht zu denken ohne dieses kräftige, willige Pferd, das vom Pflügen bis zum Ziehen jede Landarbeit tut und sich heute auch – in einem leichteren Typ – als ausgezeichnetes Freizeitreitpferd bewährt. In den fünfziger Jahren ist das Fjordpferd auch in Deutschland (norddeutscher Raum, bis in die Mittelgebirge Hessens, der Pfalz und Nordbadens) gezüchtet worden, doch mit Eintreten der Landflucht ging auch der Bedarf an diesen ausgezeichneten Kleinpferden zurück. Heute besinnt man sich wieder auf die Rasse und verwendet sie als Erwachsenenreitpony. Die norwegische Armee braucht das kleine stämmige Pferd als Tragtier, da es 100 kg in jedem Gelände tragen kann. Die Rasse macht etwa ein Drittel des norwegischen Pferdebestandes aus. Wie das Dølepferd ist auch das Fjordpferd über ganz Skandinavien verbreitet.
Typ und Exterieur: Robustes Kleinpferd.
Großer, wohlgeformter Kopf mit breiter Stirn und großen Augen; kurze Ohren; kurzer Hals, der fast ohne Widerrist in den meist langen Rücken übergeht; schräge Schulter mit langem Unterarm, kurzem Mittelfuß und nicht zu kurzen Fesseln; Kruppe kurz, spitz, abgeschlagen. Farben: meist Falben mit schwarzem Aalstrich, der sich als schwarzer Mähnenstrich bis zu den Ohren fortsetzt, sowie als schwarzer Mittelstrich in den Schweif. Häufig Zebrastreifen an den Beinen. Die Mähne wird zu einer Stehmähne zurechtgestutzt. Größe: 135 bis 145 cm.
Mechanik: Leichte, schnelle Bewegungen. Große Trittsicherheit. Guter Schritt, gute Trabaktion.
Eigenschaften und Verwendung: Sehr hartes, genügsames, ausdauerndes Fahrpony. Die leichteren, trockenen, hochbeinigeren Typen als Freizeitreitpferd geeignet, auch für schwerere Erwachsene. Weidegang und Heufütterung genügen. Hafer in größeren Mengen schädlich. Nicht so hart wie Isländer, daher im Winter ein einfacher Holzstall ratsam. Ruhiges, manchmal etwas phlegmatisches Temperament.
Zuchtgebiete: Norwegen, übriges Skandinavien, Deutschland. In Dänemark und den Niederlanden wird eine ausgedehnte Zucht

des schwereren, im Wirtschaftstyp stehenden Pferdes betrieben.

Französischer Anglo-Araber Frankreich

Neben Polen (s. Polnischer Anglo-Araber) ist Frankreich das Land, das die besten Erfolge in der Zucht dieser Rasse zu verzeichnen hat. Der französische Zuchtexperte Gayot, der ab 1833 das französische Hauptgestüt Pompadour im Limousin leitete, hatte es sich zur Aufgabe gemacht, das »Sur Pang Français«, also eine neue französische Vollblutrasse, zu züchten. Dabei griff er auf die zwei arabischen Vollbluthengste »Massoud« und »Aslan« sowie auf die drei englisch-arabischen Stuten »Delphine«, »Danae« und »Cloris« zurück. Er schuf auf diese Weise das anglo-arabische Vollblut, zu dem alle Pferde mit Anteilen von englischem Vollblut und mindestens 25 Prozent Araberblut gerechnet werden. Heute hält sich der Anteil englischen und arabischen Vollblutes beim Anglo-Araber etwa die Waage. Die Heimat der Rasse ist das Adour-Becken sowie die Provinz Basses Pyrénées, doch wird sie auch im Médoc, in der Casse de Gramat, der Gegend von Beaumont-de-Lomague und im Limousin gezüchtet. Der Anglo-Araber von Limousin ist kompakter und größer als der des Südens, der vor allem in den Staatsgestüten von Pau und Tarbes gezogen wird.
Typ und Exterieur: Edles, elegantes, harmonisch gebautes Reit- und Sportpferd.
Edler, trockener Kopf mit großen, ausdrucksvollen Augen; lange Ohren; gut aufgesetzter Hals; schräge, breite und tiefe Schulter; kurzer, wohlgeformter Rücken; tiefe Brust; Beine absolut klar und trocken; breit eingeschiente Sprunggelenke. Alle Farben, vor allem aber Braune; Abzeichen. Größe: 155 bis 165 cm.
Mechanik: Leichte, räumende Gänge. Guter Schritt; langer, flacher Trab; raumgreifender Galopp. Ausgezeichnetes Springvermögen.
Eigenschaften und Verwendung: Hervorragendes Springpferd und sehr gutes Rennpferd. Temperamentvoll und fromm.
Zuchtgebiete: Midi und Limousin. Gestüte Pompadour, Aurillac, Pau, Tarbes, Rodez, Villeneuve-sur-Lot.

Französischer Traber Frankreich

Der Stammvater der heutigen Französischen Traber ist der Norfolk Trotter, »Young Rattler« (s. a. Anglo-Normänner), der mit anderen englischen Pferden nach der Kontinentalsperre eingeführt worden war, um die reduzierten französischen Bestände zu stützen und aufzufrischen. Später wurde dann auch Englisches Vollblut mit dem heimischen Normänner gekreuzt, was starke Veränderungen im Exterieur und im Temperament bewirkte. Eine erneute Zuführung von Norfolk-Trottern, von amerikanischem Standardbred und Orlow-Trabern führte dann zu der Entstehung des heutigen französischen Trabers, der dem Amerikanischen Standardbred an Stehvermögen überlegen und im Speed fast ebenbürtig ist. Bedeutendste Hengstlinienbegründer waren »Conquérant« und »Normand«, die von »Young Rattler« stammten, »Lavater«, der von dem Norfolk-Trotter »The Norfolk Phenomenom« stammte und »Phaëton« von dem Englischen Vollbluthengst »The Heir of Linné«. Über »Fuschia«, ihren hervorragendsten Vertreter, gehen heute sechzig Prozent aller französischen Traber auf die »Conquérant«-Linie zurück. Die französischen Pferde wurden bewußt größer gezüchtet als die amerikanischen Traber, da in Frankreich etwa ein Drittel aller Trabrennen unter dem Sattel durchgeführt werden und dabei Gewichte von über 85 kg über große Distanzen zu bringen sind.
Typ und Exterieur: Rennpferd für Trabrennen unter dem Reiter und im Sulky. Größer und harmonischer als der amerikanische Standardtraber.
Trockener, großer Kopf; gut angesetzter, langer Hals; deutlich markierter Widerrist; sehr kräftiger Rücken; Schulter oft steil und lose; oft ziemlich leichtes Fundament; feine Gelenke, starke Sehnen, nicht sehr gut ausgeprägtes Sprunggelenk; Fesselung oft steil; Hufe von bester Qualität. Alle Farben, aber meist Braune. Größe: 165 bis 170 cm.
Mechanik: Sehr gutes Trabvermögen; Schritt und Galopp gut.
Eigenschaften und Verwendung: Rennpferd für Trabrennen. Nicht ganz ausgeglichenes Temperament. Stehvermögen und Speed sehr gut.
Zuchtgebiete: Ganz Frankreich, mit Schwerpunkten im Norden. Gestüte: Le Pin, Saint Lô, Orne, Victot, du Chemoitou, Chartreux, Méautry. Viele Privatzuchten. Auch Italien und Belgien züchten auf französischer Blutgrundlage.

Französisches Vollblut Frankreich

Zwar stellt Frankreich nur ein Zehntel der in Europa registrierten Vollblüter, doch ist die Qualität dieser Pferde so hervorragend, ihre

Stehereigenschaften so exzeptionell, daß sie in Europa – neben England – nicht ihresgleichen haben. Natürlich steht am Anfang des Französischen Vollbluts das Englische Vollblut: wie auch in anderen Ländern stammen in Frankreich 70 bis 90 Prozent der führenden Rennpferde von dem berühmten »Eclipse« ab. Mit der »Societé d'encouragement pour l'amélioration des races de chevaux en France«, die im Jahre 1833 gegründet wurde, war der erste Schritt zur Einführung englischer Hengste und zur Verbesserung der französischen Rennpferde getan. Die Belle Epoque sah die erste große Blütezeit des Französischen Vollbluts. Damals entstanden die heute noch berühmten Rennbahnen in Longchamp und Deauville. Das Denkmal von »Gladiateur«, der neben »Flying Fox« das berühmteste Rennpferd aus der Zeit vor der Jahrhundertwende war, steht noch heute am Eingang zu den Tribünen in Longchamp. Nach dem Zweiten Weltkrieg war es vor allem der Stall von Marcel Boussac, der dem französischen Vollblut zu internationalem Ansehen verhalf. In seinem Gestüt Fresnay-le-Buffard haben »Tourbillon« (von »Ksar«) und »Pharis« (von »Charos«) eine spektakuläre Zahl führender Rennpferde hervorgebracht. Daneben stehen nicht minder bekannte Namen, wie Baron Guy de Rothschild in Méautry, Mme Volterra, Jean Stern, François Dupré und der unvergessene Prinz Ali Khan.

Das Hauptzuchtgebiet des Französischen Vollbluts ist die Normandie, die in Klima und Bodenverhältnissen mit Großbritannien zu vergleichen ist. Privatgestüte sind über ganz Frankreich verteilt, wie das der Mme Jean Couturie an der Sarthe und das des Grafen Roland de Chambure in der Nähe von Bayeux.

75 Prozent der Rennen in Frankreich sind über 2000 m ausgeschrieben, zu denen Zweijährige nur sehr selten zugelassen werden. Die Pferde können sich so besser entwickeln und kommen zu den ausgezeichneten Stehereigenschaften, die diese Rasse so bekannt machte.

Typ und Exterieur etc. s. Englisches Vollblut.

Frederiksborger Dänemark

Dieses Pferd hat eine lange, ruhmvolle Geschichte. Der Dänenkönig Frederik II. gründete im Jahre 1562 das Gestüt Frederiksborg und machte den Anfang mit andalusischen und neapolitanischen Hengsten. Er hatte so viel Erfolg, daß König Philipp II. von Spanien für seine Reitpferdezucht in Cordoba aus Dänemark Hengste bezog. Der Pluto-Stamm des Lipizzaners wurde mit dem Frederiksborger Hengst »Pluto« begründet, und auch der Stutenstamm der »Deflorata« geht auf Dänen zurück. Das Barock sah im Frederiksborger, der besonders wendig und mutig war, das beste Schulpferd, und der berühmte Herzog von Newcastle charakterisierte ihn folgendermaßen: »Das dänische Pferd ist für gewöhnlich leicht, aber schwer erziehbar. Unter ihnen befinden sich die meisten Springer.«

Unter Christian IV. von Dänemark hatte die dänische Pferdezucht eine weitere Blütezeit. Nun wurden außer den spanischen und italienischen Pferden auch Hengste aus der Türkei, aus Ägypten, Polen, Marokko, England, Lüneburg, Schaumburg und Friesland eingeführt. Damals züchtete man vor allem auf Farben, weil seltene Farben gerade die große Mode waren. Einen Niedergang gab es gegen Mitte des 19. Jahrhunderts: die Dänen waren so beliebt geworden, daß man bedenkenlos alle möglichen Rassen einkreuzte, um den Bestand zu vergrößern. Eine andere Folge war, daß auch bestes Zuchtmaterial verkauft wurde und das Gestüt geschlossen werden mußte. Die Zucht wurde jedoch privat fortgeführt. Man entwickelte nun ein mittelschweres, vielseitiges Wirtschaftspferd – den Typ, der heute als »Frederiksborger« bekannt ist.

Typ und Exterieur: Mittelschweres Warmblutpferd mit viel Adel. Hübscher kleiner Kopf, oft mit Ramsnase; gut aufgesetzter Hals; Widerrist nicht sehr stark markiert; langer, etwas weicher Rücken; kräftige Nierenpartie; lange, schräge Kruppe; gut gelagerte Schulter; große Gurttiefe; Frederiksborger

sind fast immer Füchse. Größe: 160 bis 170 cm.
Mechanik: Gute Aktion in allen drei Gangarten.
Eigenschaften und Verwendung: Reit- und Wagenpferd mit gutem, ziemlich lebhaftem Temperament.
Zuchtgebiete: Die dänischen Inseln Seeland und Bornholm.

Freiberger [114] Schweiz

Sein Ursprung ist nicht ganz geklärt, doch entstand dieses alte Schweizer Jurapferd wahrscheinlich aus einer Kreuzung von Norikern und Orientalen, zu denen dann später Ardenner dazukamen. Nicht nur in der Schweiz, sondern auch in Frankreich war der Freiberger lange ein Postkutschenpferd, doch mit der Motorisierung ging der Bedarf zurück, und man verwendete die Pferde nur noch in der Landwirtschaft. Vom Jahre 1868 an wurden englische Halbblüter im Hackney- und Hunter-Typ importiert, wenig später Anglo-Normänner-Hengste aus Frankreich. Um die Jahrhundertwende war der Typ – nicht zuletzt durch die Einfuhr von Englischem Vollblut – so verfeinert, daß er den Bedürfnissen der Landwirtschaft nicht mehr genügte. Die Bauern führten Percherons, Norfolk-Bretons und Shire-Hengste ein. Zwischen den beiden Weltkriegen richtete sich die Zucht jedoch wiederum nach den Bedürfnissen der Armee, die schwere Zugpferde brauchte. Vom Jahre 1942 ab, als der Halbblutaraber »Shagya I« importiert wurde, erfolgte eine weitere Blutauffrischung. Heute wird als Zuchtziel angegeben: ein leichtes Zugpferd für die Landwirtschaft, das sich auch als Saumtier für die Armee eignet.
Typ und Exterieur: Mittelschweres Arbeitspferd mit harmonischen Linien.
Ziemlich leichter, kleiner Kopf; mittellanger Hals; kräftiger Rücken; gut bemuskelte Kruppe; kurze Beine mit gesunden Hufen. Farben: alle Grundhaarfarben mit Abzeichen; vor allem Braune. Größe: um 160 cm.
Mechanik: Korrekte Bewegungen in Schritt und Trab.
Eigenschaften und Verwendung: Zugpferd für die Landwirtschaft und Schweizer Armeepferd. Lebhaftes Temperament und gutartiger Charakter. Leichtfuttrig.
Zuchtgebiete: Schweizer Jura. Hengstdepot Avenches, Saigne Legier und Belle Lay.

Friese Holland

Fachleute meinen, daß die Friesen von den prähistorischen, kaltblütigen Pferden abstammen, die – wie man durch Knochenfunde weiß – in Friesland schon vor 3000 Jahren vorkamen. Ins Licht der Geschichte rückte der Friese allerdings erst im 16. Jahrhundert, als mit der spanischen Streitmacht auch iberisches und orientalisches Hengstblut zugeführt und das Pferd zu einem bekannten, eleganten Reipferd wurde. Im folgenden Jahrhundert wurden in den Niederlanden Trabrennen populär, und man begann systematisch Traber zu züchten. Friesische »Harddraver« (Schnelltraber) waren maßgeblich an der Entwicklung des berühmten »Orlow«-Trabers (s. d.) beteiligt. Es kam dann ein Niedergang der Rasse, und um das Jahr 1900 drohte sie auszusterben. Im Jahre 1913 gab es im ganzen Land nur noch drei Beschäler! Auf Initiative friesischer Bauern und Züchter wurde aber der Verein »Het Friesche Paard« ins Leben gerufen, der ein neues Stutbuch auflegte und mit Hilfe des verwandten Oldenburgers die Neuarbeit begann. Seit 1954, als Königin Juliana das Patronat über die Züchtergenossenschaft übernahm, wurde ihr das Prädikat »königlich« zuerkannt.
Typ und Exterieur: Starkes, bewegliches, mittelgroßes Kaltblutpferd.

Mittelgroßer, recht edler Kopf; schön aufgesetzter Hals; gerader, kurzer Rücken; stark abfallende Kruppe; tief angesetzter Schweif; steile Schulter; Beine eher leicht; starker Fesselbehang; harte, offene Hufe. Farben: fast immer Rappen. Größe: 160 bis 165 cm.
Mechanik: Sehr schöne, hohe Trabaktion. Weiche Gänge.
Eigenschaften und Verwendung: Wagen- und Reitpferd mit energischem Temperament

und frommem Charakter. Sehr fleißig, treu, sanftmütig, aber empfindlich. Stabile Konstitution, Langlebigkeit, Fruchtbarkeit.
Zuchtgebiete: Niederlande. Vor allem Westfriesland. Die Zucht liegt in bäuerlicher Hand. Zuchtverein: Königliche Friesische Züchtergenossenschaft.

Furioso-North Star [56] Ungarn

Die Rasse hat ihren Namen den beiden Hengsten »Furioso« und »North Star« zu verdanken, die im Jahr 1841 bzw. 1852 als Beschäler in das ungarische Gestüt Mezöhegyes kamen. Ihr Blut wurde mit Arabern, Anglo-Normännern und Noniusstuten gekreuzt. Im Laufe der Zeit verwuchsen die Furioso- und North-Star-Linien so weitgehend, daß man sie heute als eine Rasse ansieht. Zuchtgebiete sind nicht nur Ungarn, sondern auch Österreich, Polen, die Tschechoslowakei und Rumänien. Im bayerischen Gestüt Leutstetten ist der sogenannte **Sárvárer** anzutreffen – eine Abwandlung auf der Linie Furioso-Nonius-North Star.
Typ und Exterieur: Vielseitiges mittelgroßes Halbblutpferd.
Edler Kopf; gerader, kräftiger Rücken; muskulöse Kruppe; sehr korrekte Gliedmaßen mit starken, trockenen Sehnen und Gelenken. Farben: Rappen und Dunkelbraune. Größe ca. 163 cm.
Mechanik: Raumgreifende Bewegungen in allen drei Gangarten.
Eigenschaften und Verwendung: Vielzweckpferd, das zum Springen, zur Dressur, zur Military geeignet ist und auch im Geschirr geht. Gutes Jagdpferd. Sehr hart, ausdauernd und genügsam.
Zuchtgebiete: Ungarn, Gestüt Mezöhegyes. Tschechoslowakei, Gestüt Kladrub. Österreich, Burgenland. Leutstetten (Bayern).

Garron → Highland Pony

Gelderländer Niederlande

Man führt ihn auf spanische und neapolitanische Pferde zurück, die zur Zeit der Habsburger Herrschaft in die Niederlande kamen. Diese einheimischen Tiere wurden dann in der Provinz Gelderland mit Pferden aus Deutschland, Frankreich und Großbritannien gekreuzt. Da man besonders hochtrabende Wagenpferde schätzte, konzentrierte man sich bei der Einfuhr vor allem auf Hengste aus Oldenburg und Ostfriesland, später auf Hackneys. Der Holsteiner Hengst »Domberg« hat einen großen Einfluß auf die Zucht gehabt. Der heutige Gelderländer ist ein hervorragendes Wagenpferd, ein Typ, der sich stark dem Groninger annähert.
Typ und Exterieur: Schweres Warmblutpferd, dem Groninger und Ostfriesen ähnlich.

Kopf nicht besonders edel; mächtiger Halsaufsatz; trockenes Fundament; Hinterhand mit klaren Sprunggelenken; der Schweif wird fasanenartig getragen. Farben: vorwiegend Füchse, jedoch auch Braune, Schimmel und Schecken. Größe: 157,5 bis 163 cm.
Mechanik: Raumgreifender Schritt; hohe Trabaktion; beachtliches Springvermögen.
Eigenschaften und Verwendung: Geeignet für Zugarbeit und landwirtschaftlichen Dienst auf mittelschwerem Boden. Wird in den ländlichen Reitervereinen auch unter den Sattel genommen.
Zuchtgebiete: Provinz Gelderland, südliche Niederlande.

Groninger Niederlande
(Niederländisches Warmblutpferd)

Im nördlichen Holland, besonders in der Provinz Groningen, wird dieser schwere Warmblüter auf oldenburgisch-ostfriesischer Grundlage schon sehr lange gezogen. Da sich die Verhältnisse in der Landwirtschaft mit der Technisierung jedoch änderten, ging der Bedarf an schweren Typen zurück. Heute gibt es den reinen Groninger kaum noch, dagegen paart man Stuten dieser Rasse – und auch Gelderländer – mit Vollblütern und Halbblütern aus Deutschland und Frankreich, um gute Sportpferde heranzuziehen.
Typ und Exterieur: Ein schwerer Wagentyp steht neben einem leichteren Reitpferd-Typ,

der in heutiger Zeit vor allem gezüchtet wird. Edler Kopf, mit schönem Halsaufsatz; gute Breite und Tiefe; trockenes, stabiles Fundament; kein Fesselbehang. Farben: meist Rappen oder Dunkelbraune. Größe: 167 bis 170 cm.

Mechanik: Erfreuliche Aktionen in allen drei Gangarten. Ziemlich hohe Trabaktion.
Eigenschaften und Verwendung: Wagen- und Reitpferd. Ideal für Gewichtsträger. Kräftig und energisch.
Zuchtgebiet: Nördliche Niederlande, Provinz Groningen.

Hackney Großbritannien

Sein unmittelbarer Vorgänger ist der Norfolk-Trotter, der zu Beginn des 18. Jahrhunderts aus Arabern und Yorkshire-Hengsten gezogen wurde. Es war ein sehr schnelles Pferd, das viele Farmer sowohl als Wagen- als auch als Reitpferd hielten. Als im Jahre 1883 in Norwich eine Gesellschaft zur Veröffentlichung eines Stutbuches für einen englischen Traber gegründet wurde, entschloß man sich zu dem Namen »Hackney«, aus dem normannischen »haquenée«-Zelter. Besonders um die Jahrhundertwende war der Hackney sehr beliebt, als man elegante Wagenpferde mit hoher Aktion suchte. Mit der Motorisierung wurde er dann jedoch verdrängt und wird heute nur noch als reines Luxuspferd für Turniere gehalten. Die meisten englischen Hackneys stammen von dem Hengst »Mathias« ab, der im Jahre 1895 geboren wurde. Stutbücher werden nicht nur in Großbritannien, sondern auch in Kanada, den USA, Holland und Südafrika geführt.
Das **Hackney-Pony** (Zwerg Hackney) hat sich in den letzten achtzig Jahren aus dem Hackney entwickelt, unter Zuführung von Welsh- und Fellponyblut, und gilt heute als eigene Rasse.
Typ und Exterieur: Elegantes Wagenpferd mit brillanter Trabaktion.

Edler Kopf; gut aufgesetzter Hals; hoher Widerrist; Schulter flach und zurückliegend; Rücken lang mit viel Gurtentiefe; stabile, kräftige Gliedmaßen; Röhren kurz, Fesseln leicht schräg; Huf rund und ziemlich gerade, mit festem Horn. Farbe: Hellbraune, Braune, Füchse und Rappen, oft mit Abzeichen. Größe: 155 bis 160 cm. (Hackney-Pony: 122 bis 142 cm).
Mechanik: Flotter, federnder Schritt; brillanter Trab, sehr hoch und wenig raumgreifend.
Eigenschaften und Verwendung: Leichtes Wagenpferd für Turniere. Viel Temperament.
Zuchtgebiete: England, Holland, USA in erster Linie. Zuchtverein: The Hackney Horse Society.

Haflinger Deutschland/Österreich/Italien
[15, 55, 113]

Schon zur Römerzeit gab es in Südtirol kleine Saumpferde, die heute als Vorfahren der Haflinger angesehen werden. Diese Stammrasse wurde dann stark mit Norikerblut aus dem Norden und Orientalenblut aus dem Süden durchsetzt. Den Namen »Haflinger« bekam das Pferd um die Jahrhundertwende nach dem Ort Hafling oberhalb Meran. Als Stammvater der modernen Haflingerzucht gilt der hellbraune Halbbluthengst »Folie« (1874 geboren), der Sohn des aus dem k. u. k. Gestüt Radautz stammenden Araberhengstes

(Fortsetzung S. 82)

Zu den Fotos Seite 73 bis 76:

Seite 73: Vollblut. — Adel und Nerv — gibt es ein schöneres Bild als einen frei dahintrabenden Vollblüter? (Foto: Alder)

Seite 74 oben: Englisches Vollblut, in Deutschland gezüchtet. Schon zu Anfang des 19. Jahrhunderts begann man in Mecklenburg und Pommern mit der Züchtung von Vollblütern. (Foto: Gold)

Seite 74 Mitte: Araber. Heute ist El Zahraa (Ägypten) das wichtigste Arabergestüt Nordafrikas. (Foto: Gold)

Seite 74 unten: Arabisches Vollblut, im Hauptgestüt Marbach gezüchtet. Die Könige von Württemberg schufen schon im frühen 19. Jahrhundert die Grundlage für eine Araberzucht auf deutschem Boden. (Foto: Gold)

Seite 75: Arabisches Vollblut, in Polen gezüchtet. Polen hat die längste Tradition in der Zucht von Arabern auf europäischem Boden. (Foto: Gold)

Seite 76 oben links: Englisches Vollblut. Ein Pferd, das als »Englisches Vollblut« bezeichnet werden will, muß mit seinen mütterlichen und väterlichen Ahnen im »Allgemeinen Gestütbuch« vertreten sein, das zuerst 1793 in England erschien. (Foto: Gold)

Seite 76 oben rechts: Hunter. Ein englisches Halbblut, das aus der Kreuzung eines Vollblutes mit einem Pferd einheimischen englischen Landschlages hervorging — das ideale, vielseitige Jagdpferd. (Foto: Gold)

Seite 76 unten links: Englisches Vollblut, in Irland gezüchtet. Irland ist neben England die wichtigste Zuchtstätte für das englische Vollblut. (Foto: Gold)

Seite 76 unten rechts: Irish Draught Horse. Das schwere und kompakte Zugpferd vereint das Blut von Connemara-Ponys, spanischen Pferden und altenglischen Warmblütern in sich. (Foto: Gold)

Vollblut

Englisches Vollblut,
in Deutschland gezüchtet

Arabisches Vollblut

Arabisches Vollblut
im Hauptgestüt Marbach
gezüchtet

Arabisches Vollblut, in Polen gezüchtet

Englisches Vollblut

Hunter

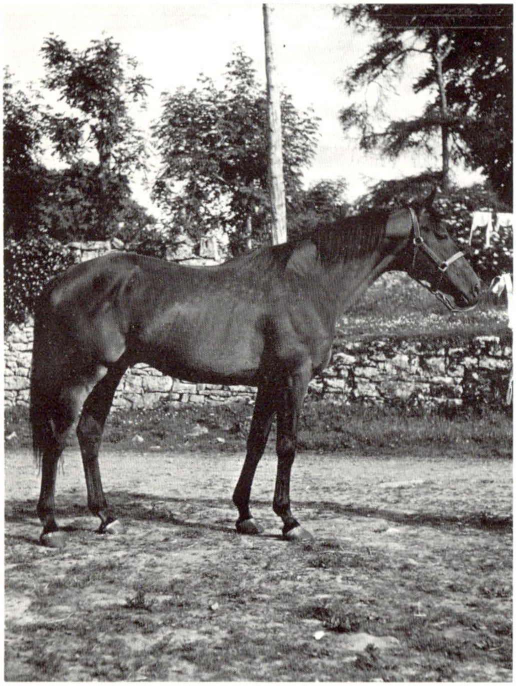

Englisches Vollblut, in Irland gezüchtet

Irish Draught Horse

Appaloosa

Amerikanischer Standardtraber

Pinto

Amerikanisches Quarter Horse

Amerikanisches Saddle Horse

Appaloosa

Amerikanischer Standardtraber in Aktion

Zu den Fotos Seite 77 bis 80:

Seite 77: Appaloosa. Hier zeigt ein Cowboy seine Künste mit einem Pferd, das von alten amerikanischen Indianerpferden abstammt. (Foto: Darol Dickinson)

Seite 78 oben links: Amerikanischer Standardtraber. Ein Rennpferd im Typ des Englischen Vollbluts. (Foto: United States Trotting Association)

Seite 78 oben rechts: Pinto. Diese Rasse ist spanischer Herkunft und wurde in den USA von Indianern und Cowboys gezüchtet. (Foto: The Pinto Horse Association of America)

Seite 78 unten: Amerikanisches Quarter Horse. Ein edles Pferd, das im Rodeo und als Freizeitpferd seine Verwendung findet.

Seite 79 oben: Amerikanisches Saddle Horse. Ein Pferd, das das Publikum der amerikanischen Horseshows mit seinen bestechenden Aktionen begeistert. (Foto: American Saddle Horse Breeders Association)

Seite 79 unten: Appaloosa. Auch der Appaloosa gehört zu den Publikumslieblingen der amerikanischen Horseshows. (Foto: Appaloosa Horse Club)

Seite 80: Amerikanischer Standardtraber in Aktion. Ihren Namen bekam diese Rasse dadurch, daß sich in der Frühzeit des amerikanischen Trabersports noch unerprobte Pferde einer Prüfung unterziehen mußten, um zu beweisen, daß sie die Meile innerhalb eines bestimmten Standards, einer festgelegten Zeit, zurücklegen konnten. (Foto: Ed Keys)

»El Bedavi XXII« und einer Stute des Tiroler Bauern Folie aus Schluders im Vintschgau. Die Zucht blieb lange Zeit auf das Saltener Gebiet zwischen Etsch, Passeier und Talfer, das Sarntal, den Vintschgau, das Eisack-, Grödner und Pustertal beschränkt. Als 1919 dann Südtirol an Italien fiel, begann man, eine eigene Zucht in Österreich aufzubauen. Dem Staatsfohlenhof bei Ossiach/Kärnten und dem Staatsgestüt Piber/Steiermark wurde die Aufzucht der Hengstfohlen übertragen. Die Überprüfung der Vierjährigen erfolgte im Hengstdepot Stadl. Heute wird der Haflinger in nicht weniger als 20 Ländern gezüchtet. Das Hauptgewicht liegt dabei in Tirol, wo es zur Zeit 3000 reinrassige Haflinger gibt. Daneben sind in Bayern (Landshut, Schwaiganger), Vorarlberg und sogar in Westfalen wichtige Zuchtstätten zu finden. Auch Holland und die Schweiz haben sich der Zucht dieses sehr vielseitigen Pferdes verschrieben.

Den Typ des Haflingers hat ein holländischer Fachmann, Chr. A. C. Oomen, treffend charakterisiert: »Der Haflinger ist ein kleines, stämmig und harmonisch gebautes Pferd mit schönen langen Linien, guter Brustbreite, trockenem, reinem, glashartem Knochenbau und guten Füßen. Der kleine Kopf mit den verständigen, lebhaften Augen und den kleinen Ohren verrät den Einfluß seiner orientalischen Abstammung. Der Gang ist flott und kräftig. Dieses Pferd ist äußerst genügsam, sehr fruchtbar und unvorstellbar groß in seiner Ausdauer. Seine Leistungen grenzen im Verhältnis zu seiner Größe ans Unglaubliche.«

Typ und Exterieur: s. o. Farben: Füchse, vom ganz hellen, fast isabellfarbenen Lichtfuchs bis zum schwarzen Kohlfuchs. Üppige Mähne und leicht gewellter Schweif. Die Mähne soll nach Möglichkeit flachsblond sein. Fast immer Abzeichen. Größe: 135 bis 145 cm. Modernisierung des Haflingers in Typ, Gebäude und Bewegung zum Kindes- und Familienreitpferd durch Selektion der eleganteren Blutlinien und erneute Anpaarung von Araber-Vollbluthengsten (= Arabohaflinger).

Mechanik: Sehr trittsicheres Pferd, in allen drei Gangarten fleißig. Hervorragender Kletterer.

Eigenschaften und Verwendung: Ausgezeichnetes Vielzweckpferd für Bauern und Gebirgstruppen. Gutes Freizeitreitpferd für Kinder und Erwachsene. Sehr gutmütig und willig.

Zuchtgebiete: Vor allem Tirol und Südtirol. Daneben Bayern (Stammgestüt Schwaiganger, Privatgestüte), Westfalen, Holland, Schweiz (Genossenschaft für die Haflingerpferdezucht, St. Gallen) und andere Länder.

Hannoveraner [50] Deutschland

Als erstes deutsches Land betrieb Hannover schon im 18. Jahrhundert eine planmäßige Zucht mit Englischem Vollblut. Kurfürst Georg II. gründete 1735 das Landgestüt Celle und fand bei den bäuerlichen Züchtern viel Bereitschaft für den Aufbau einer Landespferdezucht. Die Gründung erfolgte mit 14 Holsteiner Rapphengsten. Später wurden dann auch Anglo-Normänner und Ostpreußen eingekreuzt, doch der Anteil des Englischen Vollblutes blieb immer beherrschend. So beherrschend, daß die Pferde zu leicht für die Arbeit in der Landwirtschaft wurden, und daß man die Rasse durch einheimische Schläge konsolidierte. In unserer Zeit ist allerdings das reine Reit- und Springpferd wieder sehr erwünscht, und so begann man neben dem altverdienten Englischen Vollblut auch ostpreußische Hengste zur Produktion leichter Pferde zuzuführen. Ihr hervorragendster Vertreter ist der Trakehner »Semper Idem«. Jährlich im Herbst findet die »Celler Hengstparade« statt, bei der die Hengste des hannoverschen Zuchtgebietes an der Hand, unter dem Sattel und vor dem Wagen vorgeführt werden. Auf der zweimal im Jahr stattfindenden Verdener Reitpferdeauktion kann sich der Pferdefreund sein eigenes Hannoveraner Pferd ersteigern – muß allerdings tief in die Tasche greifen. Da das hannoversche Zuchtgebiet jedoch sehr groß ist, wird es jedem Freund dieser edlen Rasse nicht schwer sein, die Pferde auch in ihren Gestüten und auf der Weide anzusehen. Man findet sie auf den Marschböden beiderseits der unteren Elbe, an Weser, Aller und Leine.

Typ und Exterieur: Kräftiges Reitpferd, das in einem leichteren und einem schwereren Schlag vorkommt.

Hübscher, gefälliger Kopf; langer Hals; gutgelagerte, schräge Schulter; starker Rücken; lange, schräge Kruppe; bedeutende Tiefe; schön angesetzter und getragener Schweif; kräftige Gliedmaßen mit trockenen Sehnen und Gelenken; große Knochenstärke; feste Hufe. Farben: alle Grundfarben, jedoch vor allem Braune und Füchse. Größe: 165 bis 175 cm.

Mechanik: Langer Schritt; fördernder Trab; elastischer Galopp. Hervorragendes Springvermögen.

Eigenschaften und Verwendung: Der Hannoveraner stellt die Hauptmasse der Reit- und Springpferde in der Bundesrepublik. Hervorragend als Springpferd, als Dressurpferd, wie auch für den Freizeitreiter. Leichte Hannoveraner sind auch als Damenreitpferde sehr geeignet, die größeren und schwereren für gewichtigere Reiter.
Zuchtgebiete: Deutschland, Niedersachsen, vor allem Gegend um Stade, Altes Land, Land Hadeln, Kehdingen. Lüneburg. Landgestüt Celle. Osnabrück. Nachzuchtgebiete in Pommern, Brandenburg, Mecklenburg, Westfalen.
Als Hannoveraner gelten alle pferde, die beim Hannoverschen Verband eingetragen sind und einen Hannoverschen Brand tragen. Die Zucht ist vielfach in bäuerlicher Hand.

Highland Pony (Garron) [99] Großbritannien

Es stammt aus dem westlichen schottischen Hochland und den ihm vorgelagerten Inseln. Man bringt es mit prähistorischen Ponys in Zusammenhang, doch weiß man, daß im Laufe der Jahrhunderte viel Fremdblut, darunter vor allem Araberblut, eingekreuzt wurde. Das Highland Pony (keltischer Name »Garron«) ist das schwerste und eines der größten Ponys Großbritanniens und ist mit dem Haflinger oder dem norwegischen Fjord-Pony zu vergleichen. Es wird in seiner schottischen Heimat sehr gerne als Reit- und Packtier bei der Jagd auf Hirsch und Moorhuhn verwendet und ist zugleich ein billig zu haltender Hunter. Früher unterschied man zwei Typen, das Pony vom Festland (Mainland) und das der Western-Inseln. Heute hat sich das Mainland-Pony, das schwerer und größer ist, durchgesetzt und wird allein als das Highland-Pony angesehen.
Typ und Exterieur: Starkes, kompaktes englisches Pony mit viel Adel.
Feiner, edler, gut getragener Kopf; breit zwischen den Augen; weite Nüstern; kräftiger, nicht zu kurzer Hals; kräftiger Rücken; ziemlich steile, kurze Schulter; kurze, abschüssige Kruppe; starke Beine mit kurzen Röhren und ziemlich schräger Fessel; tiefe, markante Sprunggelenke; am unteren Fesselkopf seidiger Behang; niedrig angesetzter Schweif; üppige Mähne mit feinen, weichen Haaren; Hufe rund, offen, aus dunklem, hartem Horn. Farben: viele Falben in allen Schattierungen, oft mit Wildringen an den Vorderbeinen und mit Aalstrich; Schimmel und Braune häufig. Größe: 135 bis 147 cm.
Mechanik: Sehr trittsicher. Galoppiervermögen. Gutes Springvermögen.
Eigenschaften und Verwendung: Reit- und Packtier bei der Jagd, das typische englische »Shootingpony«. Guter Hunter. Idealer Säumer. Gutes Freizeitpony. Intelligent, empfindsam, gelehrig. Frommer Charakter. Ausgezeichnete Konstitution.
Zuchtgebiete: Großbritannien, vor allem das Schottische Hochland.

Holsteiner [50] Deutschland

Die holsteinische Pferdezucht geht wohl schon bis auf das 13. Jahrhundert zurück. Das Ausgangsmaterial war das alte, schwere Marschpferd, dem aber mit dem Aufblühen der Klöster und mit der Reformation in reichem Maße das Blut von Orientalen, Neapolitanern und Spaniern zufloß. Schon im 14. Jahrhundert gab es eine eigene Stuterei in Uetersen, und eine Chronik der damaligen Zeit berichtet darüber: »... allwo die streytbare Kirche zu Zwecken der Bodenbearbeitung wie für Kriegsnöte ein gutes Pferd züchtet.« Damals, wohl auch unter dem Einfluß der schweren Marschböden, entstand das kräftige, großrahmige Pferd mit dem hohen Aufsatz, den erhabenen Tritten und dem typischen Ramskopf. Schon im 16. Jahrhundert hatte die Zucht einen sehr hohen Stand erreicht, und viele Länder, darunter Spanien, Italien, Frankreich und Dänemark, kauften gerne Holsteiner Pferde für ihre Reiterei. Die Gestüte in Celle, Dillenburg und Cordoba wurden mit Holsteiner Hengsten begründet. Nach den Napoleonischen Kriegen geriet die Holsteiner Zucht, wie alle kontinentalen Zuchten, in eine schwere Krise. Damals wurden vom Herzog von Augustenburg eine Reihe guter englischer Vollbluthengste importiert, darunter der einflußreiche »Protokoll xx119«. Später kam dann noch das Blut englischer Hengste des Yorkshire-Schlages hinzu, die ausschlaggebend waren für Formgestaltung, Temperament und Gang des Holsteiners. Drei englische Hengste waren von großer Wichtigkeit: »Burlington Turk 81«, »Brillant 448« und »Owstwick 254«. Da das vergrößerte deutsche Heer nach dem Deutsch-Französischen Krieg einen steigenden Bedarf an Remonten hatte, bemühte sich nun auch der preußische Staat um Pferde aus Holstein. Man gründete zu diesem Zweck das Gestüt Traventhal bei Segeberg. 1891 schlossen sich die Züchter zum Holsteiner Verband zusammen, 1897 wurde die Elmshorner Reit- und

Fahrschule gegründet, in der heute das verbandseigene Depot untergebracht ist. Es war das Ziel des Vereins, das alte Holsteiner Blut in seinen reinsten Stämmen unter Vermeidung fremden Blutes zusammenzufassen und weiterzuzüchten. Im Jahre 1915 verfügte der Verband über achtzig im Lande gezogene Beschäler. Zwischen den beiden Weltkriegen zog man einen hervorragenden Karossier für turniersportliche Prüfungen heran und ein hervorragendes Springpferd. Die unvergessene »Tora«, die 1936 bei der Olympiade unter Oberleutnant Kurt Hasse die Springprüfung gewann, war eine Holsteinerin! Auch Fritz Thiedemanns berühmter »Meteor« sowie seine anderen Pferde »Diamant«, »Retina», »Finale« entstammen Holsteiner Zucht.

Seit etwa zwölf Jahren versucht man, durch Zuführung von Vollblütern, den Sportpferdecharakter voll herauszuzüchten und leichtere elegantere Reitpferde zu erhalten. Trotzdem sind auch die modernen Holsteiner noch große, starkknochige Pferde, und man spricht von ihnen als den »deutschen Iren«.

Typ und Exterieur: Großrahmiges, kräftiges Pferd.

Kopf oft ramsnasig; mächtiger, schön getragener Hals; kräftiger, oft etwas langer Rükken; muskulöse Nierenpartie; kräftige, gut bemuskelte Kruppe; breite, tiefe Brust, gut gelagerte Schulter; korrekte Gliedmaßen mit klaren Sehnen und Gelenken. Farben: überwiegend Hell- und Dunkelbraune; Füchse seltener. Größe: 166 bis 175 cm

Mechanik: Langer Schritt; geräumiger Trab mit hoher Aktion; raumgreifender Galopp. Hervorragendes Springvermögen.

Eigenschaften und Verwendung: Allroundpferd, das sich in letzter Zeit zum hochveranlagten Springpferd entwickelte. Einwandfrei in Temperament und Charakter.

Zuchtgebiete: Holstein. Vor allem Kremper und Wilster Marsch und Dithmarschen. Die Zucht ist in privater bäuerlicher Hand. Als Holsteiner gelten alle Pferde, die beim Holsteiner Verband eingetragen sind und den Holsteiner Brand tragen.

Wichtiges Nachzuchtgebiet: Schweiz, mit den Pferdezuchtgenossenschaften Bodensee, Lilienthal, Zofingen und Nordwest.

Hunter [76] — England/Irland

Wir haben es hier nicht mit einer eigentlichen Rasse zu tun: man spricht von Huntern allgemein, wenn man an Jagdpferde denkt, die aus einer Kreuzung von Vollblütern mit Pferden einheimischer englischer Landschläge hervorgegangen sind. Zu diesen Landschlägen gehören in England etwa der Cleveland Bay, der Suffolk und in Irland der Irish Draught. Der Hunter ist also immer ein Halbblüter. Er entstand in Großbritannien und Irland, den klassischen Ländern der Fuchsjagd zu Pferde. Einer der bekanntesten englischen Fachschriftsteller, R. S. Summerhays, beschreibt den charakteristischen Hunter wie folgt: »Er muß natürlich von bester Konstitution sein und auf den gesündesten Beinen stehen; er muß edel gebaut sein und stattlich genug, um Herz und Lunge zu erlauben, ihre Aufgaben auch unter extremsten Bedingungen zu erfüllen; er sollte seinem Reiter so viel Zügel wie möglich geben. Sein Kopf muß von rechter Größe sein und sein Hals von rechter Länge, damit ihm die Balanceakte leichter werden, die er im Laufe eines Jagdtags auszuführen hat. Noch wichtiger ist es aber, daß der erstklassige Hunter mutig, kühn und ausdauernd ist, und daß er, wenn er in Schwierigkeiten gerät, immer noch ein ›Extrabein‹ zur Verfügung hat.

Typ und Exterieur: Hoch im Blut stehendes, großrahmiges Reitpferd.

Gedrungener Bau, stark entwickelte Vorhand mit breiter, geräumiger Brust; breite, schräge Schulter; Gurtentiefe, gute Wölbung der Rippen; kurzer Rücken mit kräftiger Lende; machtvolle Kruppe; starke Gliedmaßen mit langem Oberarm; breite, flache Sprunggelenke; kurze, trockene Schienen; starke, aber nicht zu lange Fesseln; runde, wohlgeformte Hufe. Farben des Vollblüters. Größe: 158 bis 168 cm.

Mechanik: Raumgreifender Schritt; schneller ausdauernder und bodendeckender Galopp. Hervorragendes Springvermögen, besonders beim irischen Hunter.

Eigenschaften und Verwendung: Jagdpferd und Springpferd mit großer Tragkraft. Energisch, schnell und ausdauernd.

Zuchtgebiete: Besonders England und Irland, doch bedeutende Zuchten auch in Südafrika, Australien und Neuseeland. Zuchtverein: The Hunters' Improvement and National Light Horse Breeding Society.

Huzule — Rumänien/Polen

Er stammt aus den Karpaten, wo er schon seit Hunderten von Jahren lebt und sich bis heute im Urpferde-Typ erhalten hat. Wahrscheinlich ist im Laufe der Zeit Orientalenblut

in diese bodenständige Rasse eingekreuzt worden, doch weiß man dies nicht genau. Das Tier wurde im ehemaligen k. u. k. Gestüt Radautz als Tragtier für Gebirgstruppen gezüchtet, und heute kümmert man sich vor allem im rumänischen Staatsgestüt Luczyna um die Erhaltung der Rasse. Der Huzule, der früher als Packpferd benützt wurde, dient heute als Arbeitstier auf den Berghöfen des südlichen Polens und in Rumänien, doch werden größere Tiere auch geritten. Aus einer Kreuzung mit dem Fjord Pony ging der Fjord-Huzule als neue Rasse hervor.
Typ und Exterieur: Hartes, ausdauerndes Gebirgspferd im Urpferdetyp.
Edler Kopf; schöne Rückenlinie; kräftig entwickelte Hinterhand; breite Brust; trockene breite Röhren; gut markierte Sehnen und Gelenke; gesunde, harte, kleine Hufe. Farben: meist Falben, aber auch dunklere Farben. Größe: 135 bis 140 cm.
Mechanik: Große Trittsicherheit. Raumgreifende Bewegungen.
Eigenschaften und Verwendung: Ausgezeichnetes Trag- und Saumtier. Die größeren Exemplare auch als Reitpferd geeignet. Vernünftig und umgänglich. Rauhfutterfresser. Bergweide und Heu sind für ihn die bekömmlichste Nahrung.
Zuchtgebiete: Rumänien: Karpaten, Bukowina. Gestüt Luczina. Südliches Polen.

Irish Draught Horse [76] Irland

Es ist eine sehr alte irische Rasse, zu deren Entstehung wohl Connemara-Ponys, spanische Pferde und altenglisches Warmblut ihr Teil beigetragen haben. Das Irish Draught Horse ist ein ausgezeichneter Karossier, hat sehr viel Springtalent, und daher werden die Stuten mit Vorliebe zur Erzeugung von Halbblut-Huntern herangenommen. Leider war die Rasse in den letzten sechzig Jahren zweimal stark gefährdet: einmal durch den Ersten Weltkrieg, der viele Tiere, die zur Artillerie eingezogen worden waren, das Leben kostete; dann setzte in unserer Zeit ein reger Export ins Ausland zu Schlachtzwecken ein, der erst im Jahre 1965 gestoppt wurde, als ein verständnisvoller Landwirtschaftsminister sah, wohin die Entwicklung führte.
Typ und Exterieur: Schweres, kompaktes warmblütiges Zugpferd.
Ziemlich großer, wenig edler Kopf; langer Hals; hoher Widerrist; gute Schulter; breite, abschüssige Kruppe; feste Beine ohne starken Behang; kräftige, klare Sehnen und Gelenke; große Hufe. Farben: Braune, Füchse, Schimmel. Größe: 155 bis 168 cm.
Mechanik: Fördernde Bewegungen in allen drei Gangarten; sehr gutes Springtalent.
Eigenschaften und Verwendung: Sehr gutes Zugpferd. Geeignet für die Kreuzung mit Vollblut zur Heranzucht des Halbblut-Hunters.
Zuchtgebiet: Irland.

Island Pony [100-101, 103, 104] Island

Es geht auf die Pferde zurück, die von den erobernden Wikingern mit nach Island gebracht wurden. Eine Einkreuzung von englischem Ponyblut ist nicht auszuschließen – jedenfalls bis zum Beginn des 10. Jahrhunderts, als eine Ratsversammlung die Einfuhr von Pferden verbot, da man eine Einschleppung von Seuchen befürchtete. Seit dieser Zeit erhielt sich das Islandpferd in seiner Heimat ohne jegliche Fremdeinkreuzung! Das außerordentlich robuste Tier ist ein ideales Freizeitreitpferd, das neben den drei üblichen Gangarten noch den sogenannten »Tölt« und den »Paß« beherrscht (s. Kleines hippologisches Wörterbuch). Es ist auch heute in Island noch in halbwildem Zustand anzutreffen. Man schätzt, daß heute etwa 45 000 dieser Pferde auf der Insel leben. Die Begeisterung für das Ponyreiten haben dieses Tier auch bei uns so beliebt gemacht, daß es in zunehmendem Maße in Deutschland eingeführt wird. Wahrscheinlich leben zur Zeit schon über 4000 Isländer in der Bundesrepublik. Auch das Interesse anderer Länder an diesem harten, unkomplizierten Pony ist außerordentlich groß.
Typ und Exterieur: Stämmiges, kompaktes Reitpony.
Kurzer, breiter Kopf mit kleinen Ohren und buschigem Stirnschopf; kurzer Hals mit kräftiger Mähne; kräftiger und derber Körperbau; gespaltene, abgeschlagene Kruppe; kurze, starke Beine; oft zehenweite Stellung; kurze, kräftige Fesseln; harte Hufe. Rauhes Haarkleid. Farben: vor allem Füchse, Rappen, Braune. Größe 115 bis 145 cm.
Mechanik: Große Trittsicherheit. Neben den drei üblichen Gangarten auch Paß und Tölt.
Eigenschaften und Verwendung: Robustes Reitpony, auch für Erwachsene geeignet. Ruhig, freundlich, gutmütig im Temperament. Im Sommer Weidegang, im Winter Heu und

Stroh, doch nur bei starker Reitbenutzung etwas Hafer. Ein nach zwei Seiten windgeschützter, offener Unterstand reicht, vor allem im Sommer. Feuchte Wärme (massiver Steinstall!) ist schädlich.
Zuchtgebiete: In Island lebt das Tier halbwild. Die Hengste, die privat gehalten werden, laufen bei der Herde. Nachzucht auch in der Bundesrepublik.

Jütländer Dänemark/Deutschland

Wir haben hier eine sehr alte Rasse vor uns: der Jütländer ging aus der alten Nordseerasse hervor und war schon im Mittelalter als Kriegspferd berühmt. Der Jütländer ist nahe mit dem Schleswiger verwandt. Im Mittelalter gab es in Norddeutschland, Holland und Süddänemark Gestüte, die Schwergewichtsträger für Ritter züchteten und wohl untereinander ihre Beschäler austauschten. Seit dem vorigen Jahrhundert hat vielfach eine Einkreuzung von fremdem Blut stattgefunden; darunter waren Ardenner, Suffolk Punches, Cleveland Bays und Yorkshire Coach Horses. Die besten heutigen Jütländer stammen von dem importierten Hengst »Oppenheim« (geb. 1859) ab, der entweder ein Shire oder ein Suffolk war.
Typ und Exterieur: Kräftiges, mittelgroßes kaltblütiges Arbeitspferd.
Kurzer Kopf, breite Stirn; Hals mittellang und schwer; breite Brust; kräftiger, nicht zu langer Rücken; bemuskelte Schulter; breite, kräftige Nierenpartie; Kruppe breit und rund; Schweif gut angesetzt; kräftige, kurze Beine; nicht zu starker Fesselbehang; große, runde Hufe. Farben: vor allem Füchse; Schimmel und Braune selten. Größe: 155 bis 165 cm.
Mechanik: Fördernde Bewegungen in Schritt und Trab.
Eigenschaften und Verwendung: Kräftiges, ausdauerndes Arbeitspferd mit frommem und gutartigem Temperament.
Zuchtgebiete: Die dänischen Inseln Jütland und Fünen. Nord- und Südschleswig. Die Zucht liegt ausschließlich in bäuerlicher Hand.

Kabardiner UdSSR

Wie alle kaukasischen Pferde stammt auch der Kabardiner vom alten Tscherkessenpferd ab. Er ist ein Kreuzungsprodukt von südlichen Pferden (Persern, Karabagh, Araber) mit dem Nogaier und östlichen Steppenpferdrassen. Heute wird der Kabardiner als beste Gebirgsrasse der Sowjetunion angesehen, da er außerordentlich trittsicher, ausdauernd, hart und wetterunempfindlich ist. Im Winter 1935/36 machte man mit Pferden dieser Rasse einen Versuchsritt rund um den Kaukasus und legte unter widrigsten Bedingungen 3000 km in 37 Tagen zurück.
Typ und Exterieur: Gebirgspferd, das in schwereren und leichteren Typen vorkommt.

Trockener Kopf mit großen, spitzen Ohren; nicht zu kurzer Rücken; abschüssige Kruppe; harte, relativ kurze Beine; gute, korrekte Hufe. Farben: Hellbraune, Rotfüchse, Kastanienbraune und Grauschimmel sind häufig. Größe 150 bis 153 cm.
Mechanik: Außerordentliche Trittsicherheit; sehr guter Schritt. Sehr gewandt auf schmalen steilen Bergpfaden.
Eigenschaften und Verwendung: Reit- und Arbeitspferd, besonders geeignet fürs Gebirge. Sehr guter Instinkt und Orientierungsvermögen. Hart, ausdauernd, langlebig und sehr fruchtbar. Gelassenes Temperament.
Zuchtgebiete: Nord-Kaukasus im Stammesgebiet der Tscherkessen. Hauptgestüt: Malokarachayew. Kollektiv der Kabardiner ASSR. Haltung in Herden.

Kanadisches Cutting Horse Kanada

Seit Generationen werden diese Pferde gezüchtet, um dabei zu helfen, den Rindern beim Einfangen den Weg abzuschneiden. Heute sind sie in erster Linie Schau- und

Wettkampfpferde, entwickelt aus dem amerikanischen Quarter Horse (s. d.), dem sie sehr ähnlich sehen. In der Arena muß dieses Tier alles zeigen, was es seit Jahrhunderten leisten mußte: das einwandfreie Herausholen eines bestimmten Kalbes oder Rindes aus der Herde. Dabei darf der Reiter keine Zügelhilfen geben: erlaubt sind einzig Bein- und Gewichtshilfen. Erwünscht ist jede Haarfarbe. Größe: 157 bis 165 cm.

Karabaier UdSSR

Er wurde von den Usbeken in Zentralasien aus bodenständigen Rassen entwickelt, und zwar unter Einkreuzung mittalasiatischer Rassen kirgisisch-turkmenischer und mongolischer Abstammung. Man selektierte dabei auf Reit- und Zugpferdeeigenschaften, denn die Tiere hatten nicht nur unter dem Sattel zu gehen, sondern auch unter dem Packsattel und vor dem Wagen. Heute werden die Pferde sehr gerne zum einheimischen Reiterspiel »Kok-par« verwendet, bei dem es darauf ankommt, den Balg einer Ziege in das gegnerische Tor hineinzubringen.
Typ und Exterieur: Kompaktes, knochiges, mittelgroßes Gebirgspferd.

Mittelgroßer Kopf mit geradem Profil; Ohren mittellang, beweglich; Augen groß und lebhaft; Hals massiv, mäßig lang; Rücken kurz und gerade; kräftige Nierenpartie; klare, knochige Beine; kleine, harte Hufe. Farben: Schimmel, Braune und Füchse aller Schattierungen. Kommt in drei Typen vor, einem stabilen Reit-/Gespann-Typ, einem etwas leichteren Reit-Typ und einem langgestreckten Gespann-Typ.
Mechanik: Leichte aber fördernde Bewegungen in allen drei Gangarten.
Eigenschaften und Verwendung: Reit- und Zugpferd sowie Säumer. Ausdauernd, hart, sehr arbeitswillig.
Zuchtgebiete: Usbekische SSR. Gestüt Dshisak.

Karabakh UdSSR

Wie der Kabardiner kommt auch der Karabakh aus dem Kaukasus, genauer, aus dem Karabakh-Gebirge zwischen den Flüssen Arakse und Kura im heutigen Aserbeidschan. Er ist dem Araber und dem edlen Perserpferd sehr ähnlich, stammt wohl auch von ihnen ab. Wie der Achal-Tekkiner fällt auch dieses Pferd durch seine goldfarbene Jacke auf und macht es zusammen mit seinem herrlichen Gebäude zu einem der schönsten Pferde der Welt. Das Donpferd (s. d.) ist durch den Karabakh veredelt worden. Heute wird der Karabakh meist für Rennen gezüchtet. Er ist im Westen sehr selten zu sehen.
Typ und Exterieur: Edles, dem Araber ähnliches Reitpferd. Edler Kopf; Stirn vorstehend und voll Feuer; Ohren weit auseinanderstehend; Hals rund; Rücken kurz und gerade;

Beine trocken und kräftig; Huf fest und hart. Farben: Falben, Füchse, Braune mit schönem Goldschimmer. Größe: 145 bis 156 cm.
Mechanik: Räumender Gang; leichte, behende Bewegungen.
Eigenschaften und Verwendung: Für Wettrennen und folkloristische Reiterspiele. Nervöses Temperament.
Zuchtgebiete: SSR Aserbeidschan, Gestüt Akdam. Chanat Karabakh.

Kladruber Tschechoslowakei

Kladrub bei Pardubitz an der Elbe ist das älteste noch bestehende Gestüt der Welt. Es wurde im Jahr 1572 von Kaiser Maximilian II. mit spanischen Pferden gegründet; später kamen auch italienische Hengste hinzu. Bei Ausbruch des Siebenjährigen Krieges, 1756, wurde das Gestüt völlig zerstört, doch waren die Pferde zuvor nach Ungarn in Sicherheit gebracht worden. Stammvater der heutigen Schimmellinie wurde 1764 ein italienischer Hengst, »Pepoli«; sein Enkel »Generale« gab dem Kladruber Schimmelstamm seinen Namen. Begründer der Rapplinie war der 1799 eingeführte Hengst »Sacramoso«. Im kaiserlichen Marstall, so heißt es, standen nie weniger als je 18 Schimmel- und Rapphengste! Der Kaiserhof bevorzugte Kladruber als Kutschpferde: bis zum Ende des Kaiserreiches benutzte nur der Kaiser selbst die Schimmelgespanne. Die Rapphengste wurden bei Trauerzügen verwendet. Die Pferde, die früher bis zu 185 cm groß waren, werden heute handlicher gezüchtet und sind zwischen 170 und 180 cm groß. Man verwendet sie zur Verbesserung der tschechischen Landschläge und hat die Nachkommen mit Erfolg bei der Dressur eingesetzt. Zwei Hengeste gingen im 18. Jahrhundert nach Lipizza über und wurden zu den Begründern des Favory- und des Maestoso-Stammes.

Typ und Exterieur: Großer, eleganter Karossier.
Markanter Ramskopf mit großem, rundem Auge; breite Ganaschen; aufgerichteter schwerer Hals; Widerrist kurz und niedrig; Rücken lang, gerade und weich; gewölbte, breite, lange Nierenpartie; breite, gerade, kurze Kruppe; starkes Fundament mit gut ausgeprägten Knochen; breites, steiles Sprunggelenk; lange Fesselung; harte, große, steile Hufe. Farben: Ausschließlich Schimmel und Rappen. Größe: 170 bis 180 cm.
Mechanik: Schreitender, ziemlich kurzer Schritt; kurzer, stampfender Trab; Spanischer Tritt mit hohem Kniebug; schwerfälliger Galopp.
Eigenschaften und Verwendung: Kutsch- und Wirtschaftspferd. Feuriges Temperament und gutartiger Charakter. Langlebig und spätreif.
Zuchtgebiete: Tschechoslowakei. Schimmel: Gestüt Kladrub. Rappen: Gestüt Slatinany.

Konik Polen

Sein Name bedeutet nichts anderes als »Pferdchen«; er ist im ehemaligen Galizien zu Hause, ein Nachkomme des Tarpan, der als Wildpferd einst in ganz Osteuropa verbreitet war. Das Tier ist sehr genügsam, was es bei den Klein- und Obstbauern Polens sehr beliebt macht. Die Reinzucht wird heute durch ein polnisches Stutbuch überwacht. Einige Tierparks, darunter auch Hellabrunn in München, haben mit dem Konik Tarpanrückzüchtungsversuche gemacht und sind dabei zu interessanten Ergebnissen gekommen, die allerdings wissenschaftlich umstritten sind.

Typ und Exterieur: Primitives, wildpferdartiges, sehr zähes Pferd.
Konkaves Profil, kurze Maulpartie; kleine Ohren; mäßig langer Hals; gestreckter Rumpf;

abgeschlagene Kruppe; tief angesetzter Schweif; harte Beine mit trockenen Sehnen und Gelenken; kleine Hufe; Farben: Mausgrau mit Aalstrich; Beine oft mit Zebrastreifen; Schimmel, Braunfalben. Größe: 130 bis 140 cm.

Mechanik: Eifrige Bewegungen in allen drei Gangarten.

Eigenschaften und Verwendung: Robustes kleines Arbeitspferd für Kleinbauern. Willig, genügsam, zäh und hart. Gutartig, wenn nicht verdorben.

Zuchtgebiete: Polen, ostwärts des San. Gestüte Popielno und Jeseice. Zucht vielfach in bäuerlicher Hand.

Lipizzaner [185, 188-192] Österreich

Im Jahre 1580 gründete Erzherzog Karl von Österreich in der Nähe des Dorfes Lipizza im slowenischen Karstgebiet ein Hofgestüt. Hengste aus Neapel, Kastilien und Andalusien wurden dorthin gebracht und mit den einheimischen Karststuten gepaart. Fünf der sieben Stammlinien gehen auf spanisch-neapolitanische Hengste zurück: »Conversano«, »Neapolitano«, »Pluto« (über Frederiksborg importiert), »Favory« und »Maestoso«. Ein Originalaraber, »Siglavy«, begründete im 19. Jahrhundert die sechste Linie und »Incitato« aus Siebenbürgen die siebte. Arthur H. Lehmann, der bekannte Lipizzanerfreund, charakterisiert die Stämme wie folgt: »Der Plutostamm hat spanisch-dänisches Blut, er stellt überaus kräftige Pferde mit leichten Ramsnasen. Die Conversanos haben starke Ramsköpfe und kurze Rücken; sie zeichnen sich durch breite Sprunggelenke und besonders erhabene Bewegungen aus. Sie haben arabisches Blut. Der Favorystamm läßt den arabischen Bluteinschlag am leichten feinen Bau erkennen, jedoch erinnern die mäßig gebogenen Nasen noch immer an den Kladruber Stammvater. Die Neapolitanos haben sich gegen das beigemischte arabische Blut in ihren Eigenarten behaupten können, es sind Pferde von kraftvollem Äußeren, sie haben stark gebogene Ramsköpfe und hohen Kniebug. Die Maestosos sind ebenfalls starke Pferde mit muskulösen Kruppen und kraftvoll erhabenen Gängen. Das arabische Blut scheint sich bei ihnen in der Kopfform ausgewirkt zu haben, die ursprünglichen Ramsköpfe haben sich zu einer sanften Biegung gemäßigt. Die Siglavys haben edle, gerade Köpfe von typischer Araberform, die Form des Halses ist schlanker als die der übrigen Stämme. Der Widerrist ist hoch und der Rükken kurz. Die Siglavys haben nicht die betont erhabenen Gänge der übrigen Stämme, in denen das spanische Blut stärker vorherrscht. Als siebenter Stamm sei noch der im königl. ungarischen Staatsgut Bábolna gezüchtete Incitato genannt, der in Siebenbürgen seine Heimat hat und überaus starke, harte Pferde zeigt.«

Reinrassige Lipizzaner sind an ihren zahlreichen Bränden zu erkennen. Alle Pferde tragen im Gesicht auf der linken Ganasche ein großes L. Daneben bekommen die in Piber gezüchteten in der linken Sattellage zwei Abstammungsbrände, den Anfangsbuchstaben des Vaters und ein entsprechendes Zeichen für den Hengststamm der Mutter. Außerdem tragen die Pferde ein großes P mit Krone auf der linken Hinterbacke. In Ungarn und Jugoslawien haben die Lipizzaner Abstammungsbrände in der linken Sattellage, daneben aber am Hals oder in der rechten Sattellage noch die Fohlennummer und auf der linken Hinterbacke oder in der linken Sattellage den Gestütsbrand. Die Lipizzaner der jugoslawischen Landeszucht erhalten als Brand ein Eichenlaub auf die linke Hinterbacke.

Die Benennung des Lipizzaners folgt ebenfalls außerordentlich konservativen Richtlinien. Die Stuten bekommen immer einen neuen Namen, der mit dem mütterlichen Anfangsbuchstaben beginnen muß; die Hengste haben einen Doppelnamen: der erste Name ist derselbe wie der des Vaters und bezeichnet die Blutlinie, der zweite ist der Name der Mutter.

Wenig bekannt ist, daß die Mehrzahl der Lipizzaner keineswegs als Schulpferde verwendet, sondern in den unwirtlichsten Gegenden Jugoslawiens, Ungarns, Rumäniens und der Tschechoslowakei als Bauernpferde gehalten wird. Nur im österreichischen Staatsgestüt Piber züchtet man das Pferd ausschließlich für seine Verwendung als Schulpferd.

Ebenfalls wenig bekannt ist, daß nicht alle Lipizzaner Schimmel sind. Vor allem aus dem Incitatostamm gibt es einige Braune und Rappen, und man ist heute wieder bestrebt, in den praktischeren dunklen Farben zu züchten.

Typ und Exterieur: Ziemlich massiges, nicht sehr großes Pferd mit schwerem Kopf und Ramsnase.

Langgestreckter, trockener Kopf; runde, große, ausdrucksvolle Augen; kleine Ohren; mächtiger, hoch aufgesetzter, schön gebogener Hals mit seidiger Mähne; langer, weicher Rücken; niederer Widerrist; breite Brust; oft steile Schulter; kräftige Nierenpartie; runde, muskulöse Kruppe; gut angesetzter, schön getragener und dicht herabfallender Schweif; Beine kurz und stark mit kleinen, gut geformten, harten Hufen; Beine oft nicht ganz korrekt gestellt. Farben: Schimmel dominierend (dunkelgrau oder schwarz geboren, mit etwa sieben bis zehn Jahren ausgefärbt). Größe: 155 bis 165 cm.

Mechanik: Relativ kurzer Schritt; elastischer Trab mit hoher Knieaktion; Galopp wenig raumgreifend.

Eigenschaften und Verwendung: Ideales Schulpferd, da sehr gelehrig, lernwillig und intelligent. Frommes Temperament. Angenehmes Freizeitreitpferd, besonders für gewichtige Reiter geeignet. Elegantes und gutes Wagenpferd. Der jugoslawische Lipizzaner ist ein genügsames, ausdauerndes Wirtschaftspferd.

Zuchtgebiete: Stammgestüt Lipizza bei Triest, heute jugoslawisch. Gestüt Piber bei Köflach, Österreich. Gestüte Bábolna, Kisbér, Gyöngyös, Szilvásvárad in Ungarn. Jugoslawische Staatsgestüte Kutjevo, Lipik, Fruska Gora, Prujavor, Dobricevo. Zucht fast ausschließlich in Staatshand.

Lusitano Portugal

Neben dem Altér Real ist der Lusitano eine der ältesten portugiesischen Rassen. Der Lusitano ist dem Andalusier (s. d.) sehr ähnlich und wird wie er als Reit-, Kutsch- und leichtes Arbeitspferd verwendet. Außerdem werden die Lusitanos für den Stierkampf abgerichtet, bei dem nur Pferde bester Qualität zu gebrauchen sind.

Typ und Exterieur: Mittelgroßes, edles, ziemlich leichtes Pferd. Feiner, klein modellierter Kopf mit lebhaften, kleinen Ohren; schöner Halsaufsatz; gute Schulter und Hinterhand; tief angesetzter Schweif; langer Ober- und Unterarm; Rechteckformat. Farben: alle Grundfarben. Größe: 150 bis 160 cm.

Eigenschaften und Verwendung: Reit-, Kutsch- und Arbeitspferd, das auch bei Stierkämpfen verwendet wird. Eignung zur Hohen Schule. Hart und genügsam.

Zuchtgebiete: Süd- und Mittelportugal.

Masure (Wielkopolski) Polen

Er ist nach 1945 aus den Restbeständen des ehemaligen Hauptgestütes Trakehnen und der ostpreußischen Landespferdezucht hervorgegangen. Man faßte später die alten und neuen Vielseitigkeitspferde aus dem mittleren und westlichen Polen – Masure und Posener – zusammen und nannte sie »Wielkopolski«. In jüngster Zeit wurde dem Wielkopolski wieder etwas orientalisches und sehr viel Trakehnerblut zugeführt. Man erstrebt ein großrahmiges Mehrzweckpferd mit solidem Temperament, das zum Reiten und Fahren geeignet ist.

Typ und Exterieur: Großrahmiges Mehrzweckpferd.

Fester Rahmen; genügend ausgebildeter Widerrist; lange, schräge Schulter; kräftige Hinterhand; gute Bemuskelung; gute Breite und Tiefe; knochige, regelmäßige Beine; starke, nicht zu kleine Hufe. Farben: vor allem Braune. Größe: 155 bis 165 cm.

Mechanik: Langer Schritt und Trab; raumgreifender Galopp.

Eigenschaften und Verwendung: Mehrzweckpferd von zuverlässigem Temperament.

Zuchtgebiete: Polen (ehemaliges Ostpreußen). Staatsgestüt Cadinen.

Morgan Horse USA

Stammvater dieser Rasse ist der 1789 geborene Hengst »Figure«, der später nach seinem Besitzer »Morgan« genannt wurde. Wahrscheinlich stammte er von einem holländischen Karossier ab, der mit einem hoch im arabischen Blut stehenden Pferd gekreuzt worden war. »Morgan« war nicht nur ein hervorragendes Reit- und Arbeitspferd, sondern auch ein sehr guter Vererber, dessen Nachkommen die Rennbahnen eroberten und zu hochwertigsten Ranchpferden herangezogen wurden. Der Morgan hat andere amerikanische Rassen, wie den Standardbred, das Saddle Horse und den Tennessee Walker, nachdrücklich beeinflußt. Auch heute noch ist das Morgan Horse ein begehrtes Vielseitigkeitspferd. Die Rasse ist mit etwa 16 000 Pferden, die vor allem in Kalifornien leben, registriert.

Typ und Exterieur: Kompaktes, muskulöses Reit- und Wagenpferd. Kurzer, breiter Kopf mit sehr kleinen Ohren; Hals kurz und muskulös; große Gurttiefe; gut bemuskelte Schulter; niedriger Widerrist; breiter, kurzer Rükken; kurze, feste Nierenpartie; lange, etwas schräge Kruppe; gesunde, gut bemuskelte

Beine; langer Unterarm, sehr kurze Röhren; stabile Gelenke und Sehnen. Farben: vor allem Braune und Füchse. Größe: um 155 cm.
Mechanik: Sehr fleißige, energische Aktionen, besonders im Trab.
Eigenschaften und Verwendung: Vielseitiges Reit- und Wagenpferd. Hart, energisch, ausdauernd, kraftvoll und genügsam. Freundliches Wesen, feuriges Temperament.
Zuchtgebiete: Vor allem Kalifornien. Gestüt: The United States Morgan Horse Farm, Vermont. Zuchtverein: Morgan Horse Club.

New Forest Pony [102] England

Es ist im New-Forest zu Hause, einem Wald- und Heidegebiet im Süden Englands, zwischen Southampton und dem Fluß Avon gelegen. Der Ursprung der Rasse ist nicht bekannt, doch stammen diese Ponys sicher vom englischen prähistorischen Pony ab. Schon im 10. Jahrhundert wurden in dieser Gegend kleine Pferde urkundlich erwähnt. Bis 1851 war das Gebiet, das 24 000 ha umfaßt, königliches Jagdrevier, doch erlaubte die Krone den Bauern, als Entschädigung für die angerichteten Wildschäden ihre Ponys und Rinder frei in dem Waldgebiet laufen zu lassen. Bis zum Jahre 1938, als man die »New Forest Pony und Cattle Society« gründete, wurden alle möglichen Rassen in den Urtyp eingekreuzt, und so lief neben einigen Araberhengsten auch der Vater des berühmten »Eclipse«, der Hengst »Marske«, vier Jahre lang bei der Herde. Auf diese Weise wurde der Araber- und Vollblutanteil im New Forest Pony gestärkt. Um 1893 wurden dann zahlreiche Ponyhengste entfernt verwandter Rassen benutzt, so z. B. Welsh, Dartmoor, Exmoor und Highland Ponys. Das New Forest Pony ist dehalb im Typ sehr uneinheitlich. Seit dreißig Jahren wird nun kein Fremdblut mehr eingekreuzt.
Die Engländer haben heute andere Vorstellungen von dem erwünschten Aussehen dieser Ponys als die Holländer, die das kleine Pferd nachzüchten. England will den alten, robusten, kompakten Ponyschlag wieder herstellen, und Holland wünscht sich leichtere, rittigere Pferde im Großpferdtyp.
Typ und Exterieur: Ziemlich großes, edles, hartes Pony, das im Typ recht uneinheitlich ist.
Mittelgroßer, trockener Kopf; kurzer Hals; steile Schulter; tiefe Brust; hoher Widerrist; mäßig langer Rücken; kräftige Nierenpartie; Schweif hoch angesetzt; Kruppe oft abgeschlagen; Beinstellung nicht immer ganz korrekt. Farben: vor allem Braune in allen Schattierungen. Größe: 122 bis 142 cm.
Mechanik: Gute Aktion in allen Gangarten. Gutes Galoppier- und Springvermögen.
Eigenschaften und Verwendung: Ideales Erwachsenen- und Kinderreitpony. Zu Fuchsjagd, Springen, Distanzreiten, Polo und Fahren geeignet. Ruhiges, intelligentes Pony. Gut einzureiten und leicht zu reiten.
Zuchtgebiete: Das New-Forest-Gebiet in Hampshire. Die Zahl der Ponys in diesem Gebiet liegt zwischen 2000 und 2500. Nur eingetragene Hengst werden zu den Stuten, die ganzjährig frei laufen, gelassen. Nachzucht in Dänemark und Holland, das heute etwa 8000 New Forest Ponys besitzt. Zuchtverein: The New Forest Pony Breeding and Cattle Society. Die Gesellschaft veranstaltet zweimal im Jahr Auktionen.

Niederländisches Warmblutpferd → Groninger

Niederländisches Zugpferd Holland

Nach dem Ersten Weltkrieg entstand dieser schwere Schlag aus Stuten des Seeland-Schlages und belgischen Kaltbluthengsten. Das Zuchtziel war, einen genügsamen Kaltblüter mit ruhigem Temperament und kräftigem Vorwärtsdrang zu erzielen, der stark und wuchtig genug sein sollte, um Arbeit auf schweren Böden tun zu können. Ab 1914 wird ein Stutbuch geführt, und seit 1925 sind keine Pferde unbekannter Abstammung mehr eingetragen worden. Alle zwei Jahre findet eine nationale Schau statt.

Typ und Exterieur: Voluminöses, tiefstehendes Tier mit schweren Beinen, guten Hufen. Dem Belgier (s. d.) nahestehend.

Mechanik: Leichter, energischer Schritt mit guter Aktion im Trab.

Nonius [56] Ungarn

Der Stammvater der Zucht war der Hengst »Nonius«, den ungarische Kavalleristen 1814 im Gestüt Zweibrücken erbeuteten und nach Mezöhegyes brachten. Seine Mutter war eine Normänner Stute, sein Vater der Sohn des englischen Hengstes »Marmortin«. Man paarte den Anglo-Normänner mit ungarischen, türkischen, arabischen und tscherkessischen Lipizzaner- und Spanierstuten, und er erwies sich als hervorragender Vererber. Heute wird der Nonius in zwei Arten gezogen, als Großer und als Kleiner Nonius. Der Große Nonius war früher ein schwerer Karossier und wird heute als Wirtschaftspferd verwendet. Er wird immer noch im Gestüt Mezöhegyes gezogen. Der Kleine Nonius ist ein leichtes Vielzweckpferd und wächst in der Puszta Hortobagy auf. Mit Vollblütern gepaart, ergibt der Nonius ausgezeichnete Hunter und Springpferde.
Typ und Exterieur: Großer Nonius: schwerer, eleganter Karossier. Kleiner Nonius: leichtes, hartes Vielzweckpferd.
Kleiner, trockener Kopf; kräftiger Hals; langer, manchmal weicher Rücken; gut gelagerte, lange Schulter; kurze, schmale Kruppe; kräftige, gut bemuskelte Beine; manchmal schwache Fesselung; gut geformte, mittelgroße Hufe. Farben: Rappen und Braune ohne Abzeichen. Größe: Großer Nonius: 165 bis 175 cm; Kleiner Nonius: 155 bis 165 cm.
Mechanik: Raumgreifende Gänge. Gute Springanlage.
Eigenschaften und Verwendung: Je nach Art als Karossier oder als Vielzweckpferd. Zäh, zuverlässig und willig. Der kleine Nonius besonders hart und ausdauernd.
Zuchtgebiete: Ungarn: Comitat Czanád; Gestüt Mezöhegyes. Puszta Hortobagy. Jugoslawien: Gestüte Karadjordevo, Napredak-Bajša, Lipik. Österreich: Gestüt Stadel, Burgenland.

Nordschwedisches Pferd Schweden

Zusammen mit dem Schweden-Ardenner (s. d.) gehört das Nordschwedische Pferd zu den verbreitetsten schwedischen Pferden. Es ist aus dem alten schwedischen Landschlag hervorgegangen und ist mit dem norwegischen Dølepferd verwandt. Seit Beginn des Jahrhunderts wird streng auf Reinzucht geachtet, nachdem zahlreiche Kreuzungsversuche fehlgeschlagen waren. Seit 1930 wird kein Hengst mehr als Beschäler zugelassen, der nicht einer strengen Leistungsprüfung unterzogen wurde. Da Schweden ein Holzfällerland ist und die Hälfte des geschlagenen Holzes dort von Pferden geschleppt und transportiert wird, sind diese Leistungsprüfungen Zugprüfungen. Die Haupt-Blutlinien werden durch die Hengste »Valde 643« und »Benus 652« begründet. Ein Zuchtbuch gibt es seit 1924.
Typ und Exterieur: Leichtes, bewegliches Kaltblutpferd.
Muskulöses Pferd mit starkem, trockenem Fundament; kräftige Sehnen und Gelenke; stabile Hufe; wenig Fesselbehang. Farben: Braune oder Rappen, seltener Falben und Füchse. Größe: 154 bis 156 cm.
Mechanik: Energischer, lebhafter Schritt; ausgezeichnetes Trabvermögen.
Eigenschaften und Verwendung: Lebhaftes Temperament und ausgeglichener Charakter. Hart, ausdauernd, energisch, arbeitswillig. Langlebig.
Zuchtgebiete: Nordschweden. Hauptgestüt Wangen.

Noriker, jetzt: **Süddeutsches Kaltblut** [9, 55]
(Pinzgauer, Oberländer) Deutschland/Österr.

Dieses schwere Pferd geht wahrscheinlich auf das römische Pferd der Provinz Noricum zurück. Die Rasse wird schon zur Zeit Karls des Großen erwähnt, die Zucht wurde durch die Klöster gefördert. Vor allem waren es die Erzbischöfe von Salzburg, die sich der systematischen Zucht des Norikers widmeten. Im 17. bis 19. Jahrhundert gab es hin und wieder eine Einkreuzung fremden Blutes (Spanier, Neapolitaner, Belgier, Kladruber, Clydesdale, Normänner, Clevelands, Oldenburger, Holsteiner etc.), doch seit 1884 wird größtenteils Reinzucht betrieben. Neben dem schweren Noriker entstand im bayerischen Oberland der leichtere Oberländer, im Chiemgau der schwerere Pinzgauer. Im Zuge einer Vereinheitlichung des Zuchtziels wurden 1952 die norischen Schläge zum **Süddeutschen Kaltblut** zusammengefaßt. Das Zuchtziel ist ein mittelgroßes, hartes, möglichst trockenes und wendiges Kaltblut, das sowohl im Bergland als auch in der Ebene eingesetzt werden kann.
Typ und Exterieur: Kräftiges, schweres, kaltblütiges Arbeitspferd.
Schwerer Kopf mit Ramsnase; tief angesetzte

Ohren; derbe, krause Mähne; dicker, kurzer Hals; flacher, kurzer Widerrist; langer, breiter Rücken; lange, breite, abgeschlagene Kruppe; kräftiger Unterbau mit trockenen Gelenken; Fesselbehang; große Hufe. Farben: Braune und Füchse mit wenig Abzeichen; seltener Schimmel, Tiger und Schecken. Größe: 160 bis 165 cm.

Mechanik: Schrittpferd mit räumenden Gängen.

Eigenschaften und Verwendung: Kräftiges, hartes landwirtschaftliches Arbeitspferd. Anspruchslos, futterdankbar. Frühreif und langlebig. Träges Temperament, gutmütiger Charakter.

Zuchtgebiete: Deutschland: Bayern, Chiemgau, Alpenvorland. Gestüt: Schwaiganger. Württemberg-Baden, Gestüt Marbach. Zucht sonst meist in bäuerlicher Hand.

Österreich: Salzburg, Gestüt Stadl-Paura, Kärnten, Steiermark, Pinzgau, Pongau, Lungau etc.

Oldenburger [51] Deutschland

Die Warmblutzucht Oldenburgs und Ostfrieslands ist auf den Marsch- und Geestweiden westlich der Weser von Bremerhaven bis zum Jeverland und im Gebiet von Aurich beheimatet. Die ersten schriftlichen Aufzeichnungen über den Oldenburger sind schon aus dem 15. Jahrhundert übermittelt. Graf Johann XVI. von Oldenburg hat als erster altfriesische Pferde veredeln lassen, und sein Sohn Graf Anton Günther (1603—1667), ein hervorragender Pferdekenner, sorgte für die Einfuhr englischer, dänischer, neapolitanischer und spanischer Hengste. Im 19. Jahrhundert wurden wiederum fremdrassige Hengste verwendet, und zwar Vollblüter, Clevelands, Hannoveraner und Normänner. Der Begründer der bedeutendsten Hengstlinie war der Stävesche Hengst, ein Cleveland Bay. Die Zucht konsolidierte sich mit der Zeit auf den Typ des Karossiers, ein tiefes und schweres Pferd mit mächtigem Hals, kurzem, festem Rücken, nicht sehr langer Kruppe und einem Stockmaß von etwa 162 cm. Nach 1919, als Wagenpferde nicht mehr viel gebraucht wurden, stellte man sich auf ein schweres Wirtschaftspferd um, doch nach 1945 sank auch die Nachfrage nach diesem Typ. In den fünfziger Jahren führte man den Anglo-Normannen »Condor« ein, hatte jedoch mit ihm nicht den gewünschten Erfolg. Erst Ende der fünfziger Jahre, als der erste Vollblüter »Adonis XX«, in die Oldenburger Zucht genommen wurde, ging der Weg wieder aufwärts. Mit weiteren Vollblütern und hannoverschen Hengsten gelingt nun allmählich die Umstellung auf die Züchtung des edlen Reitpferdes.

Typ und Exterieur: Mittelschweres Warmblut-Allzweckpferd, das in seinen leichteren Blutlinien als Reitpferd verwendet wird. Langer Kopf, oft mit Ramsnase; starker, hoch aufgesetzter Hals; breiter, tiefer Rumpf; breite, gerade, gut bemuskelte Kruppe; oft weicher Rücken; runde, abgedrehte Formen; gut gelagerte Schulter; kräftige Knochen und Gelenke. Farben: Braune, Dunkelbraune, Rappen. Größe: 165 bis 175 cm.

Mechanik: Langer Schritt; raumgreifender Trab mit hoher Knieaktion; Galopp etwas schwerfällig.

Eigenschaften und Verwendung: Typ des eleganten Karossiers; Reit- und Springpferd, auch für gewichtige Reiter. Gutmütig und umgänglich.

Zuchtgebiete: Zucht und Aufzucht liegen in bäuerlicher Hand; die Zucht wird betreut vom »Verband der Züchter des Oldenburger Pferdes« in Oldenburg. Als Oldenburger gelten alle beim Oldenburger Verband eingetragenen Pferde, die den Oldenburger Brand tragen. Nachzuchtgebiete: Ostholstein, Bayern (Rottal), Sachsen, Dänemark: Fünen.

Orlow-Traber UdSSR

Graf Alexeij G. Orlow, ein Günstling der Zarin Katharina II., wünschte sich ein besonders schnelles Wagenpferd für die Bewältigung langer russischer Distanzen — und bekam es. Mit ihm begann die erste planmäßige Traberzüchtung: auf seinem Gestüt Ostrow bei Moskau kreuzte er im Jahre 1775 den

persischen Schimmelhengst Smetanka mit einer dänischen Stute. Das Produkt, der Hengst Polkan, hatte jedoch zuwenig Schulterfreiheit, und so ließ der Graf eine niederländische Harddraverstute kommen, die er mit Polkan paarte. Beider Sohn, »Bars I.«, wurde zum Stammvater der Orlowzucht. Er wurde mit Stuten ähnlicher Blutführung gepaart und deckte 17 Jahre lang im Orlowschen Gestüt Chrenowoje. 1848 wurde das Gestüt kaiserlich russischer Besitz, und man züchtete die Rasse, die man in Rußland »Vollbluttraber-Rasse« nennt, mit großem Erfolg weiter. Das erste Trabrennen in Moskau wurde schon im Jahre 1799 abgehalten, und 1834 wurde die erste Trabergesellschaft gegründet. Die Rennen fanden meist im Winter vor leichten Schlitten statt. Die ersten westeuropäischen Trabrennen wurden ausschließlich mit Orlow-Trabern gefahren. Durch Kriegs- und Revolutionswirren erfolgte ein Niedergang der Zucht, doch dieser Entwicklung wurde durch die Sowjetregierung ein Ende gesetzt. Heute werden Orlow-Traber in Gestüten im ganzen Land gezüchtet, und man veröffentlicht regelmäßig ein Stutbuch.

Typ und Exterieur: Rennpferd für Trabrennen vor Sulkys, Rennschlitten und Troikas. Großes, elegantes Wagenpferd.

Schöner, großer, rassiger Kopf, oft mit Ramsnase; ausdrucksvolle Augen; langer gewölbter Hals; schräge Schulter; langer, oft weicher Rücken; kräftige Nierenpartie; Kruppe breit und etwas abfallend; niedriger Schweifansatz; relativ breite Brust; knochige Beine; langer, gut bemuskelter Oberarm; kurze, trockene Röhre; klar markierte Sehnen und Gelenke; große, gesunde Hufe; manchmal etwas Fesselbehang. Farben: Schimmel, Braune, Rappen, Füchse. Größe: 158 bis 162 cm.

Mechanik: Kurzer Schritt; bodendeckender Trab und oft übermäßige Knieaktion.

Eigenschaften und Verwendung: Rennpferd für Trabrennen vor dem Sulky; Kutschpferd; Nutzung zu landwirtschaftlicher Arbeit. Stark und ausdauernd. Lebhaftes Temperament und zuverlässiger Charakter. Guter Veredler landwirtschaftlicher Gebrauchsrassen. Ein Kreuzungsprodukt, der **Orlow-Rostopschiner,** ist ein besonders gutes Reitpferd.

Zuchtgebiete: Gestüte im ganzen Land. Die bedeutendsten in Chrenowoije (Bezirk Woronesch), Moskau, Tula und Perm. Der Orlow-Traber ist sehr verbreitet als Veredler bodenständiger Rassen.

Ostfriese — Deutschland

Wie der Oldenburger (s. d.) geht auch der Ostfriese auf das alte Friesenpferd zurück, das wohl ursprünglich ein Kaltblüter war. Schon im Mittelalter wurden jedoch edle ausländische Pferde eingekreuzt, und unter der Herrschaft des Landesherren Georg Albrecht führte man Hengste aus England, Polen, Spanien, der Türkei, Ungarn, Siebenbürgen, Dänemark, Ostpreußen etc. ein. Sehr gute Erfolge hatte man später mit der Einkreuzung von Normänner- und Cleveland-Blut. Der typische Ostfriese war bis zum Ersten Weltkrieg dem Oldenburger sehr ähnlich: ein starker Karossier mit viel Aufsatz und Rahmen. Wie in Oldenburg stellte man sich dann auf ein schwereres Wirtschaftspferd um, und nach dem Zweiten Weltkrieg auf leichtere Reitpferde. 1945 wurde der polnische Araberhengst »Wind ox« aufgestellt, dann »Jason ox«, »Haladin ox« und der ungarische Schimmel »Gazal«. In neuester Zeit werden auch Hannoveraner benutzt, wie man sich überhaupt dazu entschlossen hat, sich züchterisch und organisatorisch stark an Hannover anzulehnen.

Typ und Exterieur: Schweres bis mittelschweres Warmblut-Allzweckpferd.

Kleiner, edler, markanter Kopf; schön angesetzter, mächtiger Hals; tiefer, breiter Rumpf; breite, gerade, gut bemuskelte Kruppe; gut gelagerte Schulter; kurze, kräftige Beine mit starken Gelenken. Farben: vielfach Füchse. Größe: nicht unter 172 cm. Der »Friesenaraber«, Nachkomme von Arabervätern und Friesenmüttern, ist kleiner und zierlicher.

Mechanik: Raumgreifende Bewegungen; hoher Trab, bei Friesenarabern flachere, weniger stampfende Gänge, darüber hinaus gutes Springvermögen.

Eigenschaften und Verwendung: Allzweckpferd, und als »Friesenaraber« sehr gutes Reitpferd, auch für schwere Reiter. Hart, ausdauernd, verläßlich. Der Friesenaraber ist etwas lebhafter im Temperament.
Zuchtgebiete: Ostfriesland. Als Ostfriesen gelten Pferde, die einen Ostfriesischen Brand tragen und beim Ostfriesenverband eingetragen sind.

Ostpreuße [54] Deutschland
(Trakehner Abstammung)

Die Zuchtbasis für den Trakehner war die ehemalige ostpreußische »Schwaike«, ein kleines, hartes, dem heutigen Konik ähnliches Landpferd. Daraus züchtete der Deutsche Ritterorden vom 13. Jahrhundert ab mit orientalischen Hengsten einen größeren, leichteren Pferdetyp. 1732 wurde von König Friedrich Wilhelm I. das Gestüt Trakehnen gegründet, zunächst ausschließlich zur Lieferung von Pferden für den königlichen Marstall. Dem ersten Bestand von über 1000 Zuchttieren gehörten orientalische Deckhengste persischer und turkmenischer Abkunft an. Unter der Leitung des Oberstallmeisters Graf Lindenau begann man dann auch für die ostpreußischen Landeszucht Hengste zu züchten und aufzustellen, darunter erstmals Hengste englischen Voll- und Halbbluts. Landstallmeister von Burgsdorf (1814–1842) sorgte später für Zufuhr arabischen Vollbluts. Nach 1864 wurde dann wieder englisches Vollblut eingesetzt, so daß bis 1913 über 80% der Stuten von Vollblütern belegt wurden! Bis zum Ersten Weltkrieg war die ostpreußische Zucht ganz auf Lieferung von Remonten eingestellt, doch zwischen den beiden Kriegen stellte man sich auf schwerere, tiefere, auch für Landwirtschaft geeignete Pferde um. Beim Einmarsch der Russen gelang es, in einem unvorstellbar strapaziösen Treck, etwa 800 Stuten und 45 Hengste nach Westdeutschland hinüberzuretten. Der Rest der Tiere fiel den Polen oder Russen in die Hände, die zum Teil eigene Gestüte mit ihnen aufbauten. Heute wird in einigen westdeutschen Gestüten, unter Leitung des »Verbandes der Züchter und Freunde des Warmblutpferdes Trakehner Abstammung« eine Zucht betrieben, die ausschließlich edle Reitpferde produziert.
Typ und Exterieur: Edles, leichtes, sehr elegantes Reitpferd.
Feiner, edler, ausdrucksvoller Kopf; manchmal Schlappohren; schön aufgesetzter leichter Hals; langer Widerrist; schräge, lange Schulter; lange, tiefe, ziemlich schmale Brust; kräftiger, elastischer Rücken; lange, schräge, gut bemuskelte Kruppe; hoch angesetzter Schweif; Beine trocken, sehnig und korrekt. Farben: Braune, Rappen, Füchse, Schimmel. Größe: 160 bis 177 cm.
Mechanik: Schwungvolle, geräumige Gänge; großes Galoppiervermögen und Springtalent.
Eigenschaften und Verwendung: Hervorragendes Spring-, Dressur- und Militarypferd. Ausdauernd, hart und schnell. Lebhaftes Temperament; oft etwas schwieriger Charakter; genügsam und leichtfuttrig.
Zuchtgebiete: Westdeutschland. Gestüte Hunnesrück, Schmoel, Rantzau, Rothensande, Webelsgrund, Enzen, Birkhausen bei Zweibrükken sowie kleinere Zuchten.
In Rußland die Staatsgestüte Kirow, Nemenski, Potjinkovski, Starozjilovski.
Als Warmblutpferde Trakehner Abstammung gelten Pferde, die beim Trakehner Verband eingetragen sind und einen Brand des Verbandes tragen, sowie Pferde, die einen original Trakehner oder sonstigen ostpreußischen Brand tragen und bei denen glaubhaft ist, daß ihre Papiere durch Kriegseinwirkungen verlorengegangen sind. Zuchtverein: Verband der Züchter und Freunde des Warmblutpferdes Trakehner Abstammung, Hamburg.

Palomino USA

Hier haben wir eine »Farbrasse« vor uns – ein Pferd, das sich weniger durch seine körperlichen Merkmale als durch seine besondere Färbung von anderen Rassen unterscheidet. Der isabellfarbene Palomino gehört zur Gruppe der »Western Horses«; er ist wohl ursprünglich mit den Konquistadoren nach Amerika gekommen und dort vor allem von Indianern weitergezüchtet worden. Im Jahre 1932 wurde von privater Seite das erste Palomino-Stutbuch gegründet, 1941 die Association of Palomino Horse Breeders of America. Ein echter Palomino ist niemals mehr-, sondern immer einfarbig und sollte möglichst keine weißen Abzeichen haben, vor allem nicht am Körper. Die Selektion wurde eine Zeit lang nur nach Reinheit der Farbe getroffen, doch heute werden auch Pferde mit Exterieurmängeln von der Zucht ausgeschlossen.
Typ und Exterieur: Ziemlich kleines, stämmiges Reitpferd im Isabellton.

(Fortsetzung S. 105)

Zu den Fotos Seite 97 bis 104:

Seite 97: Kinderreiten auf einem Ponyhof. Auf Shetland-Ponys ist das Reiten auch für die Kleinsten kein Problem. (Foto: Car-Anthony)

Seite 98 oben: Mongolisches Wildpferd. In dieser Art müssen wir uns die Urahnen aller unserer Pferde vorstellen. (Foto: Moes-Anthony)

Seite 98 Mitte: Fjordpferd. Eine alte norwegische Rasse, die in ihrer Heimat eine ähnliche Rolle spielt wie bei uns der Haflinger. (Foto: Sting-Anthony)

Seite 98 unten: Shetland Pony. Ein Miniaturpferdchen, das trotz seiner geringen Größe sehr widerstandsfähig ist. (Foto: Gold)

Seite 99: Highland Pony. Ein Pony aus dem schottischen Hochland, das Araberblut in sich führt. (Foto: Brunner)

Seite 100—101: Island Ponys. Seite dem 11. Jahrhundert lebt die Rasse ohne Fremdeinkreuzung in ihrer isländischen Heimat. (Foto: Nilson-Anthony)

Seite 102 oben: Connemara Pony. Dieses irische Pony gehört zu den beliebtesten Kinder- und Erwachsenenreitponys in Großbritannien. (Foto: Gold)

Seite 102 Mitte: Welsh-Mountain Pony. Ein walisisches Pony mit einem Teil Araberblut. (Foto: Gold)

Seite 102 unten: New Forest Pony. Ein leicht zu reitendes Pony mit gutem Springvermögen. (Foto: Gold)

Seite 103 oben: Welsh-Mountain Pony. Hier zeigt sich sehr deutlich, daß dieses Pony Araberblut in sich trägt. (Foto: Gold)

Seite 103 unten: Island Pony. Das ideale Reitpony für Kinder und Erwachsene. (Foto: Gold)

Seite 104: Island Pony. Gutmütigkeit und ruhiges Temperament zeichnen diese Rasse aus. (Foto: K. Hoffmann-Anthony)

Mongolisches Wildpferd

Fjordpferd

Shetland Pony

Highland Pony

Island Ponys

Connemara Pony

Welsh-Mountain Pony

New Forest Pony

Welsh-Mountain Pony

Island Pony

Edler Kopf mit großen, dunklen Augen; langer Hals; wenig Widerrist; runde, abschüssige Kruppe; gut gelagerte Schulter; große Gurttiefe. Farben: Isabellen, die den Schimmer einer neugeprägten Goldmünze haben sollen; Haut und Auge müssen dunkel sein; Mähne und Schweif entweder Flachsfarbe oder silberweiß; weiße Abzeichen dürfen nicht über die Vorderfußwurzel bzw. das Sprunggelenk hinausreichen; weiße Abzeichen im Gesicht dürfen nie in eine breite Blesse ausarten. Die Pferde sollen zwischen 400 und 550 kg wiegen. Größe: 142 bis 165 cm.
Mechanik: Raumgreifender Schritt; Trab mit viel Knieaktion; gutes Galoppiervermögen.
Eigenschaften und Verwendung: Paradepferd für die großen Schauen; beliebtes Familienreitpferd, das sich auch besonders gut für Kinder eignet. Intelligent und gutartig.
Zuchtgebiete: USA. Besonders Texas und Kalifornien. England: Pittern Hill House, Warwickshire.

Percheron Frankreich

Er ist in der Landschaft Perche an der Eure zu Hause, ein schweres, kaltblütiges Pferd mit viel Adel, dem man seine Abstammung von Normännern und Arabern noch ansieht. Erst nach dem Postkutschenzeitalter wurde es zu dem großen, schweren Pferd, das es heute ist und das als Arbeitspferd Freunde in der ganzen Welt gefunden hat. Percherons findet man nämlich keineswegs nur in Frankreich, sondern auch in Großbritannien, den USA, Kanada, Südafrika und Argentinien – ein Zeichen für ihre Beliebtheit und Fähigkeit. Die Zucht befindet sich, wie so oft bei Kaltblütern, meist in bäuerlicher Hand.
Typ und Exterieur: Schweres, gängiges, kaltblütiges Arbeitspferd.

Feiner, langer Kopf; breite Stirn; lange, feine Ohren; großes, feuriges Auge; gut aufgesetzter, breiter, kurzer Hals; schräge, kurze Schulter; tiefe, spitze Brust mit ausgeprägtem Brustbein; Rücken mäßig lang und kräftig; Nierenpartie kräftig und gewölbt; Kruppe breit und gut bemuskelt; trockene, harte, gesunde Beine; ziemlich kleine, offene, gesunde Hufe; wenig Fesselbehang. Farben: Eisenschimmel und Rappen; auch Schimmel. Größe 160 bis 170 cm.
Mechanik: Fördernde, leichte Bewegungen in Schritt und Trab.
Eigenschaften und Verwendung: Hervorragendes, ausdauerndes Arbeitspferd mit gutmütigem Charakter und feurigem, energischem Temperament.
Zuchtgebiete: Frankreich, Gebiet von Le Perche, Eure, Orne, Sarthe, Loire-et-Cher, Eure-et-Loire. Gestüt Haras du Pin im Departement Orne.

Persischer Araber Iran

Viele Fachleute sind der Ansicht, daß der Araber vom früheren persischen Pferd abstammt, daß also die Heimat des Vollbluts eigentlich Persien ist. Wie dem auch sei, der heutige Iran hat eine lange Tradition als Pferdeland, es leben dort heute über 500 000 Tiere, darunter auch die edlen Rassen der Turkmenen (s. d.) und Araber, die zum Teil in den kaiserlichen Gestüten gezogen werden. Der persische Araber ist größer als seine Brüder im Mittleren Osten, und er ist noch eleganter. Sonst hat er – bis auf die konvex verlaufende Nasenlinie – alle Merkmale mit ihm gemeinsam. Es werden **Saqlawis** und **Muniqis** gezogen. Besonders schöne Tiere hat das kaiserliche Gestüt Farahabad bei Teheran.

Pinto [78] USA

Wie im Palomino (s. d.) haben wir auch im Pinto eine Farbrasse vor uns, in diesem Fall einen Schecken, doch es wurde im Jahre 1963 von der Pinto Horse Association of America durchgesetzt, daß diese Pferde als Rasse anerkannt werden. Der Pinto ist wahrscheinlich spanischer Herkunft (die Spanier des Barocks hatten eine Vorliebe für Farbvarianten), wurde dann in den USA von den Indianern und von Cowboys gezüchtet. Man unterscheidet den **Overo,** bei dem die dunkle Farbe überwiegt, und den **Tobiano,** bei dem die Grundfarbe Weiß ist. Wie alle Western Horses ist der Pinto ein beliebtes Show Horse und ein gutes Cow Pony.

Typ und Exterieur: Kleines Reitpferd, das immer scheckig gefärbt ist.

Gerader Kopf mit großen Augen; schön getragener Hals; kräftiger Rücken; abschüssige Kruppe; kurze Beine. Farben: Schwarzweiße, braun-weiße und dreifarbige Schecken. Größe: 145 bis 155 cm.

Mechanik: Fördernde Bewegungen in allen Gangarten. Ausgezeichnetes Galoppier- und Springvermögen.

Eigenschaften und Verwendung: Der Pinto ist ein sehr vielseitiges Reitpferd, das in den USA als Cow-Pony, Show Horse, Polopony und Freizeitpferd eingesetzt wird. Er ist robust und hart, dabei sehr willig und gutartig.

Zuchtgebiete: USA und Kanada.

Polnischer Anglo-Araber — Polen

Neben Frankreich ist Polen das Land, das die größten Erfolge bei der Zucht des Anglo-Arabers aufzuweisen hat. Die Grafen Branicki und Potocki haben sich in der Vergangenheit in Polen um diese Rasse verdient gemacht, heute wird sie im Staatsgestüt Janów Podlaski gezogen. Der polnische Anglo-Araber ist ein ausgezeichnetes, vielseitiges Reitpferd, das auch vielfach von der polnischen Equipe benutzt wird. »Aron«, ein in Polen gezogener Anglo-Araber, gewann 1958 in den Niederlanden den internationalen Preis für das beste Reitpferd.

Typ und Exterieur: Elegantes Reitpferd mit schönem Araberkopf.

Große, feurige Augen; gut aufgesetzter Hals; schräge Schulter; markierter Widerrist; gut bemuskelte Hose. Größe 163 cm.

Polnischer Araber [43] — Polen

Schon unter dem Polenkönig Sigismund II. August (1548–1572) entstand mit dem Gestüt Knyszyna die erste Araberzuchtstätte auf europäischem Boden. Sehr viel später, als Knyszyna längst aufgelöst war, führte Graf Rzewuski die Arabertradition mit seinem Gestüt Sawran (1821) fort; er hatte einen Grundstock von 81 Hengsten und 33 Stuten aus Nordafrika mitgebracht. Leider wurde das Gestüt 1831 von den Russen zerstört, doch der Fürst Sanguszko widmete sich auf seinen Gütern in Wolhynien wieder der Araberzucht. Seinem Vorbild folgten die Grafen Dzieduszycki, Brabicki und Potocki, und gegen Ende des Jahrhunderts gehörten die polnischen Araber zu den besten und begehrtesten der Welt. Neben dem Staatsgestüt Janów Podlaski werden heute in den polnischen Gestüten Nowy Dwor, Albigowa und Michailów Araber gezogen. Die Tiere stehen im Kuhaylan-Typ (s. Araber), wirken also besonders »männlich«. Wie schon in früheren Zeiten werden auch heute polnische Araber exportiert, und zwar vornehmlich nach England, Holland, Kanada, USA, Deutschland, Rumänien, Schweden, in die Tschechoslowakei und UdSSR.

Polopony

Hier haben wir es eher mit einem Typ als mit einer Rasse zu tun, denn Polo wird von Ost bis West, von Nord bis Süd auf allen möglichen Pferden gespielt, die geeignet sind, dieses schnelle und harte Spiel durchzustehen; es kommt bei den Tieren nicht so sehr auf ihr Exterieur als auf ihre Leistung an.

Das Polospiel (s. Kap. 4 »Das Pferd im Sport«) war schon um 500 v. Chr. in Persien bekannt, man spielte es in China, Japan, Turkestan, Indien und sogar in Byzanz. Englische Regimenter brachten es um 1870 aus Indien nach England; bald wurde es auch mit Leidenschaft in Amerika gespielt. Zunächst benutzte man überall die einheimischen Ponys, in England waren es irische, mit der in der Anfangszeit geforderten Höhe von 138 cm. Später züchteten die Engländer einen speziellen Hunter, der etwas größer war, doch dann ging man allmählich dazu über, auf Vollblütern Polo zu spielen. Das ideale Polopony ist das argentinische, das schon ab 1900 aus Vollblütern gezüchtet wird, vom englischen Vollblut kaum zu unterscheiden, jedoch viel zäher ist und bessere Knochen hat. Internationales Polo wird größtenteils auf argentinischen Poloponys gespielt. R. S. Summerhays, der bekannte englische Hippologe, fordert von einem Polopony folgende Merkmale: »Langer Hals, mit viel Biegungsraum zwischen Ganasche und Oberhals; gute Schultern; kurzer, starker Rücken und gut gewölbte Rippen mit viel Lungenraum; Ellbogen nicht am Körper anliegend; kräftige Hinterhand mit gut herabgelassenen Sprunggelenken; nicht zu vergessen ein mutiges, eifriges Temperament.«

Hinzugefügt sei noch, daß die Größe der Poloponys zur Zeit etwa 158 cm beträgt und daß sie neben Mut und Spielfreude auch

Schnelligkeit, Ausdauer, sicheres Gleichgewicht und Ruhe zeigen sollten.

Rheinisch-Deutsches Kaltblut Deutschland

Die Zucht dieses Kaltblüters wurde im ersten Drittel des 19. Jahrhunderts begründet, und zwar auf belgischer Grundlage (Brabanter/Ardenner). Die Rasse wurde in unmittelbarer Anlehnung an das Mutterland im Rheinland entwickelt, später kamen dann als Nachzuchtgebiete Sachsen und Westfalen hinzu. Noch in der ersten Hälfte des 20. Jahrhunderts war das Rheinisch-Deutsche Kaltblut in Deutschland die verbreitetste Rasse, doch nach dem Zweiten Weltkrieg ging die Zucht stark zurück.

Typ und Exterieur: Kräftiges, vielseitiges Arbeitspferd.

Schwerer, breiter, trockener Kopf; massiver, gut angesetzter, gewölbter Hals; gerader, kurzer, kräftiger Rücken; gewölbte Nierenpartie; leicht abfallende, gespaltene Kruppe; kompakte, schräge Schulter; breite, tiefe Brust; kurze Beine mit wenig Fesselbehang; gute, gesunde Hufe. Farben: Füchse, Fuchsschimmel, Braune, Braunschimmel. Größe: 160 bis 165 cm.

Mechanik: Raumgreifende Bewegungen in Schritt und Trab.

Eigenschaften und Verwendung: Vielseitiges Arbeitspferd mit gewaltiger Zugkraft. Gutmütig und ruhig. Leichtfuttrig. Frühreif.

Zuchtgebiete: Ursprünglich Rheinland. Nachzuchtgebiete: Westfalen, Sachsen-Anhalt, Niedersachsen, Hessen, Pfalz, Baden, Thüringen, Brandenburg, Mecklenburg, Pommern. Gestüte: Warendorf, Kreuz (Sachsen-Anhalt).

Rottaler, jetzt: **Bayerisches Warmblut** [55] Deutschland

Im 11. Jahrhundert berichtet ein Chronist von einem »Rottaler Fuchs«, einem Reitpferd, das wohl einer Kreuzung des Landschlages mit Orientalen zu verdanken war. Die systematische Zucht wurde jedoch erst im 15. Jahrhundert durch Mönche betrieben. Im 19. Jahrhundert wurden englische Hengste (Halbblut, Cleveland), Normänner und Zweibrücker aufgestellt, um die Rasse zu verbessern. Aus dem Jahre 1830 stammt eine Nachricht über die Rottaler Pferdezucht: »Im Landgerichte Griesbach«, schreibt ein Chronist aus dem Markt Rotthalmünster, »und ebenso am hiesigen Pfarrbezirk wimmelt es von schönen und veredelten Pferden. Die Pferdezucht wurde durch von München hergeschickte Beschäler und durch Prämien für die schönsten Fohlen gefördert. Diese Pferde gehören mit zu den vorzüglichsten des Reiches.« Ende des 19. Jahrhunderts wurden Oldenburger Hengste eingekreuzt, und schließlich war das Zuchtziel ein gängiges, gefälliges, starkes und leistungsfähiges Kutschpferd, erreicht. Durch die Auswirkungen der zwei Weltkriege und die zunehmende Motorisierung ging der Bedarf an diesem Pferdetyp stark zurück. Den ländlichen Reitervereinen ist es zu verdanken, daß sich die bayerische Landespferdzucht rechtzeitig auf die Züchtung eines modernen Reitpferdes einstellen konnte, das auf Hannoverscher, Trakehner und vereinzelt Rottaler Grundlage entstand und als **Bayerisches Warmblut** bezeichnet wird. Es ist ein vielseitiges Leistungspferd mit einem Stockmaß von 163 bis 170 cm. Auf den bayerischen Reitpferdeversteigerungen in Landshut erweist sich, wie beliebt diese Pferde geworden sind.

Zuchtgebiete: Staatl. Stammgestüt Schwaiganger, Staatl. Stammgestüt Achselschwang, Landgestüt Landshut und weitere kleinere Gestüte.

Russisches Kaltblut UdSSR

Die Rasse entstand vor etwa hundert Jahren, als man in der Ukraine die bodenständigen Stuten mit Ardennern, Percherons und mit Orlowhengsten paarte. Das Zuchtziel war ein starkes, aber nicht zu massives Pferd für landwirtschaftliche Arbeiten. Um die Jahrhundertwende hatte sich das Russische Kaltblut konsolidiert.

Typ und Exterieur: Kompakter, untersetzter Kaltblüter. Kleiner Kopf; massiver, nicht zu langer Hals; breiter, muskulöser Rücken; kurze Lendenpartie; lange, runde Kruppe; breite, tiefe Brust; kurze, trockene Beine; harte Hufe. Farben: Füchse, Hellbraune, Rotschimmel. Größe: ca. 148 cm.

Mechanik: Leichte, freie Bewegungen; schneller Trab.

Eigenschaften und Verwendung: Aktives, energisches Zugpferd, verläßliches Temperament.

Zuchtgebiete: UdSSR. Kolchosen der Ukraine; Ural und andere Republiken. Gestüte Nowo-Alexander, Kuedin.

Russischer Traber UdSSR

Ende des 19. Jahrhunderts, als sich herausstellte, daß der amerikanische Traber dem Orlow-Traber an Schnelligkeit überlegen war, ging man in Rußland daran, die beiden Rassen zu kreuzen. Mit dem Beginn des Ersten Weltkrieges, als insgesamt 156 Standardtraber Hengste und 220 Stuten eingeführt waren, wurde zunächst kein Fremdblut mehr zugeführt. Da der neue russische Traber sehr klein und leicht war und ihm Kaliber und Knochenstärke fehlte, züchtete man nach der Revolution durch Selektion ein größeres Pferd mittleren Kalibers. Das neue Zuchtziel war um 1940 erreicht. Im Jahre 1961 wurden zwei Standard-Hengste aus Amerika zwecks Rückkreuzung eingeführt.
Typ und Exterieur: Kräftiges, trockenes Pferd, das in drei Typen gezogen wird: als Arbeits- und Wagen-Typ, als Renntyp und als Reit- und Wagen-Typ.
Leichter, trockener Kopf; langer, gebogener Hals; hoher Widerrist; gerader, oft weicher Rücken; feste Nierenpartie; abfallende Kruppe; kraftvolle Schulter; breite Brust; trockene, feste Beine; langer Unterarm; kurze Röhre. Farben: Helbraune, Rappen, Füchse, selten Schimmel.
Arbeits- und Wagen-Typ: kräftig, kurzbeinig, massiv; Größe: 154 bis 159 cm. Reit- und Wagen-Typ: trocken, kräftig, knochig; Größe: über 158 cm. Renntyp: hochbeinig, feinknochig, sehr trocken; Größe 157 bis 161 cm.
Mechanik: Sehr schneller, flacher Trab. Manchmal Neigung zu Paßgang.
Eigenschaften und Verwendung: Rennpferd für Trabrennen im Sulky und vor dem Rennschlitten; Kutschpferd; Reitpferd; leichtes Wirtschaftspferd. Hart, ausdauernd, robust. Energisches, lebhaftes Temperament und zuverlässiger Charakter.
Zuchtgebiete: In zahlreichen Kolchosen, fast im gesamten Gebiet der UdSSR. Wichtigste Gestüte: Alexandrowsk, Lawrowsk, Elansk, Ufask, Dubrowsk.

Schleswiger Deutschland

Er ist dem Jütländer (s. d.), mit dem er eng verwandt ist, sehr ähnlich. Die einheimischen Pferde wurden Mitte des 19. Jahrhunderts mit englischen Yorkshirehengsten und Vollbluthengsten gekreuzt, später ging man zur Selektion über. Starken Einfluß hatten nach 1950 zwei Hengste, und zwar der Boulonnais »Faust« und der Bretone »Hasta Breton«, die für trockene Köpfe, ein trockenes Fundament und Reduzierung des Fesselbehangs sorgten.
Typ und Exterieur: Mittelschweres, wendiges Zugpferd.
Trockener Kopf; runder, nicht sehr tiefer Rumpf; leicht abfallende Kruppe; trockenes und kräftiges Fundament. Farben: Füchse, Braune, Rappen und Schimmel. Größe: um 160 cm.
Eigenschaften und Verwendung: Wendiges, mittelschweres Zugpferd. Gutartig, willig, mit frischem, lebendigem Temperament.
Zuchtgebiete: Schleswig-Holstein; Zucht ausschließlich in bäuerlicher Hand, zusammengefaßt im Verband der Schleswiger Pferdezuchtvereine e. V.

Schwarzwälder Kaltblut Deutschland

Wir haben hier einen Landschlag im Charakter des Norikers (s. d.) vor uns, mit dem das Schwarzwälder Kalblut wohl sehr eng verwandt ist. Fachleute nehmen an, daß es lediglich Umwelteinflüsse waren, die im Laufe von Generationen ein leichteres, trockeneres Pferd machten, als es der Noriker ist.
Typ und Exterieur: Leichter Kaltblüter, der im Typ zwichen Noriker und Haflinger steht. Edler, trockener Kopf; kurzer Hals; kurzer, strammer Rücken; kurze, muskulöse, abschüssige Kruppe; steile, gut gelagerte Schulter; trockene Beine mit gut markierten Sehnen und Gelenken; wenig Fesselbehang; gesunde, widerstandsfähige Hufe. Farben: Füchse in verschiedenen Schattierungen mit heller Mähne und Schweif. Größe: 150 bis 155 cm.
Mechanik: Lebhafte, energische Bewegungen in Schritt und Trab; große Trittsicherheit.
Eigenschaften und Verwendung: Gängiges, bewegliches Arbeitspferd; eifrig, willig, intelligent; genügsam.
Zuchtgebiet: Hochschwarzwald

Schweden-Ardenner Schweden

Obwohl erst vor etwa hundert Jahren die ersten belgischen Ardenner nach Schweden kamen und dort mit einheimischen Pferden gekreuzt wurden, hat sich die neue Rasse so schnell konsolidiert und fand so schnell Freunde, daß sie heute zu der verbreitetsten schwedischen Rasse geworden ist. In der Größe variiert der heutige Schweden-Ardenner je nach seinem heimatlichen Boden: die größten Pferde trifft man in den Ebenen von Ostergotland, die kleineren in hügeligen Gegenden.

Typ und Exterieur: Kräftiges, kompaktes Arbeitspferd.

Der Schweden-Ardenner ist relativ trocken, untersetzt und hat wenig Fesselbehang. Farben: Braune oder Rappen. Größe: 158 bis 163 cm.

Eigenschaften und Verwendung: Vielseitiges Arbeitspferd; energisch und willig; langlebig; leichtfuttrig.

Zuchtgebiete: Mittel- und Südschweden; die Zucht liegt in bäuerlicher Hand.

Schwedischer Warmblüter [54] Schweden

Die schwedische Mannschaft war bei den letzten vier Olympischen Spielen ausschließlich auf diesen schwedischen Pferden beritten, und eines von ihnen, »Juli«, brachte sogar eine Goldmedaille in der Dressur mit nach Hause.

Die Geschichte des Schwedischen Warmblüters ist alt. Sie begann vor etwa dreihundert Jahren, als orientalische, spanische und friesische Hengste importiert wurden und als man das königliche Gestüt Stromsholm (1621) gründete. Noch wichtiger war die Einfuhr von Trakehnern, Hannoveranern, Anglo-Normännern und Englischen Vollblütern, die den Schweden zu dem edlen, trockenen Reitpferd machten, das er heute ist. Wir haben in ihm ein nobles, gutproportioniertes Reitpferd im Rechteckformat vor uns, mit raumgreifenden Gängen und ausgezeichnetem Springvermögen, das sich auch in der Dressur und im Gespann hervorragend bewährt hat. Das Gestüt Flyinge, das schon 1658 gegründet wurde ist heute Hengstdepot. »Darbhanga«, dessen Nachkommen 960 Rennen in Schweden und 1100 im übrigen Skandinavien gewonnen haben, gehört zu den bekanntesten Hengsten.

Shetland Pony [98] Großbritannien

Es ist in einer rauhen, unwirtlichen Gegend zu Hause: den Shetlandinseln, die etwa 170 km nördlich des schottischen Festlandes liegen. Man weiß nichts genaues über seine Herkunft, doch ist sicher, daß die Tiere schon 2000 Jahre in ihrer jetzigen Heimat leben. Vielleicht sind es Abkömmlinge des alten Keltenponys, vielleicht stammen sie vom alten nordischen Pony ab — die Fachleute streiten sich noch darüber. Seit altersher werden die kleinen, außerordentlich zähen und zugkräftigen Tiere als Pack- und Zugtiere benutzt, auch als Grubentiere in den Kohlebergwerken ihrer Heimat. Lord Londonderry gründete 1870 auf den Shetlandinseln Bressay und Noss ein Gestüt, um die Tiere, mit denen damals schon ein recht ausgiebiger Handel getrieben wurde, vor dem Aussterben zu bewahren. Bei uns wurden die Shetlandponys nach der Jahrhundertwende sehr beliebt, als der Hamburger Tierpark Hagenbeck sie auf den Kontinent gebracht hatte. Man erkannte sofort, daß sie dank ihrer Kleinheit und Gutmütigkeit ausgezeichnete Kinderreitponys abgeben, und begann sie auch bei uns zu züchten. Heute soll es in Deutschland etwa 4000 Stuten dieser Rasse geben, in Holland 12 000, in den USA sogar 100 000, während es auf den Shetlandinseln selbst nur noch etwa 8000 Tiere geben soll. Es wäre verfehlt, dieses Miniaturpferdchen, das Erwachsene und Kinder wegen seiner Putzigkeit so lieben, zu hätscheln und zu verwöhnen. Das kleine Tier ist außerordentlich hart und widerstandsfähig und würde unter dieser Verwöhnung (warmer Stall, Kraftfutter!) nur leiden und nicht gedeihen. Ein kleiner, genügend hoher, trokkener Holzstall ist sein ideales Quartier, der Weidegang im Sommer, die Heufütterung im Winter die ihm gemäße Versorgung.

Typ und Exterieur: Sehr kleines, kräftiges Kinderreitpony.

Trockener, gut proportionierter Kopf mit kleinen, gut angesetzten Ohren; große, freundliche Augen; breite Stirn, gerader Nasenrücken, große Nüstern; Hals stark, muskulös, kurz; gerader, elastischer, breiter Rükken mit guter Nierenpartie; stark bemuskelte, ziemlich lange Kruppe; tief angesetzter Schweif; schräg gelagerte Schulter; kräftige Beine; gut bemuskelter Vorarm, breite Vorderfußwurzeln, trockene Vordermittelfüße; stark bemuskelte Schenkel mit breiten, gut ausgebildeten Sprunggelenken; gut federnde Fesseln von wohlproportionierter Länge; harte, gut geformte Hufe; Haarkleid wechselt je nach Jahreszeit. Im Sommer kurz, glatt und glänzend, im Winter dicht und fest. Üppige Mähne, stark behaarter Stirnschopf und Schweif. Grundfarbe Schwarz, daneben Braune, Füchse, Schimmel, Schecken u. a. Größe: 85 bis 110 cm.

Mechanik: Leichte, freie Gänge; fleißig im Schritt und Trab; gutes Galoppier- und Springvermögen.

Eigenschaften und Verwendung: Ideales

Reitpony für kleine Kinder; gutes Kutschpferd für kleine Wagen mit Gummirädern. Gutmütig, freundlich, nicht schreckhaft, vernünftig.
Zuchtgebiete: Großbritannien: Shetlandinseln. Zuchtverein: The Shetland Pony Stud Book Society. Darüber hinaus Zucht in aller Welt, von den Falkland-Inseln bis fast zum Südpol.

Shire England/Irland

Es ist das größte und schwerste von den englischen Arbeitspferden und stammt wahrscheinlich von den Schlachtrossen der Ritterzeit ab, die mit den Normannen nach England kamen und dort mit einheimischen Stuten gepaart wurden. Im England elisabethanischer Zeit nannte man den Shire noch »Great Horse of England«, das »Große Pferd Englands«. Er wird in frühen Berichten aus den »Shires«, den Grafschaften Leicestershire, Staffordshire und Derbyshire, erwähnt, heute wird er in den Gegenden um Lincoln, Cambridge und Huntingdon gezogen, wo der schwere Boden ein kräftiges Zugpferd notwendig macht. Der moderne Shire, das stärkste kaltblütige Arbeitspferd, das es überhaupt gibt, wurde ab 1878 entwickelt, als die Shire Horse Society gegründet wurde.
Typ und Exterieur: Mächtiges kaltblütiges Arbeitspferd.

Im Verhältnis zum Körper trockener Kopf, klobig, aber nicht übergroß; Stirne breit zwischen den Augen; Ohren lang, spitz und beweglich; leichte Ramsnase; Hals mäßig lang, leicht gebogen, gut aufgesetzt mit langer, üppiger Mähne; Schultern schräg, tief; gute Gurttiefe; Rippen tonnenförmig; Rücken kräftig und kurz; Kruppe lang, breit, bemuskelt; hoch angesetzter, dichter Schweif; kräftige Unterarme und Hosen; starke Gelenke; dichter Behang, der schon an der Vorderfußwurzel bzw. am Sprunggelenk beginnt und Fessel und Huf umgibt; große, feste Hufe mit gesundem Strahl; Farben: Braun, Schwarz, Hellbraun, Schimmel. Größe: 163 bis 175 cm.
Mechanik: Fördernde, energische Aktionen in Schritt und Trab.
Eigenschaften und Verwendung: Außerordentlich starkes, leistungsfähiges Zug- und Arbeitspferd. Widerstandsfähig, robust. Gutmütig, ruhiges Temperament. Frühreif.
Zuchtgebiete: Über ganz England und Irland verbreitet, jedoch vornehmlich in den Grafschaften Lincoln, Cambridge, Huntingdon. Zuchtverein: The Shire Horse Society.

Sowjetisches Kaltblut UdSSR

Von allen Landwirtschaftspferden der Sowjetunion ist das Sowjetische Kaltblut am meisten verbreitet. Es entstand nach der Revolution durch systematische Kreuzung der bodenständigen Rasse mit Brabanter-, Ardenner- und Percheron-Hengsten. Die Rasse ist seit etwa 1940 konsolidiert.
Typ und Exterieur: Schweres kaltblütiges Zugpferd.
Mittelgroßer Kopf; kurzer, dicker Hals; langer Körper; breite Nierenpartie; breite, abschüssige Kruppe; sehr gute Rippenwölbung; kräftige, kurze Beine; Farben: Füchse, Braune, Fuchsschimmel. Größe: 160 bis 170 cm.
Mechanik: Gute Aktion in Schritt und Trab.
Eigenschaften und Verwendung: Energisches, bewegliches, gutmütiges Zugpferd.
Zuchtgebiete: UdSSR. Kollektive und Staatsgestüte der Gorkywanowo- und Wladimir-Gebiete. Gestüte Pochinkow, Mordovian.

Sorraia Portugal

Dieses harte, genügsame Pferd ist in den Ebenen des Flusses Sorraia nordöstlich von Lissabon zu Hause. Es hat den Primitivtyp noch bewahrt und hat eine erstaunliche Ähnlichkeit mit dem Tarpan und dem Przewalskipferd. Man verwendet die Tiere für leichtere landwirtschaftliche Arbeiten und als Reitpferde für Stierhüter, doch ist die Rasse stark im Rückgang begriffen.

Typ und Exterieur: Primitivpferd mit Aalstrich und Zebrastreifen.
Langer, ramsnasiger Kopf; lange Ohren; dünner Hals; langer Rücken mit abgeschlagener Kruppe; feine Beine. Farben: Gelb- oder Mausfalben, selten Schimmel. Größe: 132 bis 145 cm.
Eigenschaften und Verwendung: Hartes, genügsames Primitivpferd, das als Reittier und Landwirtschaftspferd verwendet wird.
Zuchtgebiete: Westspanien und Portugal. Ebene des Flusses Sorraia.

Süddeutsches Kaltblut → Noriker

Suffolk Horse (Suffolk Punch) England

Es wird schon 1506 in Camdens »Britannia« erwähnt, das »Old Horse« aus der Grafschaft Suffolk, zu dessen Charakteristika seine schöne Fuchsfarbe gehört. Zwar wurden in früher Zeit Normänner und Belgier in die Rasse eingekreuzt, doch wird schon seit 1880 keine fremde Blutzufuhr mehr erlaubt. Wie alle Kaltblüter sieht man auch den Suffolk Punch in England immer weniger, was besonders bei diesem leistungsfähigen Pferd zu bedauern ist, das schon mit zwei Jahren schwer arbeiten kann.
Typ und Exterieur: Starkes, kaltblütiges Arbeitspferd.

Großer Kopf mit breiter Stirne; kurzer, breiter Hals; lange, steile, muskulöse Schulter; kurzer, starker Rücken; kräftige Nierenpartie; gute Rippenwölbung; breite, lange Kruppe; hoch angesetzter Schweif; kurze, starke Beine; wenig Fesselbehang. Farben: fast nur Goldfüchse. Größe: 160 bis 170 cm.
Mechanik: Raumgreifende, korrekte Aktion in Schritt und Trab. Galoppier- und Springvermögen.
Eigenschaften und Verwendung: Sehr zugkräftiges Arbeitspferd. Ruhig, freundlich. Ausdauernd und eifrig. Langlebig.
Zuchtgebiete: Suffolk. Norfolk und Essex. Zucht in bäuerlicher Hand. Zuchtverein: The Suffolk Horse Society.

Tennessee Walking Horse USA

Bei der Züchtung dieses eleganten Pferdes stand – ähnlich wie beim amerikanischen Saddle Horse – der Gedanke im Vordergrund, ein repräsentatives und ausdauerndes Tier zu erhalten, dessen Gänge für den Reiter so bequem seien, daß er stundenlang, ohne zu ermüden, Besichtigungsritte auf den Plantagen durchführen könne. Zu diesem Zweck kreuzte man den Plantation-Ambler, ein Reitpferd der Bauwollpflanzer des Südens, mit Narragansett-Pacers, amerikanischen Saddle Horses, Vollblütern und Standardbreds. Der Standardbred-Hengst »Black Allan« wird als Stammvater der Rasse angesehen, die erst im Jahre 1935 anerkannt wurde, jedoch heute zu den beliebtesten Reitpferderassen der USA gehört. Es ist nicht genau zu ermitteln, wieviel eingetragene Tennessee Walkers es heute gibt – die angegebenen Zahlen variieren zwischen 30 000 und 60 000. Fest steht jedoch, daß die jährliche Walker Show in Shelbyville, Tennessee, mehr Zuschauer anlockt als jede andere Pferde-Show im ganzen Land!
Typ und Exterieur: Elegantes, kräftiges Reit- und Wagenpferd. Edler Kopf; leichte Ramsnase; mäßig langer, aufrecht getragener Hals; kurzer, strammer Rücken; runde Rippen; kräftige Nierenpartie; lange, kräftige Kruppe; hoch getragener Schweif; tiefe, breite Brust; solides Fundament mit harten, gesunden Knochen. Alle Farben. Größe: 155 bis 165 cm.
Mechanik: Der Schritt (walk) ist das Charakteristikum dieser Rasse: er ist lang, schleifend und schnell, wobei sich drei Füße immer auf dem Boden, einer in der Luft befinden; beim »running walk« greifen die Hinterfüße über einen Meter an den Vorderbeinen vorbei, die das Pferd schnell und hoch anzieht.
Eigenchaften und Verwendung: Reit- und Wagenpferd. Seine gleitenden, flüssigen Bewegungen garantieren einen stoßfreien Ritt. Intelligent und freundlich.
Zuchtgebiete: USA, vor allem Tennessee. Zuchtverein: The Tennessee Walking Horse Breeders' Association of America.

Zu den Fotos Seite 113 bis 116:

Seite 113: Haflinger unter dem Rosengarten in Südtirol. Schon zur Römerzeit waren die Vorfahren der Haflinger in Südtirol zu Hause. (Foto: Krempl-Anthony)

Seite 114: Freiberger in ihrer schweizerischen Heimat. Das typische Schweizer Arbeitspferd, das auch in der Armee verwendet wird. (Foto: Alder)

Seite 115: Freiheit auf der Weide. Noch hat der Ernst des Lebens nicht begonnen. (Foto: Alder)

Seite 116: Kämpfende Hengste. Ist es Spaß oder Ernst? (Foto: Wunsch-Anthony)

Freiberger in ihrer schweizerischen Heimat

Freiheit auf der Weide

Kämpfende Hengste

Turkmene UdSSR

Wie der Achal-Tekkiner (s. d.) ist der heutige Turkmene ein Nachkomme des alten Turkmenenpferdes, von dem schon Marco Polo rühmend schrieb: »Sie züchten ungeheuer viele vorzügliche und schnelle Pferde. Diese werden nie beschlagen, obwohl sie im Gebirge und auf sehr schlechten Straßen laufen, da sie ausgezeichnete Beine und harte Hufe haben. Sie können ihre Reiter in scharfem Tempo über Abhänge hinabtragen, die so steil sind, daß andere Pferde hier überhaupt versagen oder sie nur unter hartem Zwang betreten.« Auch heute noch sind die Turkmenen große Pferdeliebhaber und leidenschaftliche Anhänger von Rennen. Bei den großen russischen Distanzritten sind die Turkmenen neben den Achal-Tekkinern immer auf den ersten Plätzen zu finden.
Typ und Exterieur: Mittelgroßes, sehr edles Reitpferd.
Mittelgroßer Kopf mit geradem Profil; langer, gut aufgesetzter Hals; gut markierter Widerrist; langer Rücken; etwas abgeschlagene Kruppe; flache Rippe; schmale Brust; harte Beine. Farben: Braune, Hellbraune mit Goldglanz, Rappen, Schimmel, Falben mit Silberglanz. Größe: ca. 155 cm.
Mechanik: sanft gleitender, paßartiger Gang.
Eigenschaften und Verwendung: Sehr ausdauerndes, widerstandsfähiges Reit- und Rennpferd, das bei Distanzritten Erstaunliches leistet. Furchtlos und gehorsam.
Zuchtgebiet: Gestüt Atageld Jurgeldyjew bei Aschchabat, der Hauptstadt Turkmeniens.

Welsh Cob Großbritannien
und Welsh Pony, Cob-Typ

Der Welsh Cob ist schon seit mehreren hundert Jahren in Wales zu Hause und spielte bei der Entwicklung mehrerer britischer Rassen, wie des Hackneys und des Fell Ponys, eine Rolle. Es wurden zwei verschiedene Typen entwickelt: in Cardiganshire und Pembrokeshire der größere, kraftvolle Welsh Cob und in Breconshire und Radnorshire das Welsh Pony im Cob-Typ.
Welsh Cob: Kleiner Kopf mit kleinen, spitzen Ohren; starke Hinterhand; viel Gurttiefe; breite Brust; gut aufgesetzter Schweif; kurze, kräftige Beine; wenig Fesselbehang. Farben: Braune, Hellbraune, Füchse, Rotschimmel. Größe: 143 bis 155 cm.
Der Welsh Cob ist energisch und aktiv, hat

bodendeckende Gänge und ist sehr springfreudig. Er ist trittsicher, gibt ein gutes Jagdpferd ab und läßt sich darüber hinaus auch einspannen. Wegen ihrer Zuverlässigkeit, Ruhe und Tragfähigkeit gehören die Welsh Cobs zu den idealsten Pferden für ältere Menschen.
Welsh Pony, Cob-Typ: Ein ausgezeichnetes Trekking-Pferd, ein Pony, das sich als Jagd- und Geländepony eignet und das sich auch einspannen läßt. Wie der Welsh Cob ist auch das Pony sehr widerstandsfähig und ausdauernd. Seine Größe beträgt bis zu 138 cm.
Zuchtverein: The Welsh Pony and Cob Society.

Welsh Montain Pony Großbritannien
und Welsh Pony [102, 103]

Wie der Welsh Cob ist auch das Welsh Mountain Pony, ein naher Verwandter, schon sehr lange in den Bergen von Wales zu Hause, vielleicht schon ein Jahrtausend lang. Der frühen Einkreuzung von Orientalen hat es sein elegantes, edles Äußeres zu verdanken, vor allem seinen hübschen Araberkopf.
Typ und Exterieur: Mittelgroßes, kräftiges Kinderreitpony. Kleiner, feiner Kopf mit großen Augen und kleinen, spitzen Ohren; mäßig langer Hals; gut gelagerte, schräge Schulter; kräftiger Rücken mit starker Nierenpartie; abschüssige Kruppe; hoch angesetzter Schweif; kräftige Beine; harte, gut geformte Hufe. Zugelassen sind alle Farben, außer Schecken. Schimmel sind am häufigsten. Größe: 125 bis 135 cm.
Dieser Beschreibung entspricht auch die des **Welsh Ponys**, nur daß dieses noch mehr Ponycharakter hat und nicht größer als 122 cm sein darf. Es wurde früher durch Einkreuzung von Welsh Cob in die Welsh Mountains gezüchtet.

Mechanik: Raumgreifende Bewegungen in Schritt und Trab. Sehr gutes Galoppier- und Springvermögen.
Eigenschaften und Verwendung: Trittsicheres, springfreudiges, hartes und ausdauerndes Kinderreitpony. Kühn, intelligent und zugleich sanft.
Zuchtgebiete: Bergland von Wales. Die Tiere leben halbwild im Gebirge, doch gibt es auch Privatgestüte. Zuchtverein: The Welsh Pony and Cob Society.

Westfale [50] Deutschland

In Westfalen wird heute das gleiche Pferd gezüchtet wie in Hannover, ein großrahmiges Tier ruhigen Temperaments. Es ist ebenso wie dieses für den Leistungssport in allen Disziplinen geeignet. Die Hengsthaltung wird vom Nordrhein-Westfälischen Landgestüt Warendorf und von Privathaltern betrieben.

Zunächst stand der Westfale auf Oldenburger Grundlage, doch ab 1920 nahm der Hannoveraner einen so starken Einfluß, daß Westfalen seit dieser Zeit als hannoversches Nachzuchtgebiet angesehen wird. Die Zucht wird vom Westfälischen Pferdestammbuch in Münster betreut und wie in Verden finden auch in Münster jährliche Reitpferdeversteigerungen statt.

Wielkopolski → Masure

Württemberger Warmblut [56] Deutschland

Als das Gestüt Marbach im Jahre 1575 gegründet wurde, begann man die Zucht mit Arabern, Spaniern und Neapolitanern. Erst in der Mitte des vorigen Jahrhunderts wurde mit der heutigen Zuchtrichtung begonnen, vor allem auf Anglo-Normänner und ostpreußischer Grundlage. Der Prototyp wurde durch den Anglo-Normänner »Faust« geprägt, und es entstanden tiefe, kräftige und harte Pferde, die für jede Arbeit zu gebrauchen waren. In neuester Zeit wurden wieder otpreußische Hengste aufgestellt, die mehr Trockenheit und Adel in die Zucht brachten.
Typ und Exterieur: Mittelschweres Warmblutwirtschaftpferd.
Trockener, gerader, recht edler Kopf mit großen Augen; gut aufgesetzter Hals; kurzer, fester Rücken; breite, muskulöse Kruppe; schräge Schulter; stabiles Fundament; sehr harte Hufe. Farben: Braune, Füchse und Rappen. Größe: 160 bis 165 cm.
Mechanik: Fördernde Bewegungen in allen Gangarten.
Eigenschaften und Verwendung: Vielseitiges Leistungspferd, das unter dem Sattel und im Geschirr sehr brauchbar ist. Kräftig und hart.
Zuchtgebiete: Württemberg. Haupt- und Landesgestüt Marbach a. d. Lauter. Zuchtverein: Verband Württembergischer Pferdezüchter.

Zweibrücker Deutschland

Im Jahre 1752 gründete Herzog Christian IV. das Stammgestüt Eichelscheid-Zweibrücken, und man stellte orientalische Hengste auf, die mit englischen Stuten gepaart wurden. Die Napoleonischen Kriege brachten schwere Verluste. Der Wiederaufbau geschah mit Orientalen, Vollblütern und Normännern, später wurden Hannoveraner und Oldenburger eingesetzt. In neuester Zeit hat man mit Ostpreußen, die der Veredelung dienen sollen, gute Erfahrungen gemacht. Zuchtbuchführung: Landesverband der Pferdezüchter Pfalz in Kaiserslautern.

4. Das Pferd im Sport

Galopprennen

St. Leger, Oaks, One Thousand Guineas – das sind Namen, die dem Laien kaum etwas sagen, doch bei dem Wort »Derby« horcht auch er auf, damit verbindet sich bei ihm doch mindestens der Begriff »Pferderennen«, wenn nicht sogar mehr. Was ist das Derby, wo wird es gelaufen, wann wurde es eingeführt und wozu ist es da? Um alle diese Fragen zu beantworten, müssen wir weit ausholen.
An einem Maimorgen des Jahres 1780 waren einige Edelleute bei Edward Smith-Stanley, dem zwölften Earl of Derby versammelt, um einem Rennen auf dessen Landsitz beizuwohnen. Einer der Gäste, Sir Charles Bunbury, kam auf die Idee, durch den Wurf einer Münze auszulosen, nach wem dieses Rennen, das man auch in Zukunft veranstalten wollte, zu benennen sei. Die Münze fiel zugunsten des Earl of Derby, und so war das Derby geboren. Am Anfang wurde dieses Rennen nur über eine Distanz von einer Meile gelaufen, doch ab 1784 verlängerte man die Strecke auf zwei Meilen, das sind 2400 m, und daran hält man heute noch fest. Das englische Vorbild machte bald Schule, und so wurde seit 1836 auch in Frankreich (Chantilly), seit 1869 in Deutschland (Horner Moor in Hamburg) und Österreich (Freudenau bei Wien), und seit 1878 in den USA (Kentucky Derby) ein Derby gelaufen.
Wie alle großen Galopprennen wird nun das Derby erst in zweiter oder dritter Linie als Show für das Publikum veranstaltet, als nervenkitzelnder Wettkampf oder als Möglichkeit, beim Wetten das Portemonnaie zu füllen oder zu leeren. Rennen, das sollten wir uns merken, sind immer Leistungsprüfungen des Pferdes, sie sind dazu da, darüber zu entscheiden, ob ein Tier später in der Zucht verwendet werden soll oder nicht. In sehr frühen Zeiten allerdings waren Rennen zugleich Volksbelustigungen. Im griechischen Altertum oder zur Zeit Karls des Großen gab es Reiterspiele und Wettkämpfe zu Pferde, die weniger zu Auslesezwecken veranstaltet wurden als um des Menschen willen: zur Prüfung und Bewährung des Reiters und Kriegsmannes und zur Freude für das Volk. Rennprüfungen, die dazu dienten, den Zuchtwert eines Pferdes zu testen, kamen erst zu Beginn des 18. Jahr-

hunderts in England auf – dem Land, das schon lange Pferderennen aus Freude am sportlichen Wettkampf gekannt hatte. Der Ort Newmarket, in dem diese Rennen abgehalten wurden, ist heute noch das Mekka des englischen Rennsports.
Kommen wir jedoch auf das Derby zurück. Es gehört zu den fünf klassischen Rennen für Dreijährige, die jeder Pferdefreund kennen sollte, und die alle schon im 18. oder frühen 19. Jahrhundert begründet wurden:

St. Leger	Distanz: 2800 m	Begründet 1776
Oaks	Distanz: 2400 m	Begründet 1779
Two Thousand Guineas	Distanz: 1600 m	Begründet 1809
One Thousand Guineas	Distanz: 1600 m	Begründet 1814
Derby	Distanz: 2400 m	Begründet 1780

Diesen fünf klassischen Prüfungen entsprechen in Deutschland das St. Leger, der Preis der Diana, das Henckel-Rennen, das Schwarzgold-Rennen und das Deutsche Derby. Da Hengste nicht in One Thousand Guineas und Oaks – bzw. Schwarzgold-Rennen und Preis der Diana – starten dürfen, bleiben ihnen nur die restlichen drei. Wer sie gewonnen hat, dem gehört die Dreifache Krone, die allerdings in Deutschland bisher von keinem Pferd gewonnen wurde, in England dagegen von elf!
Keine Rennen ohne Rennplätze. Wo versammelt sich die elegante Welt in Deutschland, wo in Frankreich, England und den USA? Sicher hat jeder Pferdefreund – neben den eben genannten fünf klassischen Rennen – schon vom Großen Preis von Baden-Baden gehört, der ja auch regelmäßig vom Fernsehen übertragen wird. Er wird auf der Rennbahn von Iffezheim bei Baden-Baden veranstaltet, einem besonders schönen, großzügigen Gelände. Neben Hamburg-Horn, wo das Derby gelaufen wird, sind in Deutschland die Rennplätze von Köln, Düsseldorf, Dortmund, Mülheim, Gelsenkirchen, Krefeld und München-Riem die wichtigsten. Köln ist der Austragungsort des Preises von Europa – mit 400 000 DM das höchstdotierte deutsche Rennen.
In England werden vier von den fünf klassischen Rennen in dem schon genannten Newmarket und in Epsom gelaufen, während das St. Leger in Doncaster in der Grafschaft Yorkshire ausgetragen wird. Doch das rennsportfreudige England hat noch mehr zu bieten: Ascot, der weltberühmte Rennplatz wetteifert mit den anderen Plätzen durch das Rennen um den Gold Cup und die King George VI. and Queen Elizabeth Stakes. Bei uns weniger bekannt, aber in England sehr beliebt, sind die Rennen im Park des Duke of Richmond in Goodwood, einem der schönsten Rennplätze der Welt. Einem der schönsten – denn gleich denkt man bei diesen Worten an das herrliche Longchamp, mitten im Pariser Bois de Boulogne, mit seiner 2800 m langen Bahn, auf der die meisten klassischen Rennen Frankreichs gelaufen werden. Obwohl Hollywood Park in Los Angeles der größte amerikanische Rennplatz ist, hat es ein anderer zu größerer, internationaler Berühmt-

heit gebracht: Liverpool, wo jährlich die schon fast legendäre Grand National Steeplechase veranstaltet wird, das schwerste Hindernisrennen der Welt, das immer wieder, besonders bei uns, die Pferdefreunde auf die Barrikaden zwingt. Wenn es irgendwo schwere Stürze gibt, dann sicher an dem gefürchteten Hindernis »Beecher's Brook«, das an der Absprungstelle 1,60 m Höhe aufweist und an der Landestelle 2,40 m, bei einer Länge von 6 m! Mit der Grand National sind wir jedoch schon bei einer anderen Art von Rennen angelangt: während die klassischen Rennen alle Flachrennen sind, ist die Grand National ein Hindernisrennen. Die Flachrennen werden auf ellipsenförmigen Bahnen ohne Hindernisse ausgetragen (Distanzen in Deutschland: 900 bis 4000 m). Die Hindernisse sind bei den Hindernisrennen mit Fähnchen ausgesteckt, und daher bezeichnet man sie auch als »Rennen zwischen den Flaggen«. Diese Rennen gehen je nach Alter und Eignung der Pferde über eine Distanz von 2400 bis 7000 m. Da bei ihnen auch Wallache zum Einsatz kommen, sind sie als Zuchtprüfungen nicht so interessant. Um so spannender sind sie aber für den Zuschauer!
Die Streckenführung ist kurzweiliger, da die Pferde an die verschiedenen Hindernisse herangeführt werden müssen. Dabei wird meist mehrfach auf der Diagonalen die Hand gewechselt.
Zwei Arten von Hindernisrennen werden bei uns gelaufen: Hürdenrennen und Jagdrennen. Beim *Hürdenrennen* sind leichte Bürsten aus Reisig und Ruten als Hindernisse zu überwinden. Die Pferde werden im Training entsprechend ausgebildet, daß sie diese Bürsten »streichen« oder »wischen«, dabei nicht so hoch springen und sofort wieder in voller Geschwindigkeit weitergaloppieren. Diese Art ist durchaus mit dem Hürdenlauf der Leichtathleten vergleichbar, die aus dem nämlichen Grund fast jede Hürde berühren.

Schwieriger noch und gefährlicher sind die Jagdrennen, Steeplechases wie sie der Engländer nennt. Fast so berühmt wie der Name Grand National in England, ist die Pardubitzer Steeplechase, früher in Deutschland, jetzt in Polen.
Auf der *Jagdrennbahn* werden durchwegs ältere Pferde gestartet. Die Distanzen sind länger und die dichten Felder lösen sich bis zur Zielgeraden meist auf. Die Hindernisse sind hier mindestens zu $^2/_3$ Höhe fest, unterschiedlich im Aussehen und hinter einem Hochsprung liegt nicht selten ein ca. 3 Meter breiter Graben mit oder ohne Wasser. Das verbürgt Spannung für die sensationslüsternen Zuschauer und Wetter. Jeder Rempler mit den Pferdebeinen bringt den Jockey, der nicht im Sattel sitzt, sondern hoch in den Bügeln kauert und den Kopf des Pferdes mit festem Zügelwiderstand aufnimmt, in Sturzgefahr. Dadurch geht nicht selten ein klar in Führung liegender Sprinter, der überpaced, das heißt überzogen, wurde, an einem der letzten Sprünge mitsamt Jockey kopfüber. Die meist zwischen 3000 und 5000 m liegenden Renndistanzen verlangen hohe Stehereigenschaften und beste Kondition von Pferd und Jockey. Aus diesem Grund kommt es umgekehrt genauso oft vor, daß ein gut konditioniertes Pferd, das im Pulk »auf warten« ge-

ritten wurde, am Schluß zu einem mächtigen Endspurt ansetzen kann und allen Konkurrenten »das Nachsehen« gibt.
Obwohl man für Hindernisrennen die kostbarsten Rennpferde meist nicht nennt und startet, ist die Selektion gerade in diesen Rennen hart. Die Anforderungen hierbei kommen denen eines Militarypferdes oder Springpferdes ziemlich nahe. Aus diesem Grund werden zur Veredelung der Warmblutrassen, besonders zur Zeugung von Hochleistungstypen, Steepler bevorzugt.
Neben Härte, Springvermögen und Tempo bringen gerade sie das nötige »Herz«, das heißt Mut, mit. Korrektes Exterieur und der notwendige Rahmen müssen natürlich Voraussetzung sein.
Leider sind Hindernisrennen, die bis zum Zweiten Weltkrieg vor allem eine Domäne der Herrenreiter waren, heute — im Vergleich zu Flachrennen und Trabrennen — bei uns stark in der Beliebtheit zurückgegangen. Sicher denken viele Rennplatzbesucher aus der »guten alten Zeit« noch mit Wehmut an das schöne Bild, als die eleganten Rennreiter im bunten Rock über die Bahnen galoppierten und Offiziere wie Otto Suermondt, Graf Holck, Fürst Wrede, Graf Spreti, Baron Tautphoeus und Sven von Mitzlaff das Publikum begeisterten.

DAS WETTEN

Um es gleich vorwegzunehmen, auch die Wetteinrichtungen sind nicht in erster Linie für den Menschen da, jedenfalls nicht für den, der die Wette abschließt, sondern für den, der die Pferde züchtet und die Rennen veranstaltet. Früher, als die großen Vermögen noch nicht durch so hohe Steuern belastet wurden wie heute, war es für die Züchter, die meist aus der Aristokratie stammten, sehr viel leichter, ihrer pferdesportlichen Passion nachzugehen. Mit Beginn unseres Jahrhunderts wurde die Lage aber immer schwieriger, und schließlich mußte man sehen, zur Erhaltung der Zucht neue Wege einzuschlagen, und man fand sie durch die Einrichtung der — staatlich protegierten — Rennwette. Zunächst gab es nur die Buchmacherwette, bis es (in Deutschland im Jahre 1870) zur Einführung der mechanischen Wette am »Totalisator« (aus dem Französischen: totaliser = zusammenzählen) kam.
Um die Sache komplizierter, aber auch spannend zu machen, gibt es bei der Rennwette — wie auch bei Lotto und Toto — nicht nur eine Wettform, sondern eine ganze Reihe. Die bekannteste ist die Siegwette, bei der »auf Sieg« eines bestimmten Pferdes gesetzt wird; die Wette ist gewonnen, wenn das Pferd Erster wird. Ist der Rennausgang offen, kann man auch mehrere Pferde zugleich auf Sieg wetten, und das vergrößert natürlich die Chancen des Wetters. Sehr gering ist das Risiko bei den Platzwetten, bei denen das Pferd der Wahl nicht als Sieger, sondern nur auf einem der vorderen Plätze durchs Ziel gehen muß. Natürlich sind dann bei dieser Wettform die Quoten entsprechend niedriger. Will man eine Ein-

laufwette abschließen, muß man schon ein ziemliches Risiko eingehen, denn man hat sich vorher zu entscheiden, welches Pferd als Erster und welches als Zweiter durchs Ziel gehen wird. Ist die Reihenfolge des Zieldurchgangs umgekehrt, hat man schon verloren!. Daß die Größe des Risikos durch eine entsprechend hohe Gewinnquote belohnt wird, ist selbstverständlich. Sehr viel besser fährt man mit der Stallwette, denn bei ihr muß man sich nicht auf einen Sieger, sondern nur auf den Angehörigen eines bestimmten Stalles festlegen. Man hat also mit mehreren Pferden eine Gewinnchance. Schließlich noch die schwierigen und riskanten Dreierwetten: die gewetteten Pferde müssen in der angegebenen Reihenfolge auf den ersten drei Plätzen landen – eine Wettform für Leute mit guten Nerven! Soviel über die verschiedenen Arten des Wettens. Bleibt nur noch hinzuzufügen, daß es für jede dieser Arten eine eigene Totokasse gibt, daß der niedrigste Wetteinsatz 2,50 DM beträgt, und daß von jeder Wette mindestens der Steuersatz von einem Sechstel zugunsten des Rennveranstalters abgezweigt werden muß.

Trabrennen

Wie kommt es, daß Trabrennen in so vielen Ländern den Galopprennen den Rang ablaufen, daß sie ein echter Volkssport sind und in der lokalen Presse meist mit viel mehr Anteilnahme verfolgt werden als die Galopprennen? Nun, die Anfänge der Trabrennen waren ganz andere als die der Galopprennen: das Reitpferd und daher auch das Rennpferd war immer das Pferd des Ritters, des Edelmannes, während das Wagenpferd, das der Arbeit diente, das Pferd des Bauern war. Das erscheint vielleicht etwas weit hergeholt, doch wenn man noch einen Schritt in der Geschichte weitergeht, sieht man, daß Trabrennen ursprünglich immer ländliche Volksbelustigungen waren, ja, das erste wichtige Trabrennen, das in die Geschichte dieses Sports einging, war ein Trabfahren, das im Jahre 1867 auf dem Münchner Oktoberfest abgehalten wurde. In der ländlichen Bevölkerung gab es, vor allem in den Alpenländern, die sogenannten »Scharlachrennen«, die bis ins 19. Jahrhundert hinein lebten und wohl in manchen Gegenden den Boden für einen volksverbundenen Trabrennsport bereiteten. Natürlich konnte man erst richtige Trabrennen abhalten, als es »Traber« gab, und die wiederum wurden nicht bei uns gezüchtet, sondern in Holland, Rußland, Frankreich und den USA (s. Kapitel 2, »Rassenlexikon«: Amerikanischer Standardtraber, Orlowtraber, Französischer Traber, Europäischer Standardtraber).

Das Postkutschenzeitalter war es eigentlich, das uns den Traber bescherte, denn welcher Fahrgast wäre gern vom schnellen Galopp des angespannten Pferdes durchgeschüttelt worden, wenn es so viel bequemer war, im schnellen Trab ans Ziel gebracht zu werden?

Das Trabfahren, der Trabrennsport nahm bei uns seinen Anfang in Hamburg, denn dort gründete man den ersten Traberklub. Eine kleine Aufstellung zeigt, wie schnell sich dieser Sport bei uns entwickelte:

Zu den Fotos Seite 125 bis 128:

Seite 125: Ein schwerer Sprung. Beim Hindernisrennen darf die Hürde auch »gewischt«, sie muß nicht übersprungen werden. (Foto: Ysiboy-Anthony)

Seite 126: Der Hufschmied. Seine Arbeit ist durch keine Maschine zu ersetzen. (Foto: Alder)
Seite 127: Vor dem Stall. Ob auch das Fohlen einmal Preise bringen wird? (Foto: Alder)

Seite 128 oben: In weitem Sprung über die Hürde. Auch heute noch haben Hindernisrennen ihr Publikum — auch wenn sie nicht mehr so beliebt sind wie vor dem Zweiten Weltkrieg. (Foto: Theissen-Anthony)

Seite 128 unten: Dem Ziel entgegen. Schon hat sich das Feld auseinandergezogen, aber noch steht der Sieger nicht fest. (Foto: Junge-Anthony)

Der Hufschmied

Vor dem Stall

In weitem Sprung über die Hürde

Dem Ziel entgegen

1867	Trabfahren »nach amerikanischem Muster« auf dem Münchner Oktoberfest
1874	Erstes Rennen des »Hamburger Traber Clubs« in Groß-Jüthorn
1876	Gründung des »Hamburg Altonaer Renn- und Traber-Clubs«
1877	Gründung des »Berliner Traber-Clubs«
1880	Erstes Rennen in Hamburg-Bahrenfeld
1902	Eröffnung der Trabrennbahn München-Zamdorf (Daglfing)
1909	Gründung des »Dortmunder Traber-Clubs«
1911	Erster Renntag in Farmsen
1913	Einweihung der Trabrennbahn Mariendorf

Doch vergessen wir das Ausland nicht. In den USA, in Frankreich, Italien, Belgien, Rußland, Schweden, Österreich und der Schweiz ist der Trabrennsport ebenso beliebt wie bei uns, ja, das wichtigste Trabrennen der Welt, der Prix d'Amérique, wird jährlich in Frankreich ausgetragen, und erst einmal wurde er von einem deutschen Pferd gewonnen: im Jahre 1953 war es »Permit« mit seinem Fahrer Walter Heitmann, der diese Trophäe mit nach Hause brachte. Bis zum Jahre 1968 war dieses, Ende Januar in Vincennes gelaufene Rennen mit 560 000 DM das wertvollste der Welt. Neuerdings ist der International Trot in New York mit 660 000 DM noch höher dotiert. Daneben nehmen sich die deutschen Preise eher kläglich aus, wie ein Ausschnitt aus dem Programm für das Jahr 1970 zeigt:

München-Daglfing	
Großer Preis von Bayern	75 000 DM
Deutsches Traberchampionat	32 000 DM
Preis der Besten	85 000 DM
Großer Preis von Daglfing	75 000 DM
Berlin-Mariendorf	
Matadoren-Rennen	100 000 DM
Adbel-Toddington-Rennen	30 000 DM
Deutsches Traber-Derby	150 000 DM
Gelsenkirchen	
Großer Preis von Westdeutschland	30 000 DM
Großer Preis der Stadt Gelsenkirchen	50 000 DM
Elite-Rennen	100 000 DM
Deutsches Traber-St. Leger	40 000 DM
Hamburg-Bahrenfeld	
Preis von Deutschland	50 000 DM
Großer Preis der Dreijährigen von Hamburg-Bahrenfeld	100 000 DM

Hamburg-Farmsen		
	Deutschland-Pokal	80 000 DM
	Max-Herz-Rennen	100 000 DM
Recklinghausen		
	Großer Preis von Recklinghausen	60 000 DM

Genug aber von der materiellen Seite dieses Sports, denn was uns hier eigentlich interessiert, ist der Traber selbst und weniger die Gewinnsumme, die er einmal einbringt. Wie sind überhaupt unsere großen Traberpferde, »Epilog«, »Iltis«, »Permit«, »Probst« und wie sie alle hießen, trainiert worden, wie wird jeder Traber trainiert, bevor er auf die Rennbahn kommt? Das Traber-Training ist sehr viel schwieriger als das Training der Galopper, denn es geht ja darum, daß die vorhandene, durch die Zucht geförderte Trabanlage bis zum Renntrab gesteigert werden muß.
In der Regel kommen die Pferde als Jährlinge in den Rennstall. Nachdem der Trainer sich darum bemüht hat, das Vertrauen der Tiere zu gewinnen, kommt die Arbeit an der Longe, die Gewöhnung an Halfter, Kopfgeschirr, Gebiß und Zügel. Danach hat das junge Tier zu lernen, an zwei langen Führzügeln im Schritt vorwärts zu gehen. Eine weitere Maßnahme: das Geschirr wird aufgelegt, wobei Stangen eingeschnallt werden, die den Scherbäumen des Rennwagens entsprechen. Das Pferd wird dadurch langsam an den ihm unbequemen Druck in den Flanken gewöhnt. Ist dies geschehen, dann lernt das Pferd eine Schleppe ziehen, die den Wagen ersetzt. Nun folgt die Schulung vor dem Fohlenwagen, der mit tief liegenden Scherbäumen ausgestattet ist, ein schweres und stabiles Gefährt, das dem Pferd Halt gibt. Mit der Schrittarbeit, die bisher im Programm stand, wird nun allmählich zugunsten der Trabarbeit gespart, das Tempo wird gesteigert, je nach Veranlagung des jungen Pferdes. Während dieser Zeit wird das Pferd wiederholt beschlagen. In dem Fachbuch über den Trabrennsport »Eins, zwei . . . ab!« (H. L. Schütt, P. Barm) wird genau beschrieben, was es mit dem Verpassen der ersten »Schuhe« beim Traber für eine Bewandtnis hat: »Der Beschlag ist überhaupt in vielerlei Hinsicht von entscheidender Bedeutung. So wie ein Orthopäde beim Menschen, speziell bei einem noch im Wachstum befindlichen Kind, Mängel in der Beinstellung oder im Gang durch entsprechendes Schuhwerk auszugleichen versucht, müssen Trainer und Schmied dem Pferd die individuell richtigen Hufeisen anlegen, um an seiner Trabaktion feilen zu können. Anfangs wird der Beschlag noch recht schwer sein und beim korrekt gestellten Pferd der Norm entsprechen. Beginnt aber die schnelle Arbeit, kommt es auf ›Maßschuhwerk‹ an. Es gibt mehr als hundert verschiedene Arten und Formen von Hufeisen, wobei das leichte, halbrunde und nach hinten offene Eisen am meisten Verwendung findet. Schwere Eisen erhöhen wegen ihrer Griffigkeit und ihres Gewichts in der Regel die Trabsicherheit. Andererseits kosten sie Kraft, wobei sich der Kräfteverschleiß bei höhe-

ren Trabgeschwindigkeiten progressiv steigert. Ein auch mit leichten Eisen trabsicheres Pferd ist deshalb immer im Vorteil.«
Wenn die Arbeit im Fohlenwagen abgeschlossen ist, beginnt das Training vor dem Rennwagen, dem Longshaft oder dem Sulky. Heute ist es üblich, zwischen langsamer und schneller Arbeit abzuwechseln, da man der Ansicht ist, daß dies der Kondition des Trabers am dienlichsten ist. Das Ziel ist es, die Fähigkeit des Tieres so weit zu entwickeln, daß es in der Lage ist, bestimmte Strecken in genau festgelegter Zeit zu durchlaufen. Ein mühsamer Weg also für Pferd und Trainer, bis es ins Rennen geht. Ein notwendiger Weg jedoch, denn was haben Fahrer und Pferd davon, wenn das Pferd, das nicht in der richtigen Weise trainiert wurde, im Rennen in eine falsche Gangart verfällt und disqualifiziert wird? Natürlich passiert dies auch bei gut trainierten Pferden, doch je besser die Kondition des Tieres ist, je weniger schnell es ermüdet, desto weniger schnell wird es auch beim Rennen in die ihm bequemeren Gangarten Galopp, Paß oder Dreischlag (vorn Trab, hinten Galopp) verfallen. Immerhin werden vor dem Sulky Geschwindigkeiten vor über 50 km gefahren!

Springreiten

»Wirf dein Herz über das Hindernis und spring hinter ihm her.« Diese alte Reiterregel gilt auch für den Sonntagsreiter, und er läßt sie gerne gelten, wenn es darum geht, kleine Hürden von einem Meter Höhe zu überwinden oder hübsche kleine Wassergräben, die sich ja bei den Reitjagden so nett und reibungslos überspringen lassen. Doch, Hand aufs nicht immer mutige Herz, wem würde nicht mulmig zumute angesichts der gewaltigen Mauern, die unsere Turnierreiter bei den Mächtigkeitsspringen zu überwinden haben, der tückischen Sprünge des Hamburger Springderbys oder gar der Hindernisse, die bei Weltrekordversuchen aufgebaut werden und bei 2,50 m Höhe liegen, beziehungsweise bei 8,30 m Länge? Wenn es um solche Taten geht, nützt es wohl auch nichts mehr, nur das Herz über das Hindernis zu werfen, da kommt es nicht nur auf den Mut des Reiters an, sondern auch auf sein Können, auf den Mut des Pferdes, sein Reaktionsvermögen, seinen Gehorsam, seinen kämpferischen Geist und seine guten Nerven. Wie muß ein Springpferd beschaffen sein, was für charakterliche und körperliche Eigenschaften muß es haben, woran erkennt man seine Qualitäten?
Neben dem ausgeglichenen Exterieur, dem äußerlich korrekten Bau des Körpers und der Gliedmaßen spielt vor allem das Interieur, die psychische Leistungsfähigkeit und die Leistungsbereitschaft eine maßgebliche Rolle. Im Springsport treffen wir in der Regel großlinige Pferdetypen an mit einem Stockmaßdurchschnitt von ca. 168 cm, die in der Mittelhand nicht zu lang sind. Große Pferde stehen naturbedingt mehr »über der Sache«. Bei quadratischem, kurzem Körperbau wiederum kann die Hinterhand leichter unter den Schwerpunkt von Pferd und Reiter *unter*-springen und ihn hochschleudern.

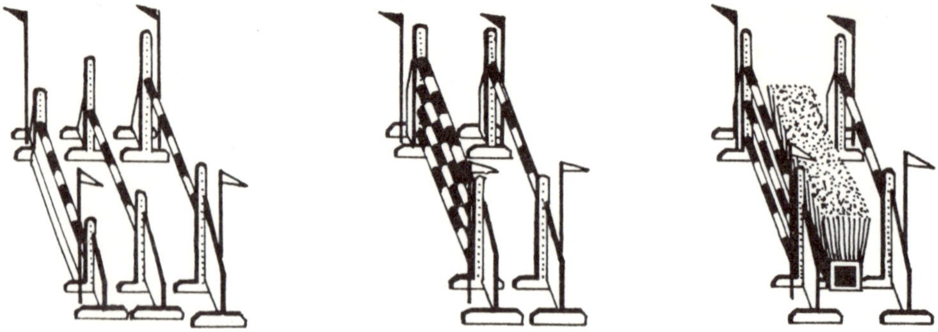

Hindernisse beim Springreiten:
links: Triple Barre; Mitte: Rick; rechts: Oxer. Gesprungen wird von links.

Die Beschaffenheit des Halses und der Hinterhand sowie ein belastbarer Sehnen- und Gelenkmechanismus in den Vorderbeinen sind drei wichtige körperliche Voraussetzungen für das Springpferd.

Ein langer gewölbter Hals dient als Balancestange und ist der gewünschten Bascule, das heißt Wölbung der Oberlinie, über dem Sprung nützlich. Eine gut bemuskelte, abgedachte und nach hinten abgezogene Kruppe sowie ein gut bis reichlich gewinkeltes Sprunggelenk sind anatomisch der beste Motor für ein Springpferd. Klare Sehnen und, durch Vererbung bedingt, belastbare Gelenke bis zur Zehenspitze (Hufgelenk) sind notwendige Merkmale, da das Springpferd das eigene und das Gewicht des Reiters auf einem Bein, dem jeweiligen inneren Vorderbein abfangen muß; beim Rechtsgalopp auf dem rechten, beim Linksgalopp auf dem linken Vorderbein. Der Verbrauch beginnt beim Springpferd gewöhnlich bei den Vorderbeinen.

Zum optimalen Interieur eines Springpferdes gehören gute Nerven, die Bereitschaft sich einzusetzen und Unerschrockenheit. Diese inneren Anlagen sind ein Ergebnis planvoller und systematischer Zuchtauslese über viele Generationen. Dazu müssen erlernter Gehorsam und durch Erfahrung gewonnenes Vertrauen zum Reiter kommen.

Doch nun zum Springen selbst, damit nicht nur der zukünftige Reitpferdbesitzer, sondern auch der passionierte Zuschauer zu seinem Recht kommt. Für den Laien mag es schwierig sein, sich im Turnierprogramm, das vom Springen der Klasse M oder vom Preis der Nationen berichtet, zurechtzufinden, doch der Turnierkundige weiß: man unterscheidet bei den Springprüfungen allgemeine (A), leichte (L), mittlere (M) und schwere (S) Klassen. Die Klasse Sa ist eine Steigerung der Klasse S, sie enthält Sprünge über Hindernisse bis zu 1,60 m Höhe und 5 m Grabenbreite mit einem wendungsreichen Parcours-Weg, wobei die Entscheidung nach Zeit und Fehlern erfolgt oder in einem einmaligen Stechen. Das Springen der

Klasse Sb ist ein Mächtigkeitsspringen über hohe Hindernisse, aber mit kurzen, möglichst geraden Wegen, mit einem Stechen bis zur Entscheidung.
Um noch weiter in diese Wissenschaft einzudringen, schauen wir uns die Anforderungen an, wie sie die LPO (Leistungsprüfungsordnung) stellt. Hierbei wird auch die Klasse A (Anfänger) berücksichtigt.

A Parcours in der Halle

Klasse	A	L	L/M	M	S	Sb
Hindernisse (Mindestzahl)	6	6	6	8	8	6
Sprünge (Mindestzahl)	7	8	8	10	10	6
Sprünge (Höchstzahl)	12	14	14	16	18	8
Zweifache Kombinationen (Höchstzahl)	2	2	2	frei	frei	frei
Drei- und mehrf. Komb. (Höchstzahl)	—	1	1	frei	frei	frei

B Parcours im Freien

Klasse	A	L	L/M	M	S	Sb
Hindernisse (Mindestzahl)	8	8	10	10	10	6
Sprünge (Mindestzahl)	10	10	12	12	13	6
Sprünge (Höchstzahl)	12	16	16	20	20	8
Zweifache Kombination (Höchstzahl)	2	2	2	frei	frei	frei
Drei- und mehrf. Komb. (Höchstzahl)	—	1	1	frei	frei	frei

C Abmessungen in der Halle und im Freien in Metern

Klasse	A	L	L/M	M	S	Sb
Steilsprünge						
Mindesthöhe	0,90	1,10	1,20	1,30	1,40	1,50
Höchstabmessung	1,10	1,20	1,30	1,40	1,60	1,70
Weitsprünge						
Mindesthöhe	0,90	1,10	1,10	1,20	1,40	1,50
Höchste Höhe	1,10	1,20	1,20	1,30	1,50	1,60
Mindestbreite	1,00	1,20	1,40	1,40	1,50	1,60
Höchstbreite	1,30	1,50	1,60	1,70	frei	frei
Kombinationen						
Höchstabmessung	1,10	1,20	1,30	1,30	1,40	1,50
Abstand von Hindernis zu Hindernis	ca. 7,50 oder 10–11	ca. 7–8 oder 10–11	ca. 7–8 oder 10–11	frei	frei	frei
Größe Wassergrabenbreite	3,00	3,50	3,50	4,00	5,00	5,00

Doch weiter mit der Erarbeitung der turniersportlichen Nomenklatur:
Nationale Turnierveranstaltungen, bei denen auch ausländische Reiter zugelassen sind, werden Concours Hippique International (CHI) genannt; der Preis der Nationen, das internationale Mannschaftsspringen, darf nur auf einem Concours Hippique International Officiel (CHIO) ausgetragen werden. Die Bestimmungen beim Preis der Nationen sind:
Das Springen ist ausschließlich Nationalmannschaften vorbehalten. Es kann nur dann ausgeschrieben werden, wenn mindestens drei internationale Mannschaften daran teilnehmen. Jede Mannschaft muß aus vier Reitern und Pferden bestehen. 13 bis 14 Hindernisse mit höchstens 16 bis 20 Sprüngen sind bei diesen Wettbewerben üblich. Die Hindernishöhe muß zwischen 1,30 m und 1,60 m liegen. Der Wassergraben muß mindestens 4,50 m breit sein.
Auch bei den Olympischen Spielen wird ein Preis der Nationen ausgetragen, es ist der Höhepunkt der Reiterolympiade und auch für den allgemein interessierten Zuschauer ein Höhepunkt, denn unmittelbar nach diesem Springen findet die Schlußfeier statt. Bei der Olympiade in Mexiko konnte Kanada die begehrte Goldmedaille gewinnen, in den drei olympischen Wettkämpfen davor und 1972 in München finden wir Deutschland auf dem ersten Platz.
Auch nach dem Abtreten von Fritz Thiedemann, der mit seinem unvergeßlichen »Meteor« dem deutschen Springsport nach dem Kriege zu neuem Ansehen verhalf,

war es nicht schlecht bestellt mit der deutschen Reiterei. Die Jugend, voran Alwin Schockemöhle, Hermann Schridde, Kurt Jarasinski, Hartwig Steenken und Gerd Wiltfang drängten nach und machten den ausländischen Reitern schwer zu schaffen, und schließlich war ja auch der Altmeister Hans-Günter Winkler noch da, dessen berühmte Stute »Halla« zwar in die Zucht ging, der jedoch mit seinen anderen Pferden noch ein Wort mitzusprechen hatte. Interessant ist übrigens, daß Winkler, der seine großen Rivalen, die Brüder d'Inzeo genau studiert hat, erklärte, er halte eine Mischung der italienischen und deutschen Schule für die »erfolgreichste und beste Methode«, und zwar die »Deutsche Dressurausbildung (für Springpferde), verbunden mit italienischer Geschmeidigkeit in leichtem Sitz«.
»Deutsche Schule«, das ist die Methode der alten Kavallerieschule in Hannover, weiterentwickelt im heutigen Reiterzentrum Warendorf – eine Methode, die schon den deutschen Reitern vor dem Zweiten Weltkrieg zu ihren Triumphen im In- und Ausland verhalf. Namen wie Harald Momm, Marten von Barnekow, Kurt Hasse, Günther Temme fallen dem älteren Reitsportenthusiasten hier ein, Pferdenamen wie »Tora«, »Derby«, »Baccarat« oder »General«! Doch zurück zum Ausspruch Hans-Günter Winklers. Die »italienische« Schule basiert auf der Lehre des Rittmeisters Federico Caprilli, der schon um die Jahrhundertwende die Reiterei mit seiner natürlichen Methode revolutionierte. Bis zu Caprillis Erscheinen war es allgemein üblich, stocksteif, mit rückwärts geneigtem Oberkörper über das Hindernis zu gehen. Erst Caprilli, der in seiner Reitschule Pinerolo Studien an frei springenden Pferden betrieb, entdeckte, daß man den Tieren Hals und Kopf beim Springen frei lassen muß, daß man den Rücken des Pferdes zu entlasten hat, denn »der Rücken des Pferdes ist die Brücke über das Hindernis, er muß sich frei wölben können, um Absprung und Landung zu verbinden«. Infolge von Caprillis Methode vermochten es in den zwanziger Jahren italienische Reiter, die internationalen Turnierplätze zu erobern, und wo man das Springreiten lehrte, tat man es nach italienischem Vorbild. Kein Wunder, daß auch heute noch mit den Brüdern Raimondo und Piero d'Inzeo und mit Graziano Mancinelli italienische Reiter immer wieder auf den Siegerlisten der großen Turniere zu finden sind!

Military

»Three Days Event« sagen die Engländer zu diesem reiterlichen Kampf und denken dabei an das Dreitageereignis der Military, das aus Dressur, Geländeritt und Springprüfung besteht. Eine Prüfung auf Herz und Nieren für Pferd und Reiter, ein harter Sport, den die meisten Pferdefreunde für zu hart, ja tierquälerisch halten. Hören wir uns an, was einer, der es wissen muß, zu diesem Thema zu sagen hat: Dr. Reiner Klimke, einer unserer erfolgreichsten Militaryreiter. Er meint: »Es ist meine feste Überzeugung, daß die Military jener Zweig der Reiterei mit der größten Daseinsberechtigung ist. Sie ist geradezu lebensnotwendig für Rei-

Zu den Fotos Seite 137 bis 144:

Seite 136: Im Kampf ums Blaue Band. Der Sieg im Derby – für einen Dreijährigen gibt es keinen größeren Triumph. (Foto: Menzendorf)

Seite 138 oben: Der Derbysieger des Jahres 1971. Gestüt Röslers »Lauscher« unter Jockey Richardson. (Foto: Menzendorf)

Seite 138 unten: Renngalopp. Gestüt Schlenderhans »Priamos« unter Jockey Drechsler. (Foto: Menzendorf)

Seite 139 oben: Ein gelungener Start aus der Startboxe. (Foto: Junge-Anthony)

Seite 139 unten: Einige hundert Meter sind schon gelaufen. Der Große Preis von Baden 1971. (Foto: Menzendorf)

Seite 140: Der Sieger im Deutschen St. Leger 1971, »Madruzzo« unter Jockey J. Gorton.

Seite 141 oben: Rennen im Schneegestöber. Schneerennen in der Schweiz haben immer ihr Publikum. (Foto: Ysiboy-Anthony)

Seite 141 unten: Einige Meter vor dem Ziel. Endkampf in Düsseldorf-Grafenberg. (Foto: Menzendorf)

Seite 142–143: Ein packender Endkampf. (Foto: H. Schmied-Anthony)

Seite 144 oben: Der erfolgreichste deutsche Traber, »Simmerl«, gefahren von Rolf Luff. (Foto: Menzendorf)

Seite 144 unten: Zielfoto von einem Trabrennen in München-Daglfing. Drei Pferde haben die Nase vorn – hier kann nur das Zielfoto entscheiden.

Im Kampf ums Blaue Band

»Lauscher« vom Gestüt Rösler unter Jockey Richardson

»Priamos« vom Gestüt Schlenderhan unter Jockey Drechsler

Ein gelungener Start aus der Startboxe

Großer Preis von Baden

Rennen im Schneegestöber

Einige Meter vor dem Ziel

Links: »Madruzzo« unter Jockey J. Gorton

9

Der erfolgreichste deutsche Traber, »Simmerl«, gefahren von Rolf Luff

Vorhergehende Doppelseite: Ein packender Endkampf im Trabrennen

Zielfoto von einem Trabrennen in München-Daglfing

terei und Pferdezucht. Solange Pferde den harten Anforderungen der Vielseitigkeit unterzogen werden und bei aller gebotenen Schonung in diesen Härtetests ihre Bewährungsprobe bestehen – solange kann man auch sicher sein, daß das Pferd seine robuste Gesundheit und die ihm naturgegebenen Eigenschaften wie Härte, Kampfgeist und Mut behält.« Klimke warnt jedoch vor einer zu hochgeschraubten Anforderung an die Kraft des Pferdes: »Es zeichnet sich seit 1936 die Tendenz ab, die Querfeldeinstrecke immer schwerer zu bauen. Die Reiterei kann jedoch nicht ohne weiteres mit anderen Sportarten verglichen werden, bei denen die Leistungen ständig steigen und Traumgrenzen übertroffen werden, die man wenige Jahre vorher noch für absolut und unerreichbar hielt. Das olympische ›citius, altius, fortius‹ kann auf die Reiterei nur bedingt angewandt werden. Die Leistung in der Reiterei wird nicht nur von dem Menschen erbracht, sondern ist abhängig von dem anderen Lebewesen, das mit ihm verbunden ist, dem Pferd. Die Verantwortung für das Pferd setzt uns Grenzen, die nicht überschritten werden dürfen, wenn die Military nicht ausarten soll.«
Vernünftige Ansichten also, die beweisen, daß die Militaryreiter keine Pferdeschinder sind, als die sie so oft verschrien werden – jedenfalls nicht immer und nicht überall! Warum nun aber der Ausdruck »Military« für den doch recht friedlichen Wettkampf? Die Geschichte zeigt, daß früher eine Art Military zur Übung des Kavalleristen gehörte. Als es noch Kavallerieregimenter gab, hatte dieser Wettkampf ernste militärische Bedeutung. Er war die große Gebrauchsprüfung für das Pferd des Soldaten und geht zurück auf die schweren Distanzritte, Vorübungen für das Meldereiten. Mit der Zeit wurden zu den Dauerritten auch Konditionsprüfungen in Form von Jagdgalopp auf der Rennbahn oder Querfeldein-Galopp über Hindernisse hinzugenommen, bis man dann die Ritte endgültig ins Gelände verlegte. Heute beginnt die Military mit der Dressur, dann folgt am zweiten Tag der Geländeritt und am dritten Tag die Springprüfung.

DER ERSTE TAG

Im Dressurviereck (20 m breit, 60 m lang) wartet auf den Reiter eine Dressuraufgabe mit 19 verschiedenen Lektionen, die in 7 Minuten und 30 Sekunden auswendig vorgeritten werden muß. Für jede Lektion gibt es Noten zwischen 0 und 6, dazu noch vier Gesamtnoten für die Regelmäßigkeit der Gänge, den Schwung, die Losgelassenheit, Durchlässigkeit und den Gehorsam des Pferdes, für Sitz und Einwirkung des Reiters sowie die Korrektheit in der Anwendung der Hilfen. Um eine Vorstellung von den Schwierigkeiten bei einer Militaryprüfung zu geben, sind in der folgenden Aufstellung die Aufgaben der Klasse S in den drei Teildisziplinen wiedergegeben:

TEILPRÜFUNG DRESSUR:

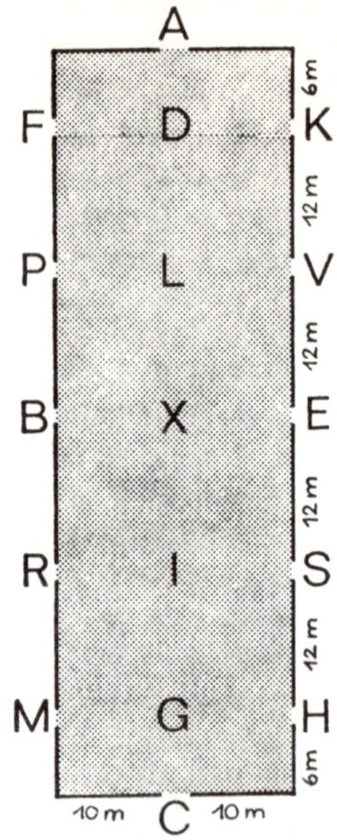

Dressurviereck

Bei A	Einreiten im versammelten Galopp
Bei X	Halten — Gruß
Bei X	Anreiten im Mitteltrab, aussitzen
Bei C	Rechte Hand
M–X–K	Im starken Trab durch die ganze Bahn wechseln, leichttraben
K–A–F	Mitteltrab, aussitzen
F–X–H	Im starken Trab durch die ganze Bahn wechseln, leichttraben
H–C–M–B	Mitteltrab, leichttraben
Bei B	Zum Mittelpunkt abwenden, aussitzen
Bei X	Halten, 5 Sekunden Unbeweglichkeit — Anreiten im versammelten Trab, aussitzen
Bei E	Linke Hand
E–K–A–F	Versammelter Trab, aussitzen
F–X	Traversale nach links
X–M	Traversale nach rechts
Bei C	Mittelschritt
H–X–F	Im starken Schritt durch die ganze Bahn wechseln
Bei F	Versammelter Trab, aussitzen
K–X	Traversale nach rechts
X–H	Traversale nach links
Bei C	Halten, 6 Tritte rückwärtsrichten Ohne Unterbrechung im Mittelschritt anreiten
C–M	Mittelschritt
Bei M	Versammelter Rechtsgalopp
Bei F	Halbe Volte 10 m Durchmesser
B–C–S	Außen-Galopp
Bei S	Mitteltrab, aussitzen
Bei V	Versammelter Linksgalopp
Bei K	Halbe Volte 10 m Durchmesser
E–C–R	Außen-Galopp
Bei R	Mitteltrab, aussitzen
Bei P	Versammelter Rechtsgalopp
K–H–C	Starker Galopp
C–M	Mittelschritt
M–X–K	Im starken Schritt durch die ganze Bahn wechseln
Bei K	Versammelter Linksgalopp
F–M–C	Starker Galopp

C–H–E	Mitteltrab, aussitzen
Bei E	Versammelter Linksgalopp
Bei A	Auf die Mittellinie gehen
Bei G	Halten – Gruß
	Verlassen der Bahn im freien Schritt

DER ZWEITE TAG

Die Geländeprüfung ist das Kernstück der »Großen Vielseitigkeit«. Sie beginnt mit einer Wegestrecke zum Aufwärmen der Pferde, dann folgt die Rennbahn mit Steaplerhindernissen wie bei Vollblutjagdrennen. Nach der anschließenden zweiten Wegestrecke folgt die abschließende Querfeldein-Hindernisstrecke, auch »Cross-Country« oder Qu-Strecke genannt.

Wegestrecke I
Verlangt werden: rund 6000 m auf Straßen und Wegen mit einem Tempo von 240 m pro Minute, also Trab- oder ruhiges Galopptempo. Erlaubte Zeit: 25 Minuten bei 6000 m. Bei Überschreiten dieser Zeit gibt es einen Strafpunkt je angefangene Minute. Eine längere Zeit als 30 Minuten führt zum Ausschluß.

Rennbahngalopp
Zurückzulegen sind 3600 m auf einer Jagdrennbahn mit 12 Hindernissen, die bis zu 1,40 m hoch sind und 3 m breit. Das Tempo ist 600 m pro Minute, also 6 Minuten für die Distanz. Schnelleres Reiten bis Tempo 690 m/min bringt 0,8 Gutpunkte pro Sekunde, langsameres das gleiche Maß an Strafpunkten.

Wegestrecke II
Es sind rund 12 000 m auf Straßen und Wegen zu bewältigen, mit einem Tempo von 240 m pro Minute. Die Rennbahn läuft unmittelbar in diese Strecke aus, auf der sich das Pferd erholen soll, denn jetzt kommt der anstrengendste und schwierigste Teil, die Querfeldeinstrecke.

Military-Hindernis
Rick hinter trockenem Graben

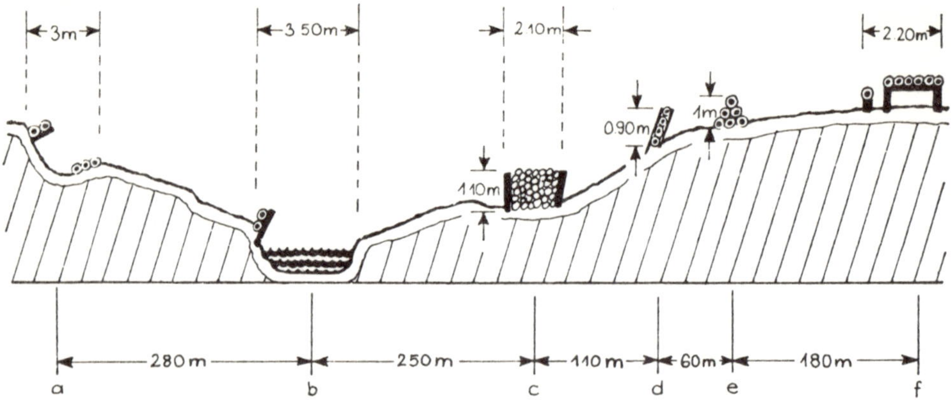

Querschnitt durch eine Teilstrecke der Military
(a—f: Hindernisse)

Am Ende der zweiten Wegestrecke folgt eine Pause, ausgefüllt mit der tierärztlichen Untersuchung des Pferdes. Dann geht es über ca. 7200 m durch schweres Gelände, vollgesteckt mit 33 bis 35 Hindernissen, die bis zu 1,20 m hoch sind. Die Weitsprünge sind bis zu 3,50 m breit, Wassergräben bis zu 4 m. Das verlangte Tempo beträgt 450 m/min.; Gutpunkte werden bis zum Tempo 570 m/min. berechnet. Um dem Reiter die Orientierung zu ermöglichen, wird die Strecke einige Tage vor der Prüfung gezeigt und kann zu Fuß abgegangen werden.

DER DRITTE TAG

Am Schluß der Military steht ein Jagdspringen mit Hindernissen von 1,20 m Höhe. Der Parcours ist meist zwischen 800 und 900 m lang und soll — so will es das Reglement — in kurvenreicher Linienführung viele Richtungswechsel und Kehrtwendungen aufweisen. Es wird ein schnelles Tempo verlangt, 400 m pro Minute.

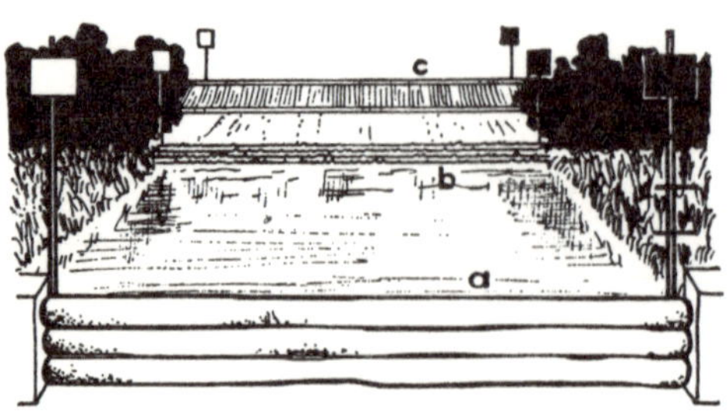

Military-Hindernis
a) Einsprung in den Teich
b) Aussprung aus dem Teich
c) Reet Zaun

Dressurreiterei

Die olympischen Reiterkämpfe enthalten neben zwei Springprüfungen (Großes Jagdspringen und Preis der Nationen) und der Military auch eine Große Dressurprüfung. Die Dressur, lange Zeit eine Domäne der Schweden, ist seit den frühen 60er Jahren das »Herrschaftsgebiet« der deutschen Reiter und in neuester Zeit auch der Russen. Holte in Tokio und Mexiko bei den Olympischen Spielen noch die BRD Mannschaftsgold, so siegten 1972 in München trotz der Goldmedaille Liselott Linsenhoffs, im Mannschaftswettbewerb mit knappem Punktvorsprung die Reiter der Sowjetunion.
Wie bei den Springprüfungen kennen wir auch bei den Dressurprüfungen die Klassen A, L, L/M, M und S, dazu die besonders schwierigen internationalen Sonderprüfungen: St. Georgs Preis, Intermédiaire und Grand Prix mit der dazugehörigen Stechaufgabe. Um einen Eindruck von diesen Prüfungen zu geben, seien hier die Lektionen für den Grand Pirx (Großer Dressurpreis) genannt, die in 10 Minuten zu reiten sind. Das Dressurviereck ist das gleiche wie bei der Military (s. S. 146).

A	Einreiten im versammelten Galopp
X	Halten – Unbeweglichkeit – Grüßen Anreiten im versammelten Trab
C	Rechte Hand
MXK	Im starken Trab durch die ganze Bahn wechseln
KA	Mitteltrab
A	Mittelgalopp
FXH	Durch die ganze Bahn wechseln, Galoppwechsel bei X
MXK	Durch die ganze Bahn wechseln Galoppwechsel bei X
K	Versammelter Galopp
A	Versammelter Trab
FXH	Im starken Trab durch die ganze Bahn wechseln
H	Mitteltrab
HCMBX	Mitteltrab
X	Halten – 4 Tritte rückwärtsrichten, 4 Schritte vorwärts – 6 Tritte rückwärts, sofort anreiten im Mitteltrab
E	Linke Hand Die Übergänge vom Mitteltrab zum Halten und aus dem Rückwärtsrichten zum Mitteltrab
EKA	Mitteltrab
A	Versammelter Trab
FE	Traversale nach links

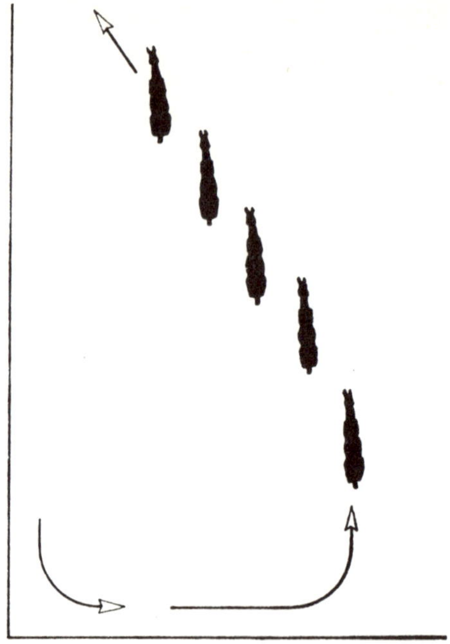

Traversale

EM	Traversale nach rechts
MCH	Versammelter Schritt
HXF	Im starken Schritt durch die ganze Bahn wechseln
FAK	Mittelschritt
K	Versammelter Schritt
V	Rechtsum
zwischen L und P	Halbe Pirouette rechts
zwischen L und V	Halbe Pirouette links
KV (P) (V) L	Der versammelte Schritt
LPBX	Erste Passage
X	Erste Piaffe (10 bis 12 Tritte) Anreiten zur Passage Übergänge von Passage zur Piaffe und von der Piaffe zur Passage
XESI	Zweite Passage
I	Zweite Piaffe (10 bis 12 Tritte) Übergänge von Passage zur Piaffe und von der Piaffe zur Passage
IRMG	Dritte Passage
G	Im versammelten Tempo links angaloppieren
H	Linke Hand
HK	Starker Galopp
K	Versammelter Galopp
A	Auf die Mittellinie gehen — 6 Galopptraversalen beiderseits der Mittelline mit Galoppwechsel bei jedem Richtungswechsel, die erste Traversale nach links und die letzte Traversale nach rechts zu je 3 Sprüngen, die übrigen 4 Traversalen zu je 6 Sprüngen
G	Im Rechtsgalopp endend
C	Rechte Hand
MXK	Im starken Galopp durch die ganze Bahn wechseln Versammelter Galopp und Galoppwechsel
A	Auf die Mittellinie gehen
L	Pirouette links
X	Galoppwechsel
I	Pirouette rechts
C	Rechte Hand

MXK	Auf der Diagonalen 9 Galoppwechsel zu je 2 Sprüngen, im Linksgalopp endend
FXH	Auf der Diagonalen 15 Galoppwechsel von Sprung zu Sprung, im Rechtsgalopp endend
MF	Mittelgalopp
F	Versammelter Galopp
A	Auf die Mittellinie gehen
L	Halten – 4 Tritte rückwärtsrichten, daraus sofort anpassagieren (Vierte Passage) Die Übergänge vom versammelten Galopp zum Halten und vom Rückwärtsrichten zur Passage
X	Zirkel nach rechts 8 m Durchmesser, anschließend Zirkel nach links 8 m Durchmesser
I	Dritte Piaffe (10 bis 12 Tritte)
IG	Fünfte Passage
G	Halten – Unbeweglichkeit – Grüßen Verlassen der Bahn im Schritt am langen Zügel

Neben der Pirouette, einer Hinterhandwendung um 360 Grad im Galopp, und der Traversale, einer Seitwärtsverschiebung (s. Zeichnung), sind es wohl vor allem die Piaffe und die Passage, die dem Laien unklare Begriffe sind. Ackerl und Lehmann, die bekannten Lipizzanerkenner, charakterisieren diese Übungen folgendermaßen: »Die Passage wird in Wien gern als Spanischer Tritt bezeichnet, weil der, diese Gangart kennzeichnende hohe Kniebug des Pferdes, den altspanischen Rossen eigen, sich auf die Lipizzaner vererbt und dem Wiener Institut den Namen ›Spanische‹ Reitschule gegeben hat . . . Die schulmäßige Passage besteht in einem schwungvollerhabenen, gemessenen Trab, bei dem jeder Tritt vor dem elastischen Auffußen der Beine in der Luft ausgehalten wird. Das Abschnellen vollzieht sich in einem weichen Federn, das wesentlich zur scheinbaren Erdenschwerelosigkeit dieser schönsten Schule auf der Erde beiträgt.«
»Die Piaffe ist eine Art schwungvoller Trab mit erhabenen Beinbewegungen in gemessenem Takt, indem das Pferd, gesetzt in den Hanken versammelt und in der Vorhand aufgerichtet, bei jedem Tritt etwa um Hufesbreite vorwärtsrückt.«

Piaffe

Zu den Fotos Seite 153 bis 157:

Seite 153 oben: Kurt Hasse auf »Tora«, Olympiasieger des Jahres 1936. (Foto: Menzendorf)

Seite 153 Mitte: Fritz Thiedemann auf »Meteor«. Der »Dicke« ist unvergessen. Ihm und seinem Reiter gelang es, nach dem Kriege an die großen Erfolge der deutschen Vorkriegsreiterei anzuknüpfen. (Foto: Schönerstedt)

Seite 153 unten: P. Jonquères d'Oriola auf »Lutteur«. Sieger im Großen Jagdspringen der Olympiade 1964 in Tokio. (Foto: Menzendorf)

Seite 154 oben: Nelson Pessoa auf »Sirene«. Springderby 1970 in Hamburg Klein-Flottbek. Der Brasilianer ist einer der erfolgreichsten Reiter der großen internationalen Turniere. (Foto: Menzendorf)

Seite 154 unten: Piero d'Inzeo auf »The Rock«. Dieses Paar holte sich die Silbermedaille im Großen Jagdspringen der Olympiade 1960 in Rom. (Foto: Horster)

Seite 155: Graziano Mancinelli auf »Water Surfer«. Gemeinsam mit den Brüdern d'Inzeo holte Granziano Mancinelli manchen Nationenpreis nach Italien. (Foto: Menzendorf)

Seite 156—157: Hallenreitturnier in der Deutschlandhalle Berlin. Ein Schauplatz großer internationaler Reiterfeste. (Foto: Menzendorf)

Kurt Hasse
auf »Tora«,
Olympiasieger
von 1936

Fritz Thiedemann
auf »Meteor«

P. Jonquères
d'Oriola
auf »Lutteur«

Nelson Pessoa auf »Sirene«

Piero d'Inzeo auf »The Rock«

Graziano Mancinelli auf »Water Surfer«

Hallenreitturnier in der Deutschlandhalle Berlin

Raimondo d'Inzeo auf »Bellevue«

H. G. Winkler auf »Enigk«

Paul Weier auf »Donauschwalbe«

Mark Phillips auf »Rock on«

Michael Tucker (GBR) auf »Laurieston«

Zu den Fotos Seite 158 bis 160:

Seite 158 oben: Raimondo d'Inzeo auf »Bellevue«. Die katzenhafte Geschmeidigkeit der Italiener charakterisiert ihren Springstil. (Foto: Menzendorf)

Seite 158 unten: H. G. Winkler auf »Enigk«. Der Altmeister des deutschen Springsports — er gehörte mit Fritz Thiedemann zu den gefeiertsten Vertretern der internationalen Nachkriegsreiterei. (Foto: Menzendorf)

Seite 159: Paul Weier auf »Donauschwalbe«. Der Schweizer Kavallerist gehört international zur ersten Garnitur. (Foto: Menzendorf)

Seite 160 oben: Mark Phillips auf »Rock on«. Der britische Militaryreiter bewältigt mühelos ein Hindernis der Querfeldeinstrecke. (Foto: Menzendorf)

Seite 160 unten: Michael Tucker (GBR) auf »Laurieston«. Vorbereitung auf die Olympiade 1972: Internationale Test-Military in München, 1971. Alle bdeutenden Militaryreiter waren vertreten, um sich mit dem Schauplatz der Olympiamilitary 1972 in München-Riem vertraut zu machen. (Foto: Menzendorf)

Passage

Fahrsport

Viele Leinen gilt es in der Faust zu halten, wenn man auf dem Turnierplatz seinen Mehrspänner vorstellen will. Das Fahren, das nicht nur des geschickten, alle Leinen- und Peitschenhilfen beherrschenden Fahrers bedarf, sondern auch eines vollendet ausgebildeten, gehorsamen, scheufreien und sicheren Pferdes, ist eine schwierige Kunst. Jedem großen Springturnier ist auch ein Fahrturnier beigesellt, das in mehrere Klassen aufgeteilt ist. Da sehen wir neben den kleinen Wagen mit den anmutigen Zwerghackneys die prachtvollen Fünferzüge der Ungarn oder die eleganten englischen Ein -und Zweispänner. Es werden Geschicklichkeitsprüfungen gefahren, die kaum weniger faszinierend sind als die großen Springprüfungen. Ausgerechnet im Jahre 1896, als schon das Auto seinen Siegeszug begann, fand in Deutschland das erste Fahrturnier statt. Es gehörte nicht viel Phantasie dazu, um vorauszusagen, daß all das, was man dort noch sehen konnte, bald zu einem Museumsdasein verdammt sein würde: Landauer, Dogcarts, Jagdwagen oder Coaches. In einer Zeit, da die Könige mit ihren goldenen Karossen zu zählen sind, da man bei uns kaum noch große Güter findet, die mit einem ansehnlichen Wagenpark aufwarten können, muß man tatsächlich in die Marstallmuseen gehen, um sich eine Vorstellung von der Kutschenpracht zu machen, die vergangene Jahrhunderte auszeichnete. Kladruber, Norfolk-Trotter, Oldenburger, Hackneys – Pferde, die schon in unserem Rassenlexikon vorgestellt wurden, waren typische, spezialisierte Wagenpferde und sind heute zum Teil ausgestorben oder wurden züchterisch so umgewandelt, daß sie als Reitpferde dienen können. Die Zeit des »Karossiers«, des edlen Wagenpferdes ist bei uns vorbei, und so ist es mehr eine Verbeugung vor der Vergangenheit, wenn wir hier eine Aufstellung der möglichen Anspannungsarten zeigen. Es sind Gespanne, die heute noch zu sehen sind, allerdings nur noch auf Turnieren und Pferdeschauen.

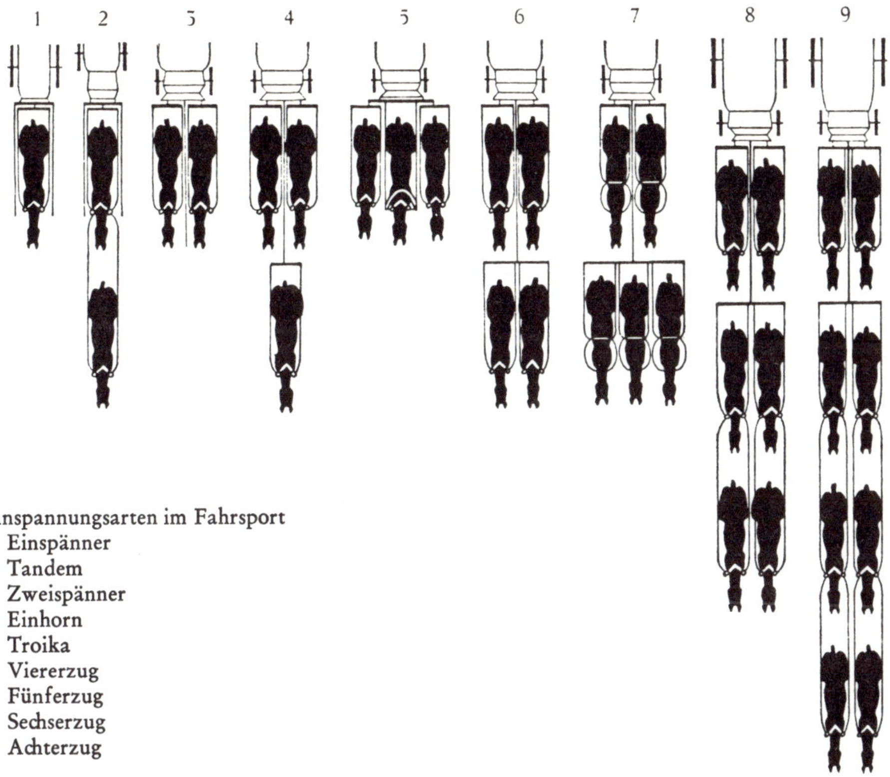

Anspannungsarten im Fahrsport
1 Einspänner
2 Tandem
3 Zweispänner
4 Einhorn
5 Troika
6 Viererzug
7 Fünferzug
8 Sechserzug
9 Achterzug

Polo

Die Geburtsstunde des europäischen Polos war gekommen, als im Jahre 1854 der englische Lieutenant Sherer, der in Indien Dienst tat, vom Maharadscha von Jahore zu einem Polospiel eingeladen wurde. Der englische Offizier war so begeistert, daß er sich schwor, zusammen mit seinen Regimentskameraden dieses schnelle Ballspiel zu Pferde zu erlernen. Der Maharadscha lächelte und meinte: »Vergessen Sie nicht, Lieutenant, daß wir schon vor 2000 Jahren damit angefangen haben!« Sherer ließ sich jedoch nicht entmutigen: er brachte eine Mannschaft zusammen und gründete fünf Jahre später in Cachar den ersten Poloklub. Andere in Indien stationierte englische Offiziere wurden bald ebenso enthusiastische Anhänger dieses Spiels, brachten es nach England, und so fand das erste Polospiel, »Hockey zu Pferde«, wie man es zuerst nannte, auf englischem Boden im Jahre 1869 zwischen zwei Kavalleriemannschaften statt.
Das europäische Polospiel hat sich aber ganz anders entwickelt, als das asiatische, das wohl in Tibet seinen Ursprung nahm und sich über Persien, wo es in frühester Zeit sogar die Hofdamen beherrscht haben sollen, China und Turkestan ausbreitete.

Im Reiche Dschingis-Khans wurde dieses Geschicklichkeitsspiel so hoch eingeschätzt, daß dieser Herrscher nur erprobte Polospieler zu seinen unmittelbaren Gefolgsleuten erwählte. Auch der Mogulherrscher Akbar der Große (1542–1605) war ein besonders leidenschaftlicher Anhänger dieses Spiels und stellte Regeln für Wettkämpfe auf, an denen Mannschaften von 10–12 Spielern teilnahmen, im Gegensatz zur heutigen Mannschaft, die aus 4 Spielern besteht.
Wie wird nun heute Polo gespielt, wie ist das Feld beschaffen und was besagen die Regeln?
Auf einem Feld von 300 yards Länge und 160 yards Breite stehen sich zwei Mannschaften zu je vier Spielern gegenüber, die versuchen müssen, die gegnerische Abwehr zu durchbrechen und den Ball in ein Tor (7,45 m lang, 3,10 m hoch) zu bringen. Ein volles Spiel setzt sich zusammen aus 8 Spielabschnitten (Chukka genannt), die je siebeneinhalb Minuten dauern. Es ist jedoch üblich, weniger Chukka zu spielen. Nach jedem Chukka werden die Pferde gewechselt. Wie im Golf hat jeder Spieler ein Handicap (von –2 bis 10 Toren), und so ergibt sich auch ein Team-Handicap. Das stärkere Team gibt dem schwächeren Team die Differenz zwischen den beiden Handicaps. Das Spiel mit dem kleinen Holzball (8,5 cm Durchmesser) und dem Schläger (ca. 1,30 m lang), der einen 20 cm langen Schlaghammer hat, ist sehr schnell und hart, und es hat langer züchterischer Anstrengungen bedurft, um ein geeignetes Polopony zu entwickeln (s. Kap. 3 »Rassenlexikon«). Die Reiter dürfen nur mit dem Ball auf das gegnerische Tor reiten. Das »Wegerecht« gibt jenem Reiter Vorteil, der in direkter Fluglinie des Balles oder im kleinsten Winkel zu ihr anreitet. Grundsätzlich darf die Fluglinie des Balles nicht gekreuzt werden.
Da die Ausübung dieses Sports erhebliche Geldmittel verlangt, hat er sich nur in wenigen Ländern (England, Irland, USA, Australien, Kanada, Südamerika) wirklich eingebürgert. In Deutschland wurde zwar schon 1898 der erste Poloklub in Hamburg gegründet, doch hatte das Spiel seltsamerweise bei uns nie sehr viele Anhänger. Hin und wieder wurde Polo auch in das Programm der Olympischen Spiele übernommen (zuletzt 1936), doch beweist die lange Zäsur, daß das Publikum offensichtlich nicht überall fähig ist, sich an diesem Sport ebenso zu begeistern wie in den angelsächsischen Ländern. Das »Poloereignis des Jahres« findet natürlich auch in England statt: es ist der große Westchester Cup von Hurlingham.

Jagdreiten

Harmlos geht es auf unseren Wiesen und Stoppelfeldern zu, wenn im Herbst zur Jagd geblasen wird, denn die Jagd hinter dem Wild, die Hetzjagd hinter Hirsch, Fuchs, Hase oder Wildschwein, ist bei uns verboten. Trotz tönender Jagdhornsignale, trotz läutender Meuten: Die Jagd bei uns ist Sport oder Spiel, aber keine echte Jagd, auch wenn es einen Fuchsschwanz zu »erjagen« gibt, auch wenn die Hörner »Fuchs tot« blasen und »Jagd vorbei«.

Die Parforcejagd hinter der hetzenden Meute, einst Privileg der Könige und des Adels, ist auch heute nicht ausgestorben, nur muß man nach England, Irland oder Frankreich fahren, wenn man sie erleben will. Auch dort gibt es Tierfreunde, die Hetzjagden abschaffen wollen, bisher jedoch ohne Erfolg. Sollen wir froh sein, daß es mit dieser Art des Jagens vorbei ist? Ich meine ja, denn ein ehrlicher Schuß aus der Büchse ist dem verängstigten Wild gegenüber wohl immer noch fairer als ein stundenlanges Hetzen durch Reiter und Hund. Wie so vieles, was mit der Jagd zusammenhängt, ist auch die Hetzjagd zu Pferd ein Atavismus, eine Betätigung, die in der Vergangenheit Sinn und Berechtigung hatte, als es galt, sich vom gejagten Wild zu ernähren oder es als Schädling zu bekämpfen. Tierjagd als Spiel, Sport oder gar Belustigung – dazu sollte uns das Tier zu viel wert und wir uns zu schade sein.

Da man von den Traditionen nicht lassen will, auch wenn der Inhalt es nicht mehr verlangt, ist unsere Reitjagd, die in verschiedenen Formen ausgeübt wird, immer noch eine Jagd hinter dem markierten Wild. Das gilt sowohl für die Fuchsschwanzjagd als auch für die Schleppjagd. Schauen wir uns die verschiedenen Arten der bei uns gepflegten Reitjagden einmal an.

Die Schleppjagd

Sie hat noch am meisten Ähnlichkeit mit einer richtigen Parforcejagd, denn hierbei reitet ein »Schlepper« mit der Fuchslunte voraus, der die Fährte für die Hunde legt. Nachdem die Jagd angeblasen ist, folgt der »Master« (auch »Huntsman« genannt) mit seinen Helfern (den »Pikören«) der suchenden Meute, dahinter reitet der Jagdherr und dann das Feld der Jagdteilnehmer. Es geht nicht nur über Stock und Stein, sondern auch über beachtliche Hindernisse bei so einer Jagd, und es gehört eine ganze Menge Schneid dazu, sie mitzureiten. Am Schluß wird das Halali geblasen, und die Hunde, die sich nicht umsonst angestrengt haben sollen, bekommen ihr »Curée«, das natürlich bei Parforcejagden aus dem Aufbruch des Wildes besteht, bei Schleppjagden jedoch aus mitgebrachten Fleischbrocken. Der Jagdherr verteilt nun zur Erinnerung an den Jagdtag den »Bruch«, der meist aus kleinen Tannen- oder Eichenzweigen besteht. Die Signale »Fuchs tot«, »Halali« und »Jagd vorbei« beenden die Jagd.

Die Fuchsschwanzjagd

Es ist die häufigste, da am wenigsten kostspielige Form der Reitjagd, denn es ist eine Jagd ohne Meute. Ein Reiter wird als Fuchs markiert, bekommt einen Fuchsschwanz an die linke Schulter geheftet, und es gilt, diesen Reiter zu jagen und ihm den Fuchsschwanz (von der linken Seite aus mit der rechten Hand) zu entreißen. Auch hierbei gibt es einen Master, der nun jedoch nicht mehr Herr der Meute, sondern nur noch Jagdleiter ist. Wenn er die Kappe hochhebt und ruft »Jagd frei«, dann ist die Jagd auf den Fuchs freigegeben.

Die Schnitzeljagd

Auch sie ist nur eine Abwandlung der Schleppjagd. Statt der Lunte hat der »Fuchs« zwei Säckchen mit Papierschnitzeln bei sich, die er für die beiden Reiter, die die Hunde symbolisieren, gelegt hat und die das Feld der Jagdteilnehmer anführen. Durch gelegentliches Aussetzen des Streuens oder Zurückreiten des Fuchses auf der eigenen Fährte wird die Jagd noch spannender gemacht. 50 m von der letzten Streustelle wartet der Fuchs auf die Jagdgesellschaft, dann wird die »Jagd frei« gegeben. Auch diese Jagd geht über Hindernisse.

Die korrekte Kleidung für die Reitjagd

Chronik der Olympischen Reiterspiele

STOCKHOLM 1912

Große Dressurprüfung

1. Rittmeister Graf Bonde auf »Emperor«	Schweden
2. Major Boltenstern auf »Neptun«	Schweden
3. Leutnant von Blixen-Finecke auf »Maggie«	Schweden

Großes Jagdspringen

1. Capitaine Cariou auf »Mignon«	Frankreich
2. Oberleutnant v. Kröcher auf »Dohna«	Deutschland
3. Capitaine de Blommaert auf »Clonmore«	Belgien

Mannschaftswertung: 1. Schweden, 2. Frankreich, 3. Deutschland

Military

1. Leutnant Nordlaender auf »Lady Artist«	Schweden
2. Leutnant v. Rochow auf »Idealist«	Deutschland
3. Capitaine Cariou auf »Cocotte«	Frankreich

Mannschaftswertung: 1. Schweden, 2. Deutschland, 3. USA

1916 keine Olympischen Spiele

ANTWERPEN 1920

(Deutschland, Österreich und die Schweiz waren nicht beteiligt)

Große Dressurprüfung

1. Rittmeister Lundblad auf »Uno«	Schweden
2. Leutnant Sandström auf »Sabel«	Schweden
3. Leutnant Graf Rosen auf »Running Sister«	Schweden

Großes Jagdspringen

1. Leutnant Lequio auf »Trebecco«	Italien
2. Major Valerio auf »Cento«	Italien
3. Rittmeister Lewenhaupt auf »Mon Cœur«	Schweden

Mannschaftswertung: 1. Schweden, 2. Belgien, 3. Italien

Zu den Fotos Seite 169 bis 173:

Seite 169: Das Dressurviereck. Das Auge der Richter ist unbestechlich. Nur mit äußerster Konzentration läßt sich die schwere Dressuraufgabe meistern. (Foto: W. Schmidt-Anthony)

Seite 170 oben links: Henry Chammartin auf »Wolfdietrich«. Der Schweizer Dressurreiter war Sieger in der großen Dressurprüfung der Olympiade 1964 in Tokio. (Foto: Menzendorf)

Seite 170 oben rechts: Dr. Reiner Klimke auf »Mehmed«. Der Reiter — auch als Militaryspezialist bekannt — holte sich auf »Dux« die Bronzemedaille der Olympiade 1968 in Mexiko. (Foto: Menzendorf)

Seite 170 unten links: Sergej Filatow auf »Absent«. Das Paar gewann bei der Olympiade 1960 in Rom die Goldmedaille. (Foto: Tiedemann)

Seite 170 unten rechts: Liselott Linsenhoff auf »Piaff«. Schon bei der Olympiade 1956 in Stockholm war die begabte Dressurreiterin erfolgreich: mit »Adular« gewann sie die Bronzemedaille. (Foto: Menzendorf)

Seite 171 oben: Die Sieger in der Mannschaftswertung bei der Europameisterschaft der Dressurreiter 1967. Josef Neckermann auf »Antoinette«, Dr. Reiner Klimke auf »Dux«, Harry Boldt auf »Remus«. (Foto: Menzendorf)

Seite 171 unten: Josef Neckermann auf »Van Eick«. Die Olympiaden 1960, Rom, und 1968, Mexiko, brachten Josef Neckermann eine Bronzemedaille und eine Silbermedaille in der Einzelwertung. In der Mannschaftswertung konnte er sich zwei Goldmedaillen holen. (Foto: Menzendorf)

Seite 172—173: Schweizer Viererzug. Beim C.H.I.O. Aachen 1967. (Foto: Menzendorf)

Das Dressurviereck

Henry Chammartin auf »Wolfdietrich«

Dr. Reiner Klimke auf »Mehmed«

Sergej Filatow auf »Absent«

Liselott Linsenhoff auf »Piaff«

Josef Neckermann auf »Antoinette«, Dr. Reiner Klimke auf »Dux« und Harry Boldt auf »Remus«

Josef Neckermann auf »Van Eick«

Schweizer Viererzug

19

Kladruber Zweispänner

Holsteiner Tandem

Rottaler Zehnerzug

Polo — das Reiterspiel der Könige

Blick in die Sattelkammer

Zu den Fotos Seite 174 bis 176:

Seite 174 oben: Kladruber Zweispänner. C.H.I.O. Aachen 1970. »Favory IV« und »Favory VI« aus dem Hauptgestüt Kladruby (CSSR), gefahren von Vraclaw Kurka. (Foto: Menzendorf)

Seite 174 Mitte: Holsteiner Tandem. Auf dem Turnier in Aachen 1971. (Foto: Menzendorf)

Seite 174 unten: Rottaler Zehnerzug. Der Zehnerzug, bespannt mit Rottalern, war lange Zeit Symbol der bayerischen Warmblutzucht. Der einstige Rottaler Karossier genügte den Forderungen nach einem modernen, leistungsfähigen Reitpferd nicht mehr. Heute gibt es nur noch ein »Bayerisches Warmblut«, ein Reitpferd, auf der Grundlage des Rottalers entwickelt. (Foto: Gold)

Seite 175: Polo — das Reiterspiel der Könige. Das harte, schnelle Spiel stammt aus Asien und wurde von Engländern in Europa eingeführt. (Foto: Krings-Anthony)

Seite 176: Blick in die Sattelkammer. Hier herrscht wohltuende Ordnung. (Foto: Gold)

Military	1. Graf Mörner auf »Germania«	Schweden
	2. Leutnant Lundström auf »Yrsa«	Schweden
	3. Major Caffarati auf »Traditore«	Italien
	Mannschaftswertung: 1. Schweden, 2. Italien, 3. Belgien	

PARIS 1924

(Deutschland nicht beteiligt)

Große Dressurprüfung		
	1. General Linder auf »Piccolomini«	Schweden
	2. Oberleutnant Sandström auf »Sabel«	Schweden
	3. Capitaine Lesage auf »Plumarol«	Frankreich
Großes Jagdspringen		
	1. Leutnant Gemuseus auf »Lucette«	Schweiz
	2. Leutnant Lequio auf »Trebecco«	Italien
	3. Leutnant Kroliciewicz auf »Picador«	Polen
	Mannschaftswertung: 1. Schweden, 2. Schweiz, 3. Portugal	
Military	1. Leutnant van der Voort van Zijp auf »Silver Piece«	Niederlande
	2. Leutnant Kirkjeberg auf »Meteor«	Dänemark
	3. Commandant Doak auf »Pathfinder«	USA
	Mannschaftswertung: 1. Niederlande, 2. Dänemark, 3. USA	

AMSTERDAM 1928

Große Dressurprüfung		
	1. Freiherr v. Langen auf »Draufgänger«	Deutschland
	2. Commandant Marion auf »Linon«	Frankreich
	3. R. Olson auf »Günstling«	Schweden
	Mannschaftswertung: 1. Deutschland, 2. Schweden, 3. Niederlande	

Großes Jagdspringen

	1. Kapitän Ventura auf »Elliot«	Tschechoslowakei
	2. Capitaine Bertran auf »Papillon«	Frankreich
	3. Major Kuhn auf »Pepita«	Schweiz
	Mannschaftswertung: 1. Spanien, 2. Polen, 3. Schweden	
Military	1. Leutnant de Mortanges auf »Marcroix«	Niederlande
	2. Kapitän de Kruijff auf »Va-te'en«	Niederlande
	3. Major Neumann auf »Ilja«	Deutschland
	Mannschaftswertung: 1. Niederlande, 2. Norwegen, 3. Polen	

LOS ANGELES 1932

(Teilnehmer nur aus USA, Mexiko, Japan, Frankreich, Niederlande, Schweden. Deutschland, Österreich und die Schweiz waren nicht beteiligt)

Große Dressurprüfung

	1. Commandant Lesage auf »Taine«	Frankreich
	2. Commandant Marion auf »Linon«	Frankreich
	3. Capain Tuttle auf »Olympic«	USA
	Mannschaftswertung: 1. Frankreich, 2. Schweden, 3. USA	

Großes Jagdspringen

	1. Leutnant Baron Nishi auf »Uranus«	Japan
	2. Major Chamberlain auf »Show Girl«	USA
	3. Leutnant von Rosen auf »Empire«	Schweden
Military	1. Leutnant de Mortanges auf »Marcroix«	Niederlande
	2. Leutnant Thomson auf »Jenny Camp«	USA
	3. Leutnant von Rosen auf »Sunny Side Maid«	Schweden
	Mannschaftswertung: 1. USA, 2. Niederlande, 3. (Keine Medaille vergeben)	

BERLIN 1936

Große Dressurprüfung

	1. Oberleutnant Pollay auf »Kronos«	Deutschland
	2. Major Gerhard auf »Absinth«	Deutschland
	3. Major Podhajsky auf »Nero«	Österreich
	Mannschaftswertung: 1. Deutschland, 2. Frankreich, 3. Schweden	

Großes Jagdspringen

	1. Oberleutnant Hasse auf »Tora«	Deutschland
	2. Oberleutnant Rang auf »Delfis«	Rumänien
	3. Rittmeister von Platthy auf »Sellö«	Ungarn
	Mannschaftswertung: 1. Deutschland, 2. Niederlande, 3. Portugal	

Military	1. Hauptmann Stubbendorf auf »Nurmi«	Deutschland
	2. Captain Thomson auf »Jenny Camp«	USA
	3. Kapitänleutnant Lunding auf »Jason«	Schweden
	Mannschaftswertung: 1. Deutschland, 2. Polen, 3. England	

LONDON 1948

(Ohne Beteiligung Deutschlands)

Große Dressurprüfung

	1. Hauptmann Moser auf »Hummer«	Schweiz
	2. Colonel Jousseaume auf »Harpagon«	Frankreich
	3. Kapitän Boltenstern auf »Trumpf«	Schweden
	Mannschaftswertung: 1. Frankreich, 2. USA, 3. Portugal	

Großes Jagdspringen

	1. M. Cortes auf »Arete«	Mexiko
	2. R. Uriza auf »Hatvey«	Mexiko
	3. Chevalier d'Orgeix auf »Sucre de Pomme«	Frankreich
	Mannschaftswertung: 1. Mexiko, 2. Spanien, 3. Großbritannien	

Military	1. Capitaine Chevallier auf »Aiglonne«	Frankreich
	2. Lt. Col. Henry auf »Swing Low«	USA
	3. Kapitän Selfelt auf »Claque«	Schweden
	Mannschaftswertung: 1. USA, 2. Schweden, 3. Mexiko	

HELSINKI 1952

Große Dressurprüfung

1. Major St. Cyr auf »Master Rufus«	Schweden
2. Lis Hartel auf »Jubilee«	Dänemark
3. Colonel Jousseaume auf »Harpagon«	Frankreich
Mannschaftswertung: 1. Schweden, 2. Schweiz, 3. Deutschland	

Großes Jagdspringen

1. P. Jonquères d'Oriola auf »Ali Baba«	Frankreich
2. Capitano Christi auf »Bambi«	Chile
3. Fritz Thiedemann auf »Meteor«	Deutschland
Mannschaftswertung: 1. Großbritannien, 2. Chile, 3. USA	

Military	1. Rittmeister von Blixen-Finecke auf »Jubal«	Schweden
	2. Oberleutnant Lefrant auf »Verdun«	Frankreich
	3. W. Büsing auf »Hubertus«	Deutschland
	Mannschaftswertung: 1. Schweden, 2. Deutschland, 3. USA	

STOCKHOLM 1956

Große Dressurprüfung

1. Major St. Cyr auf »Juli«	Schweden
2. Lis Hartel auf »Jubilee«	Dänemark
3. Liselott Linsenhoff auf »Adular«	Deutschland
Mannschaftswertung: 1. Schweden, 2. Deutschland, 3. Schweiz	

Großes Jagdspringen

1. Hans-Günter Winkler auf »Halla«	Deutschland
2. Capitano Raimondo d'Inzeo auf »Merano«	Italien

	3. Capitano Piero d'Inzeo auf »Uruguay«	Italien
	Mannschaftswertung: 1. Deutschland, 2. Italien, 3. Großbritannien	
Military	1. Petrus Kastenmann auf »Illuster«	Schweden
	2. August Lütke-Westhues auf »Trux«	Deutschland
	3. Major Weldon auf »Kilbarry«	Großbritannien
	Mannschaftswertung: 1. Großbritannien, 2. Deutschland, 3. Kanada	

ROM 1960

Große Dressurprüfung

	1. Sergej Filatow auf »Absent«	UdSSR
	2. Gustav Fischer auf »Wald«	Schweiz
	3. Josef Neckermann auf »Asbach«	Deutschland

Großes Jagdspringen

	1. Raimondo d'Inzeo auf »Posilippo«	Italien
	2. Piero d'Inzeo auf »The Rock«	Italien
	3. David Broome auf »Sunsalve«	Großbritannien
	Mannschaftswertung: 1. Deutschland, 2. USA, 3. Italien	
Military	1. Lawrence Morgan auf »Salad Days«	Australien
	2. Neale Lavis auf »Mirrabooka«	Australien
	3. Anton Bühler auf »Gay Spark«	Schweiz
	Mannschaftswertung: 1. Australien, 2. Schweiz, 3. Frankreich	

TOKIO 1964

Große Dressurprüfung

	1. H. Chammartin auf »Woermann«	Schweiz
	2. Harry Bolt auf »Remus«	Deutschland
	3. Sergej Filatow auf »Absent«	UdSSR
	Mannschaftswertung: 1. Deutschland, 2. Schweiz, 3. UdSSR	

Großes Jagdspringen

	1. Pierre J. d'Oriola auf »Lutteur«	Frankreich
	2. Hermann Schridde auf »Dozent«	Deutschland
	3. Peter Robeson auf »Firecrest«	Großbritannien
	Mannschaftswertung: 1. Deutschland, 2. Frankreich, 3. Italien	
Military	1. M. Checcoli auf »Surbean«	Italien
	2. C. Moratorio auf »Chalan«	Argentinien
	3. Fritz Ligges auf »Donkosak«	Deutschland
	Mannschaftswertung: 1. Italien, 2. USA, 3. Deutschland	

MEXIKO 1968

Große Dressurprüfung

	1. I. Kisimow auf »Ichor«	UdSSR
	2. Josef Neckermann auf »Mariano«	Deutschland
	3. Dr. Reiner Klimke auf »Dux«	Deutschland
	Mannschaftswertung: 1. Deutschland, 2. Sowjetunion, 3. Schweiz	

Großes Jagdspringen

	1. William Steinkraus auf »Snow Bound«	USA
	2. Marion Coakes auf »Stroller«	Großbritannien
	3. David Broome auf »Mister Softee«	Großbritannien
	Mannschaftswertung: 1. Kanada, 2. Frankreich, 3. Deutschland	
Military	1. Jean-Jacques Guyon auf »Pitou«	Frankreich
	2. Derek Allhusen auf »Lochinvar«	Großbritannien
	3. Michael Page auf »Foster«	USA
	Mannschaftswertung: 1. Großbritannien, 2. USA, 3. Australien	

Die Ergebnisse der Reiterolympiade, München 1972, sind auf Seite 274 verzeichnet.

Zu den Fotos Seite 185 bis 192:

Seite 185: Levade. Oberbereiter Wahl auf »Neapolitano Strana« anläßlich einer Tournee der Spanischen Hofreitschule, die sie nach Berlin führte. (Foto: Menzendorf)

Seite 186—187: Courbette rechts — Redopp links an der Wand — Ballotade rechts — Zurückgehen an der Wand — Linksgalopp. Der Augsburger Maler und Zeichner J. E. Ridinger (1698—1767) stellte in mehreren Folgen die Übungen der Hohen Schule dar. (Fotos: Staatl. Graphische Sammlung, München)

Seite 188—189: Das Lipizzanergestüt Piber. Fohlenstutenherde auf der Weide. Bis zu seinem dritten Jahr ist der Lipizzaner Weidegänger und lebt im Gestüt. Im vierten Lebensjahr kommen die Hengste dann zur Ausbildung in die Spanische Hofreitschule nach Wien. (Foto: Menzendorf)

Seite 190 oben: Die große Schulquadrille. Der glanzvolle Abschluß jeder Vorführung der Spanischen Reitschule. (Foto: Menzendorf)

Seite 190 unten: Lipica. Das Stammgestüt der Lipizzaner, das schon 1580 gegründet wurde. Stuten an der Tränke. (Foto: Brunner)

Seite 191: Piaffe am langen Zügel. Oberbereiter Irbinger während einer Vorführung der Spanischen Reitschule. (Foto: Menzendorf)

Seite 192: Im Lipizzanergestüt Piber. Junge Stuten aus dem Reinthalerhof. (Foto: Menzendorf)

Levade

Courbette rechts

Redopp links an der Wand

Ballotade rechts

Zurückgehen an der Wand

Linksgalopp (Stiche von J. E. Ridinger, 1698—1767)

Die große Schulquadrille

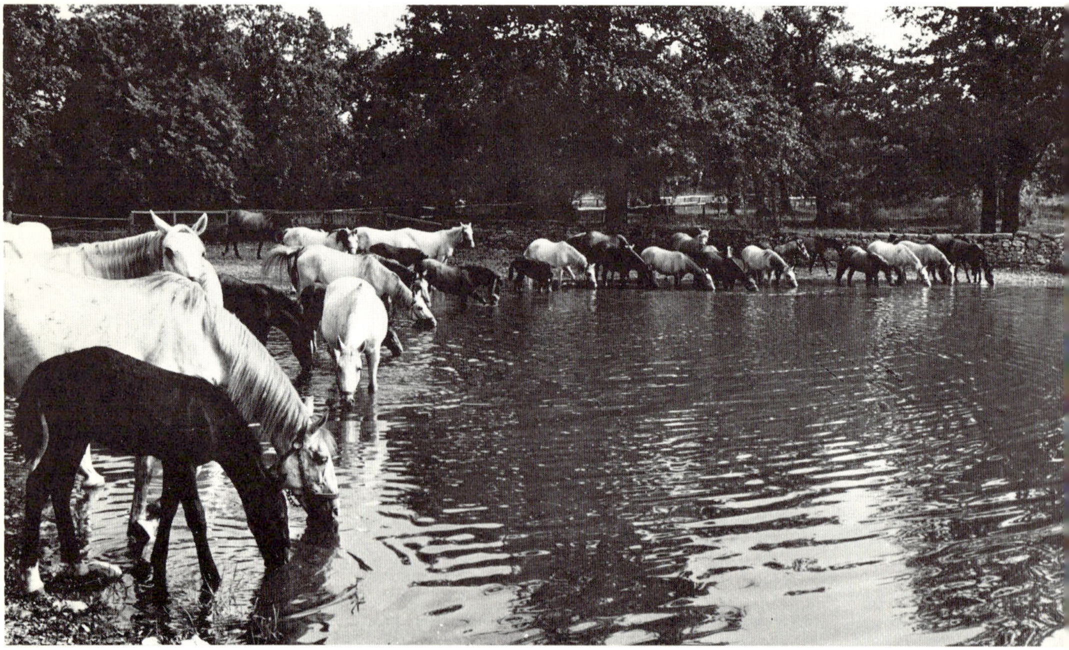

Lipica

Piaffe am langen Zügel

Vorhergehende Doppelseite: Das Lipizzanergestüt Piber

Im Lippizzanergestüt Piber

5. Die Hohe Schule

Die Spanische Hofreitschule in Wien

Der 14. September 1734 war ein Festtag für den Wiener Hof, denn endlich konnte ein neues Bauwerk eingeweiht werden, das sich Kaiser Karl VI. für seine Reitschule gewünscht hatte, die bisher nur recht bescheiden in einer Holzreitbahn auf dem »Rosstumlplatz« – dem heutigen Josefsplatz – untergebracht war. Um den Saal für seine festliche Bestimmung – denn fortan sollten hier alle kaiserlichen Reiterfeste stattfinden – würdig zu gestalten, hatte man den Hofbaumeister Josef Emanuel Fischer von Erlach bestellt, dessen schwierige Aufgabe es war, einen riesigen Raum von 55 m Länge, 18 m Breite und 17 m Höhe architektonisch zu gliedern. Der Bericht von der Einweihung der Reitschule, wie ihn die Hofakten wiedergeben, ist recht lapidar, und es gehört Phantasie dazu, sich auszumalen, welch schönes Bild sich den anwesenden Majestäten und Hofbeamten an diesem Septembertag geboten haben muß: »Beyde regierende Kayserl. Majestäten wie auch Kgl. H. Herzog v. Lothringen (haben) des Morgens in die neu erbaute und prächtig verfertigte Kays.Reith-Schull unter dero H. B. Ministern Hofcavalieren und Adel sich verfüget und zum erstenmal daselbst 54 aus dero eigenen Gestüten dieses Jahres gekommenen Polledri und anderen Schulpferden anreiten gesehen.«

Unter den »Polledri« haben wir junge Pferde zu verstehen, wie sie noch heute zu Beginn jeder Vorführung der Spanischen Reitschule gezeigt werden, um zu beweisen, daß auch sie, die als Vierjährige aus dem Gestüt kommen, schon verstehen, die Hilfen ihrer Reiter anzunehmen.

Dieser 14. September endete mit einem feierlichen Karussell, einem barocken Reiterspiel, von dessen Ausmaßen leider kein Bericht überliefert ist, doch können wir uns aus späteren Aufzeichnungen eine Vorstellung von dem Glanz machen, der diese kaiserlichen Feste auszeichnete. Es sei erlaubt, hier die detailgetreue Schilderung eines kaiserlichen Karussells aus dem Jahre 1815, als in Wien der große Kongreß stattfand, voranzustellen, denn sie beweist besser als alle beschreibenden Worte, was die Spanische Hofreitschule früher bedeutete, als sie nicht nur, wie heute, Ausbildungsstätte von Schulpferden war, sondern prunkvoller Ort kaiserlicher Repräsentation.

Der Chronist, Graf de la Garde, kommentiert das Fest:

»Der Tag des kaiserlichen Karussells, der so ungeduldig erwartete, war endlich gekommen. So viele Wochen waren auf die Vorbereitungen vergangen, daß man nicht zweifelte, der Hof würde dabei alle Wunder des Luxus und alle Hilfsmittel des Reichtums entfalten.

Die kaiserliche Reitbahn, von Karl VI. erbaut und später Karussellsaal genannt, war zu der Feierlichkeit eingerichtet. Dieses Gebäude, dessen weites Schiff der Ausdehnung einer gewöhnlichen Kirche fast gleichkommt, hat die Form eines länglichen Rechtecks; ringsherum geht eine kreisförmige Galerie, welche mit allen Zimmern des Palastes in Verbindung steht. Die nach hinten erhöht aufgestellten Sitze konnten tausend bis tausendzweihundert Zuschauer fassen; die Galerie war durch vierundzwanzig korinthische Säulen unterbrochen, an welchen die Schilde der vierundzwanzig Ritter mit ihren Waffen und Devisen hingen.

Zu beiden Enden dieses großen Kampfplatzes hatte man zwei Tribünen errichtet, welche die Länge des ganzen Gebäudes einnahmen und mit den reichsten Stoffen geschmückt waren. Die eine war für die Monarchen, Kaiserinnen, Königinnen und souveränen Fürsten bestimmt. Die andere, welche sich ihr gerade gegenüber befand, sollte die Damen der vierundzwanzig Paladine fassen, welche beweisen würden, daß sie schön unter den Schönen seien. Oberhalb dieser Tribüne hatte man das Orchester hingebracht, alles, was Wien an ausgezeichneten Musikern besaß, fand sich daselbst vereinigt.

Eine der Seitengalerien war für die Gesandten, die Minister, die Bevollmächtigten Europas, die kriegerischen Berühmtheiten und die vornehmen, fremden Familien bestimmt. Der österreichische, russische, ungarische und polnische Adel befand sich auf den anderen Galerien.

Unter der kaiserlichen Tribüne ist ein Ringspiel errichtet, die Ritter müssen mit ihren Lanzen, ohne innezuhalten, während ihre Pferde im schnellsten Lauf begriffen sind, die Ringe daraus abstechen. Ringsherum im Saale, in bestimmten Zwischenräumen, sind Türken- und Mohrenköpfe, mit ihrem Turban bedeckt, auf Pfählen angebracht und dienen den Kämpfern gleichfalls zum Ziele. Ohne Zweifel erhielt man auf diese Weise ehemals den Haß der deutschen Krieger gegen ihre räuberischen, unversöhnlichen Feinde, die Türken. Um etwaigen Unfällen zuvorzukommen, war der Boden der Reitbahn etwa einen halben Fuß hoch mit feinem Sande bedeckt; an der Tür des Saales endlich bezeichnet eine Schranke den Eingang zum Kampfplatz; hinter dieser Tür stehen die Waffenherolde mit ihren Trompeten und in prächtiger Kleidung, eine Menge mit Kerzen besteckter Kronleuchter verbreiten in dem weiten Umkreise ein Licht, das mit Tageshelle wetteifert ...

Punkt acht Uhr verkündete die Fanfare der Waffenherolde die Ankunft der vierundzwanzig Damen. Ihre galanten Champions führten sie, und sie setzten sich in die vorderste Reihe der für sie bestimmten Tribüne . . . Man kann sich kein anmutigeres, blendenderes Schauspiel denken; die Damen waren in vier Quadrillen geteilt, welche sich in der Farbe ihrer Kleidung unterschieden: Smaragdgrün, Karmesinrot, Blau und Schwarz. Alle Kleider waren von Samt, mit den reichsten Spitzen besetzt und ganz von Edelsteinen glänzend . . . Sobald die Minnedamen ihren Platz eingenommen hatten und eine reizende Reihe von engelhaften Gesichtern bildeten, richteten sich alle Augen auf sie, die, unbeweglich in ihre langen durchsichtigen Schleier gehüllt, ihren Triumph zu erwarten schienen. Eine neue Fanfare verkündet die Ankunft der Souveräne, bei ihrem Eintritt erhebt sich jedermann: die vierundzwanzig Damen werfen ihren Schleier zurück und erscheinen in all ihrem Glanze, ein stürmischer Beifall mischt sich in den freudigen Zuruf, welchen die Gegenwart der Monarchen erweckt hat.

Der Kaiser von Österreich setzt sich in die Mitte der Tribüne, ihm zu Seiten die Kaiserinnen, die anderen Souveräne und regierenden Prinzen nach der Ordnung des Vortritts; die mit Samt überzogenen Sessel strahlten von Gold und Stickereien . . . Als die Souveräne und Zuschauer saßen, da begann sofort im Saale eine brausende kriegerische Musik, die vierundzwanzig Paladine erschienen an der Schranke. Es war die Blüte des Adels des Kaiserreichs, die meisten hatten in den letzten Kriegen auf einem anderen Kampfplatz voll Tapferkeit ihre Sporen verdient, und wenn sie alle durch ihren persönlichen Ruhm oder die Erhabenheit ihrer Familien glänzten, so waren sie nicht minder durch vorteilhaftes Äußeres auffallend . . . Die Paladine ritten ungarische Pferde von der höchsten Schönheit, welche durch ihre Beweglichkeit und ihre Dressur sich auszeichneten. Unter ihren reichen Decken konnte man kaum ihre ebenholzschwarze Farbe erkennen. Jeder Ritter hielt eine lange Lanze und stützte dieselbe auf das Knie. Vierundzwanzig Pagen trugen ihnen ihre Banner vor, es folgten ihnen sechsunddreißig spanisch gekleidete Stallmeister, welche die mit ihren Emblemen und Devisen geschmückten Schilde trugen.

Die Pagen und Stallmeister stellten sich zu beiden Seiten der Schranken in Linie auf. Die vierundzwanzig Paladine richten sich darauf je zu zweien gegen die Tribüne der Monarchen hin und senken zum Zeichen des Grußes und des Gehorsams vor den Königinnen und Kaiserinnen ihre Lanzen. Diese machen eine anmutige Handbewegung zur Erwiderung. Darauf kehren die Ritter zurück, reiten zu der anderen Tribüne und bringen ihren Damen eine gleiche Huldigung der Unterwürfigkeit und Ehrfurcht dar. Die Damen erheben sich nun gleichfalls, den Gruß zu erwidern, und bei dieser Gelegenheit kann man erst die Schönheit ihrer Züge, die Zierlichkeit ihres Wuchses und den Reichtum ihres Kostüms in Augenschein nehmen. Nachdem sie zweimal im Zirkus die Runde gemacht, ziehen sich alle Paladine zurück und erwarten ein neues Signal.

Darauf blasen die Herolde eine schmetternde Fanfare, auf welche alle Musiker des Orchesters antworten. Die Bahn ist offen, und nun beginnen die verschiedenen Spiele, bei denen die Kraft und Geschicklichkeit der Kämpfer sich entfalten soll. Sechs Ritter erscheinen, von ihren Pagen und Stallmeistern gefolgt, man führt den ersten Lanzengang aus, die Pferde werden in Galopp gesetzt und jeder Ritter nimmt in vollem Rosseslauf, mit der Spitze seiner Lanze, die vor der kaiserlichen Tribüne aufgesteckten Ringe ab.

Dreimal beginnt jede Quadrille den Lauf bis zu dem Augenblick, wo fast alle Ringe verschwunden sind und die Geschicklichkeit der Reiter sich hinlänglich bewährt hat.

Als dies erste Spiel beendigt ist, werden die mit den eroberten Ringen geschmückten Lanzen den Stallmeistern übergeben, und der zweite Lauf beginnt. Jeder Kämpfer bewaffnet sich mit einem kurzen Wurfspieß, wirft ihn mit seltener Geschicklichkeit nach den Sarazenenköpfen und hebt in fortwährendem Galopp dann mit einem gebogenen zweiten Spieß den ersten geworfenen von der Erde wieder auf. Bald darauf ziehen sie ihre Degen, lehnen sich über den Hals ihrer Renner und stürzen sich so auf ihre unbeweglichen Gegner, zielen auf sie und schlagen danach, indem sie versuchen, die Köpfe mit einem Hiebe abzuhauen.

Endlich sieht man sie in der ganzen Schnelligkeit ihres Pferdes vermittels eines krummen Säbels einen von einem Faden hängenden Apfel durchschlagen und den durchschlagenen mit einem zweiten Hiebe teilen. Diese Übung erforderte einen großen Scharfblick. Der Sohn des Grafen Trautmannsdorf zeichnete sich darin besonders aus.

Alle diese Evolutionen, welche nach Quadrillen aufeinander folgten, wurden von Militärsinfonien begleitet, welche diesen kriegerischen Spielen entsprachen ...

Bald darauf änderte sich die Szene; man ahmte ein wirkliches Gefecht nach. Die Ritter brachen zu vieren ab, die Rosse wurden in Galopp gesetzt. Zwei Parteien bildeten sich, rannten aneinander an und bemühten sich, einander aus dem Sattel zu heben, ganz wie bei den Spielen des alten Rittertums. Für die Grenzen der Verteidigung und des Angriffs waren Reglements gegeben. Sobald ein Kämpfer zuviel Heftigkeit in das Spiel mischte, traten die Waffenherolde sogleich dazwischen, unterbrachen dasselbe, und neue Ritter nahmen ihren Platz ein. Als dies letzte Manöver beendet war, teilte sich die ganze Kavalkade in zwei Truppen, jede aus zwölf Rittern und ihren Stallmeistern bestehend, darauf begannen sie sich untereinander zu mischen, sich wieder aufzuwickeln, eine Linie zu zwölf oder Fronten von sechs oder vier Mann zu bilden und verschiedene ebenso zierliche als schnelle Schwenkungen zu machen. Den Beschluß machte die letzte Probe der Geschicklichkeit und Dressur ihrer Renner, indem sie eine Art von Tanz aufführten, dessen Bewegungen nach dem Takte der Musik geschahen. Stürmischer Beifallsruf brach von allen Seiten aus: die Geschicklichkeit der Reiter, die Behendigkeit ihrer Rosse waren ein Gegenstand der allgemeinsten Bewunderung.

Nun ist alles zu Ende: die Paladine grüßen die Monarchen und ihre Damen, machen noch einmal im Schritte die Runde um die Bahn und verlassen sie in derselben Ordnung, in welcher sie hereingekommen sind.«

Ringspiele, Lanzenstechen, Kampf mit Wurfspießen, Säbelübungen – ein recht kriegerisches Bild, das sich der versammelten Hofgesellschaft und den Kongreßteilnehmern damals geboten hat. Doch so merkwürdig es erscheint, gerade diese kämpferische Reiterei ist es, der wir – zu einem Teil – unsere heutige Hohe Schule zu verdanken haben. In der Ritterzeit, als man vor allem mit Lanzen kämpfte, war es wichtig, die schweren Pferde – das Pferd des Ritters war ein Kaltblüter – für das Anrennen abzurichten. Die Streitrosse der damaligen Zeit kannten nur den Schritt und den Galopp auf der geraden Linie. Als jedoch mit der Erfindung der Handfeuerwaffen die schweren Rüstungen abgelegt wurden und ein anderer Pferdetyp aufkam, veränderte sich auch die Erziehung des Pferdes. Es wurde zum Kampfgenossen des Kriegers, mußte nicht nur wendig gemacht werden, um der fliegenden Kugel auszuweichen, sondern hatte auch in Gangart und Wendungen so sicher zu sein, daß es seinen Reiter beim Schießen nicht störte. Es galt nun, die Dressur so einzurichten, daß ein Pferd in voller Karriere auf der Stelle halten konnte und sich hoch in die Pesade zu erheben vermochte, um die Kugel des Gegners mit seinem Leibe abzufangen. Eine Volte verhinderte den Angriff von der Flanke oder von hinten, die Passage erlaubte den Angriff von der Seite oder von rückwärts. Durch die Pirouette gelang es dem Reiter, den überholten Gegner zu stellen und zum Kampf zu zwingen, und die Kapriole, der Luftsprung mit Ausschlagen der Hinterbeine, war ein Verteidigungsmittel auf der Flucht.

Über den Lehrplan der Wiener Hofreitschule berichten Franz Ackerl und Arthur-Heinz Lehmann in dem berühmt gewordenen Buch »Die edlen Lipizzaner und die Spanische Reitschule«: Johann Meixner, der frühere Oberbereiter der Spanischen Reitschule, hat zu Ende des vorigen Jahrhunderts zusammen mit dem damaligen stellvertretenden Vorstand dieses Instituts Feldmarschalleutnant von Holbein »Directiven für die Durchführung des methodischen Vorganges bei der Ausbildung von Reiter und Pferd in der k. und k. spanischen Hofreitschule« festgelegt. Diese bis heute gültigen Grundsätze beruhen im wesentlichen auf der Lehre de la Guérinères, die in einigen veralteten Einzelheiten reformiert wurde. In der Vorrede war das Programm der Spanischen Reitschule in einem Satz zusammengefaßt: »Es muß ohne veraltete Pedanterie, ohne an nutzlosen Äußerlichkeiten zu hängen, dem tiefen Sinne, der in der hohen Schule liegt, wie der Wahrheit, die sie enthält, neue Anerkennung und Ausbreitung verschafft werden.«
Bezweckt wird:
»1. Die Reitkunst in ihrer höchsten Vollendung zu erhalten und, den Anschauungen und Bedürfnissen der Jetztzeit in vollem Maße Rechnung tragend, der höheren Reitkunst stets neue Geltung zu verschaffen.
2. Die Heranbildung methodischer Schulreiter und die Abrichtung der hierzu nötigen Schulpferde.
3. Die Erprobung des der k. und k. Hofreitschule zur Verfügung stehenden, aus selbständiger Zucht hervorgehenden Pferdemateriales bezüglich Ausdauer der

Knochen, Gelenke und Muskeln wie Temperament und Charakter mit Rücksicht der Verwendung einzelner Individuen für Zuchtzwecke.
4. Die Erteilung von Unterricht, soweit dies mit der Ausbildung der Bereiter und Abrichter der Schulpferde vereinbarlich ist, an einzelne für die Reitkunst sich interessierende Personen aus der Armee wie aus dem Civile.«
Weiter erläutern Ackerl/Lehmann: »Wichtig in den ›Directiven‹ ist der Abschnitt über die Lehrmethode, deren Befolgung allen Bereitern zur ›strengsten Pflicht‹ gemacht wird. Das Endziel der Dressur besteht darin, daß ›grundsätzlich das vollkommen methodisch ausgebildete Schulpferd in dem Grade, als es sich durch Gewandtheit und Ausdauer in verkürzten und erhabenen Schulbewegungen auszeichnet, auch in schnellen Gangarten zu benützen und jederzeit ein vollkommen brauchbares Campagnepferd sein muß . . . Der Bereiter muß nicht allein reiten, sondern denken, denn nur ein denkender Reiter wird mit möglichster Schonung des Pferdes in verhältnismäßig kurzer Zeit das gesteckte Ziel erreichen‹.«

Die Schulen über der Erde

Traversale, Piaffe, Passage und Pirouette haben wir schon vorgestellt, doch was ist nun unter den eben erwähnten »Schulen über der Erde« zu verstehen?
Genau definiert haben wir es hier mit den Übungen der Hohen Schule zu tun, bei denen sich das Pferd mit der Vorhand oder der Vor- und Hinterhand vom Boden erhebt. Der Kunstfreund kennt die Bilder dieser Übungen aus den schönen Stichen von J. E. Ridinger, aus den Reitschulen von Pluvinel, Newcastle und anderen und sieht dort mit Staunen, wie hoch die Reitkunst sich schon in früheren Jahrhunderten entwickelt hatte, ja, daß sie damals noch eine viel bedeutendere Rolle spielte als heute.
Beginnen wir mit der Pesade und Levade, aus der die Schulsprünge, wie Kaprio-

Levade

Kapriole

len und Courbetten, entwickelt werden. Die Pesade (aus dem Französischen, peser = auswägen) ist eine Erhebung der Vorhand in einem Winkel von 45 Grad zum Erdboden. Ihre Vollendung ist die Levade: das Pferd senkt sich hierbei stärker mit der Vorhand, setzt sich tief in die Hanken, bis es sein eigenes Gewicht und das des Reiters – bei bis dicht an die Ellenbogen angezogenen Vorderhufen – in beinahe waagerechter Haltung des Rumpfes auszubalancieren vermag.
Die Courbette ist ein Schulsprung, bei dem sich das Pferd aus der Piaffe zur Levade erhebt, dann mit der Hinterhand hochspringt und in der gleichen Haltung wieder auf der Hinterhand landet ohne mit der Vorhand den Boden zu berühren. Diese Sprünge auf der Hinterhand werden je nach Geschicklichkeit des Pferdes zwei- bis fünfmal hintereinander wiederholt.
Eine Vorstufe der Courbette ist die Croupade: das Pferd schnellt sich aus der Levade vom Boden ab und zieht in einer schrägen, der Pesade ähnlichen Körperstellung die Beine unter den Bauch an. Die Landung erfolgt wiederum auf den Hinterbeinen. Eine andere Variation dieses Sprunges ist die Ballotade: Die Hinterbeine werden auch an den Leib herangezogen, jedoch nur so weit, daß von hinten betrachtet die Hufeisen zu sehen sind. Das Pferd ist jetzt zum Ausschlagen (Streichen) bereit, tut es jedoch nicht, denn dieser Vorgang ist erst der Kapriole vorbehalten, dem schwersten aller Schulsprünge. Aus der äußersten Versammlung in der Piaffe wird das Pferd in die Levade gebracht. Hieraus wird es zum Absprung in eine besonders hohe Ballotade aufgefordert, und während es fast waagerecht in der Luft liegt, hat das Streichen mit aller Kraft zu erfolgen, und zwar bei gestreckten und geschlossen gehaltenen Hinterbeinen. Nach der Kapriole soll das Pferd möglichst genau auf der Absprungstelle auf allen vier Beinen (oder zuerst mit den Hinterbeinen) landen.

Alte Meister der Reitkunst

»Wenn man das Pferd zu der Haltung bringt, die es selbst annimmt, wenn es schön sein will, so macht man, daß das Pferd des Reitens froh und prächtig, stolz und sehenswert erscheint.«
Diese Worte, die jeder heutige Dressurreiter – davon überzeugt, daß die Hohe Schule nichts Unnatürliches ist, sondern nur die Weiterentwicklung der natürlichen Anlagen des Pferdes – unterschreiben könnte, stammen aus dem griechischen Altertum. Xenophon, der Spartaner Reiterführer (430 bis 354 v. Chr.) hat uns in seinen beiden Werken »Über die Reitkunst« und »Der Reiteroberst« wichtige reiterliche Erkenntnisse hinterlassen – Aussagen, die heute noch ihre volle Gültigkeit haben und von allen nach ihm folgenden Meistern der Reitkunst übernommen wurden. Seine Schriften galten zwar in erster Linie der Erziehung des Kriegspferdes und des Militärreiters, doch seine Grundsätze sind für alle reiter-

lichen Disziplinen, von der Dressur bis zur Military wichtig. Vor allem gefällt uns seine Einstellung zum Pferd, das er erzogen, jedoch nicht abgerichtet sehen will, »denn wozu das Pferd gezwungen wird, das versteht es nicht, und das ist auch nicht schön . . . ebensowenig wie wenn man einen Tänzer durch Peitschen und Stacheln zum Tanzen zwingen wollte«. Ähnliche Anschauungen finden wir sehr viel später bei dem Franzosen François Robichon de la Guérinière, dessen Methode heute noch in der Wiener Hofreitschule zu Ehren kommt. »Geschmeidigkeit und Losgelassenheit sind die Vorbedingungen für den freiwillig dargebotenen Gehorsam, nicht für die qualvolle Unterwerfung des Pferdes.« Dieser Satz de la Guérinières, niedergeschrieben in seiner 1751 erschienenen »Ecole de cavallerie«, paßt zu Xenophons Anschauungen. Doch zwischen ihm und Xenophon liegen über zweitausend Jahre, und nicht immer ist man diesen Grundsätzen von der Gewaltlosigkeit der reiterlichen Bemühungen treu geblieben. Als »Erneuerer der Reitkunst« seit Xenophon gilt der Italiener Federigo Grisone, dessen »Gli ordini di cavalcare« aus dem Jahr 1550 in ganz Westeuropa verbreitet waren. Als Renaissancemensch war er natürlich der Antike und somit auch Xenophon verpflichtet. Von ihm übernahm er die Vorschriften über den Sitz des Reiters und seine Hilfen, doch er bekennt sich, ganz anders als sein Vorgänger, zu einer gewaltsamen Unterwerfung des Pferdes. Grisone ist der Ansicht, daß dem Pferd in erster Linie Respekt vor seinem Reiter beigebracht werden muß. Stockschläge auf den Kopf zwischen den Ohren empfiehlt er als Züchtigungsmittel. Wenn das Pferd sich gegen die Last des Reiters wehrt, ist ihm eine Prügelkur zu verabreichen. Wie anders nimmt sich dagegen der Rat Xenophons aus: »Wenn ein Pferd vor etwas scheut und nicht darauf zugehen will, soll man es belehren, daß das Ding nicht zu fürchten ist; das gilt besonders bei einem ängstlichen Pferd. Kann man mit besänftigenden Worten nichts erreichen, muß man selbst das, was dem Pferd so furchtbar und schreckeinjagend erscheint, berühren und dann das Pferd durch sanfte Behandlung auch herbeiführen. Die Menschen aber, die es mit Schlägen zwingen wollen, machen ihm noch mehr Furcht, denn die Pferde glauben dann, wenn sie bei solchen Dingen eine harte Behandlung erfahren, daß das, wovor sie scheuen, daran schuld sei.«

Aus den schönen Reiterbildern, die sein Werk illustrieren, ist uns heute Antoine de Pluvinel bekannt. Er war der Reitlehrer König Ludwigs XIII. von Frankreich, und seine »Maneige du Roy«, erschienen 1623, ist in der Form eines Dialogs zwischen Lehrer und Schüler geschrieben. Pluvinel unterhielt eine Akademie für junge Edelleute, war Soldat und Diplomat, und er kehrte – zunächst vielbelächelt – zu Xenophons Anschauungen von der Gewaltlosigkeit der Dressurmethoden zurück.

Pluvinel hat man die Einführung der Pilaren zu verdanken, jener hölzerner Pfeiler in der Reitbahn, mit deren Hilfe das Pferd in die Hohe Schule eingeübt wird. Kann man Pluvinel als Vorgänger und Wegbereiter des großen Reitmeisters de la Guérinière ansehen, so standen die Thesen eines anderen, sehr bekannten Ausbilders, des Herzogs von Newcastle, ganz im Gegensatz zu ihm. In seiner »Méthode et invention nouvelle de dresser les chevaux« (Antwerpen 1657/58) erweist er sich als ein Anhänger von Gewaltmethoden, der seinen Pferden jeden Rest von Natur austrieb. So abschreckend war sein Beispiel, daß man sagt, er sei daran schuld, daß die Engländer bis heute noch keinen rechten Gefallen am Dressurreiten gefunden haben!

Die erste Ausbildung des jungen Lipizzaners

Die jungen Lipizzaner werden im herrlich gelegenen österreichischen Gestüt Piber in der Steiermark aufgezogen. Auf großflächigen Weiden können sie sich gesund entwickeln und ihre Organe kräftig ausbilden. Damit ihre Sehnen, Bänder, Muskeln und Hufe sich stählen und härten, müssen die jungen Pferde Auslauf haben, toben und sich gegenseitig jagen können.
Dann folgt die Übersiedlung nach Wien in die Stallungen der Spanischen Hof-

»Il Bonnito«, Portrait eines Hengstes aus »Le Maneige du Roy« von Antoine de Pluvinel

reitschule. Traditionsreiche Ausbildungsmethoden und erfahrene Ausbilder erwarten die Schimmel in ihrem meist noch dunklen oder grauen Jugendkleid.
Ein auf der Weide aufgewachsenes Tier erscheint dem Laien wilder als ein im Stall hochgepäppeltes Pferd. Die gute körperliche Verfassung und die psychische Ausgeglichenheit sind jedoch mit die wichtigsten Voraussetzungen, damit eine dressurmäßige Grundausbildung begonnen werden kann. Für die seelische Verfassung sowie für die Entwicklung des Vermögens, sich unter- und einzuordnen, ist es besonders wichtig, daß das Tier mit gleichaltrigen Artgenossen aufwächst. Behutsamkeit ist bei allen jungen Pferden oberstes Gebot. Die Arbeit beginnt im Stall. Allein die Gewöhnung an das Aufsatteln und Aufzäumen kann Tage, ja sogar Wochen dauern. Eine neue Aufgabe wird meist erst dann eingeleitet, wenn die vorhergehende Schwierigkeit überwunden wurde. Ruhige Worte und Laute unterstützen die Ausbildung genauso wie ein klarer, kurzer Tadel in bestimmtem Tonfall. Ein aus der Fassung geratener, unbeherrschter Ausbilder begeht immer einen Fehler.
Beim Anlegen und Anziehen des Sattelgurtes muß man besonders vorsichtig vorgehen. Nur wenn die Sattelstrippen langsam von Loch zu Loch festgezogen werden, verhindert man, daß die Remonte Angstgefühle entwickelt, buckelt und sich darüberhinaus beim Satteln »aufbläst«. Läßt der Neuling all dies gehorsam an sich geschehen, folgt die Ausbildung an der Longe, einem 8,5 Meter langen, einfachen Gurtzügel. Um das noch sehr empfindliche Maul zu schonen und um seine »Weichheit« zu erhalten, wird die Longe in einen Kappzaum eingehängt, der über den normalen Trensenzaum gezogen wird. Dieser überträgt den Zug des Longenführers lediglich mit leichtem Druck auf den Nasenrücken des Pferdes. Erst nach 2–3 Monaten Longierarbeit beginnt man an der »Spanischen«, sich in den Sattel der Neulinge zu setzen. Um jede unangenehme Empfindung beim Pferd zu vermeiden, muß man mit Unterstützung eines zusätzlichen Helfers ganz behutsam aufsteigen. Läßt das Pferd den Reiter sitzen, dann beginnt die Ausbildung im Schritt, Trab und Galopp. Mit übertrieben breiter Zügelführung beginnt der Ausbilder mit richtungsweisenden Zügelhilfen. Ein noch verhältnismäßig langer Zügel beruhigt, leicht anliegende Unterschenkel geben der Remonte seitlichen Halt und richten sie nach vorne. Die Bügel sind noch kürzer geschnallt als es später bei der Dressur und Schulreiterei üblich ist. Dadurch lassen sich Buckler und Sprünge angenehmer aussitzen. Die Hauptgangart zu Beginn der Ausbildung ist der Trab und zwar gleichmäßig auf beiden Händen. Um den Rücken zu entlasten, um Schwung zu entwickeln und den schon oft angeborenen Takt zu erhalten, wird anfangs fast ausschließlich leicht getrabt.
Würden wir nun den Lipizzaner noch bis zum Ende seines zweiten Ausbildungsjahres oder gar bis in seine eigentliche Lehrzeit als Schulpferd verfolgen wollen, so hieße das, eine kurzgefaßte Reitlehre zu entwerfen, wozu hier jedoch kein Raum ist. Es genügt, hier angedeutet zu haben, wie vieler Geduld und Einfühlung es bedarf, ein Dressurpferd so auszubilden, daß es die Freude an der Arbeit

nicht verliert, eine Arbeit im Geiste der großen klassischen Reitmeister. Schon Pluvinel, den wir bereits kennengelernt haben, meinte:
»Wir wollen dafür Sorge tragen, daß wir das junge Pferd nicht verdrießen und ihm seine freundliche Anmut nicht verleiden. Denn diese gleicht dem Blütenduft, welcher niemals wiederkehrt, wenn er einmal verflogen ist.«

6. Reiterfeste und Reiterspiele

Große und festliche Ereignisse, wie Krönungen oder Fürstenhochzeiten, waren einst ohne edle Pferde nicht zu denken; sie erst verliehen dem Fest Farbe und Glanz. Schon der Aufzug der Gäste in ihren Prunkkarossen oder auf prächtig geschmückten Pferden war ein Schauspiel, das Macht und Reichtum der Herren demonstrierte und viele Zuschauer anlockte. Zur Unterhaltung der vornehmen Gäste und des Volks wurden überdies Festumzüge zu Pferd und Wagen veranstaltet sowie Reiterspiele nach Art der alten Ritterturniere und später mehr und mehr auch Pferderennen. Viele unserer heutigen folkloristischen Reiterfeste und mancher traditionelle Umzug gehen auf ein solches historisches Ereignis zurück, zu dessen Erinnerung sie durch die Jahrhunderte immer veranstaltet wurden.

In Rom wurde bis ins 18. Jahrhundert jedes Jahr ein berühmtes Pferderennen veranstaltet, der »Corso dei Barberi«, der inzwischen allerdings ziemlich in Vergessenheit geraten ist. Nur die Rennstrecke kennt so ziemlich jeder, der einmal in Rom gewesen ist, sie ist nämlich jetzt eine der geschäftigsten Straßen der Stadt, die »Via del Corso«. Eine der eindrucksvollsten Schilderungen vom Verlauf eines solchen Wettrennens ist das, was Goethe in seinem »Römischen Karneval« über das »Abrennen« schrieb:
»Nun werden die Pferde nach geloster Ordnung von geputzten Stallknechten in die Schranken hinter das Seil geführt. Sie haben kein Zeug, noch sonst eine Bedeckung auf dem Leibe. Man heftet ihnen hier und da Stachelkugeln mit Schnüren an den Leib und bedeckt die Stelle, wo sie spornen sollen, bis zum Augenblicke mit Leder; auch klebt man ihnen große Blätter Rauschgold an.
Sie sind meist schon wild und ungeduldig, wenn sie in die Schranken gebracht werden, und die Reitknechte brauchen alle Gewalt und Geschicklichkeit, um sie zurückzuhalten. Die Begierde, den Lauf anzufangen, macht sie unbändig, die Gegenwart so vieler Menschen macht sie scheu. Sie hauen oft in die benachbarten Schranken hinüber, oft über das Seil, und diese Bewegung und Unordnung vermehrt jeden Augenblick das Interesse der Erwartung.

Einzüg Sr Excellentz des Königl Spanischen Ambassadeurs Hen

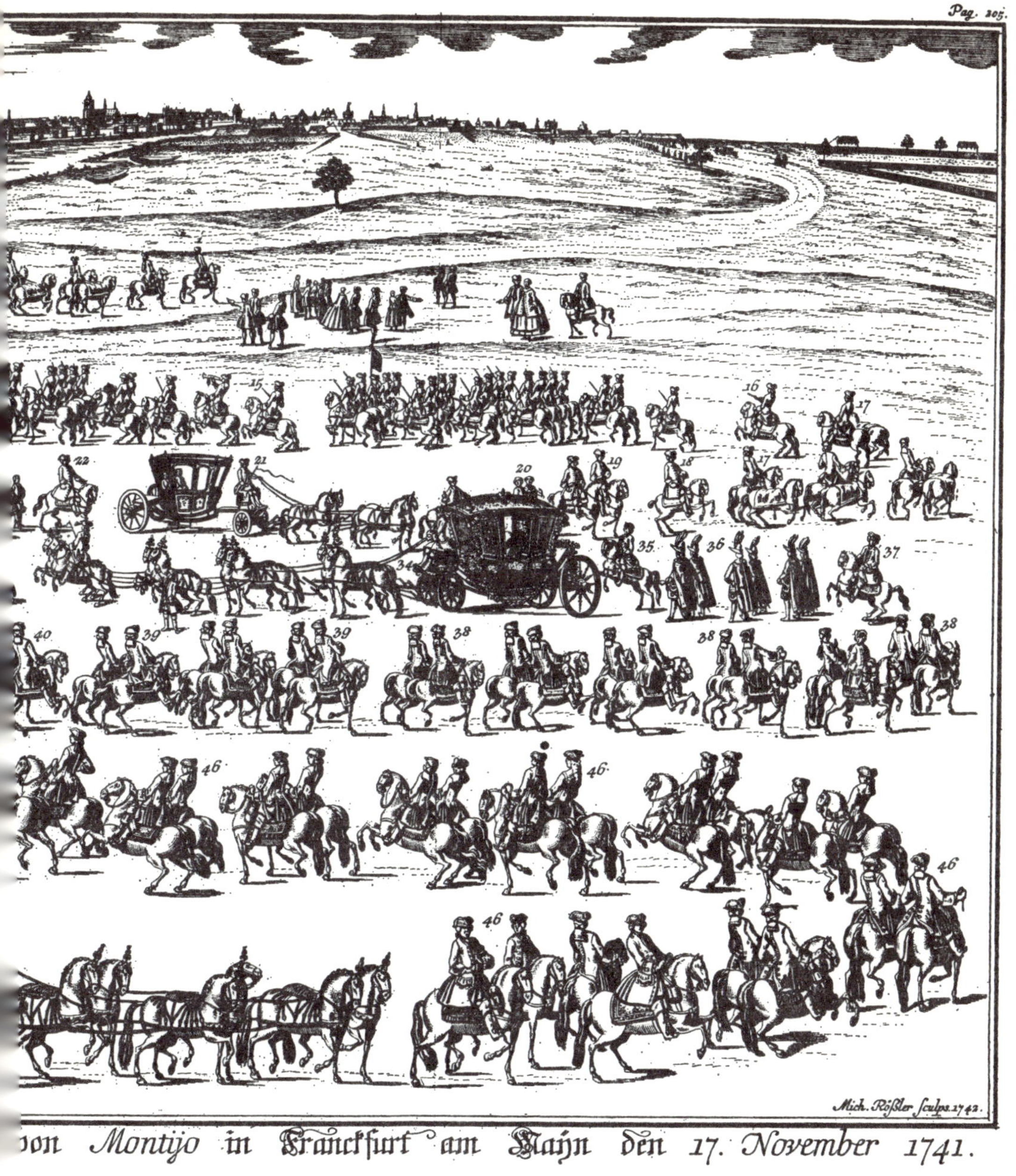

Ein glanzvoller Aufzug von Prunkkarossen und Reitern anläßlich der Kaiserkrönung Karls VII. im Jahre 1741 in Frankfurt am Main.

(Aus: Vollständiges Diarium von den merkwürdigsten Begebenheiten, die sich vor, in und nach der Höchst-beglückten Wahl und Krönung des allerdurchlauchtigsten, großmächtigsten und unüberwindlichsten Fürsten und Herrn, Karls des VII. erwählten Römischen Kaysers . . . in dieser Freyen Reichs- und Wahl-Stadt Frankfurt am Mayn zugetragen. Frankfurt am Main, 1742.)

Zu den Fotos Seite 209 bis 212:

Seite 209: »Das Tewtsch gestäch«. Miniatur von Hans Burgkmaier d. J. (um 1500–1559) aus dem Turnierbuch Herzog Wilhelms von Bayern. Kaiser Maximilian I. – der letzte Ritter – sah mit Besorgnis, wie die Ideale des Rittertums um 1500 mehr und mehr verloren gingen. Er ließ Triumphzüge und Turniere veranstalten, und hoffte auf deren alte erzieherische Wirkung auf die Ritterschaft. Um solche Feste besonders beliebt zu machen, wurden Künstler wie Dürer, Altdorfer und Burgkmaier damit beauftragt, sie im Bilde festzuhalten.

Seite 210: Wildpferde in der Camargue. Die weißen Pferde der Camargue leben halbwild in ihrem natürlichen Reservat im Rhône-Delta. (Fotos: Anthony)

Seite 211: Fantasia. Das alte nordafrikanische Reiterspiel ist heute nur noch Touristenattraktion. (Foto: Prestel)

Seite 212: Der Csikós und sein Pferd. Ein ungarischer Pferdehirt ist zu einem kleinen Kunststück bereit. (Foto: Prenzel)

Zue Ynnsprugg.
Das Teütsch gestech
DAS FRET MICH
DAS FRET MICH
ONW

Wildpferde in der Camargue

Fantasia

Der Csikós und sein Pferd

Die Stallknechte sind im höchsten Grade gespannt und aufmerksam, weil in dem Augenblick des Abrennens die Geschicklichkeit des Loslassenden sowie zufällige Umstände zum Vorteile des einen oder andern Pferdes entscheiden können.
Endlich fällt das Seil, und die Pferde rennen los. Auf dem freien Platze suchen sie noch einander den Vorsprung abzugewinnen, aber wenn sie einmal in den engen Raum zwischen die beiden Reihen Kutschen hineinkommen, wird meist aller Wetteifer vergebens.
Ein paar sind gewöhnlich voraus, die alle Kräfte anstrengen. Ohngeachtet der gestreuten Puzzolane gibt das Pflaster Feuer, die Mähnen fliegen, das Rauschgold rauscht, und kaum daß man sie erblickt, sind sie vorbei. Die übrige Herde hindert sich untereinander, indem sie sich drängt und treibt; spät kommt manchmal noch eins nachgesprengt, und die zerrissenen Stücke Rauschgold flattern einzeln auf der verlassenen Spur. Bald sind die Pferde allem Nachschauen verschwunden, das Volk drängt zu und füllt die Laufbahn wieder aus. Schon warten andere Stallknechte am Venezianischen Palaste auf die Ankunft der Pferde. Man weiß sie in einem abgeschlossenen Bezirk auf gute Art zu fangen und festzuhalten. Dem Sieger wird der Preis zuerkannt.«

Der Preis bestand hier wie in anderen italienischen Städten, die derartige Pferderennen kannten, im »Palio«, einem Stück wertvollen Brokates. Es war jener Palio, um den auch heute noch in Siena gekämpft wird, jedes Jahr, anläßlich des touristisch hochgespielten »Palio di Siena«. Vierzehn Stadtquartiere von Siena liefern sich an diesem Tag einen Kampf, die Rennen werden auf ungesattelten Pferden ausgetragen, in alten Kostümen, und die Runde geht viermal um den »Campo«, den alten Rathausplatz, ehe das Rennen beendet ist. Es ist das letzte der großen Wettrennen, die früher auch in Florenz und Bologna stattfanden, das einzige, das heute noch lebendig ist und immer eine große Menschenmenge anzieht.
Reiterfeste und Reiterspiele — in Mitteleuropa sind sie selten geworden, wenn man von kleinen lokalen Festen absieht wie dem norddeutschen »Ringreiten« und »Rolandspiel«, von dem »Kufenstechen« im Kärtner Gailtal, von den Schweizer Bauernrennen oder vom Spiel der Gardians in Frankreich, einer Jagd nach ledigen Pferden in der Arena. Wer heute noch großartige Reiterfeste erleben will, muß sich die Rodeos in Amerika ansehen, wer echte, von der Zivilisation unangerührte Reiterspiele sehen will, muß bis ins asiatische Rußland reisen.
Das Rodeo, an der Westküste Amerikas und in Kanada zu Hause, ist fast schon zur Festindustrie geworden, denn die Akteure reisen von Schauplatz zu Schauplatz und zeigen jede Woche einem anderen Publikum, was sie zu bieten haben. Rodeos sind Schauspiele für Kinder- und Männerherzen, denn hier wird all das vorgeführt, was der Cowboy, der berittene Rinderhirt, bei seiner Arbeit können muß. Es werden Kälber von der Herde getrennt, eingefangen und gefesselt, Jungbullen werden vom Pferd aus an den Hörnern gepackt und zu Boden geworfen,

man reitet junge, bockige Pferde, fährt Viererzüge in rasendem Tempo durch die Bahn, und der wird mit dem meisten Beifall bedacht, der es länger als zehn Sekunden auf einem bockigen Pferd aushalten kann.

Neben den Rodeos sind es in Amerika die »Horse Shows«, denen die Gunst des Publikums immer sicher ist. Hier wird auf prächtigen Paradepferden, den Tennessee Walking Horses oder American Saddle Horses (s. Kapitel 3 »Rassenlexikon«) eine Art von Hoher Schule gezeigt, die für unsere Begriffe schon an Zirkusreiterei grenzt.

Zu den Reiterspielen, die heute nur noch für Touristenzwecke aufleben, gehört die »Fantasia« Nordafrikas: ein Kriegsspiel, als lautstarker Scheinangriff mit Flintenkrachen und Geschrei vorgetragen, das meist die Wirkung auf die Gäste nicht verfehlt, denn welches abenteuerliche Gemüt fühlte sich hier nicht an Karl Mays »Rih« erinnert an die Beduinenfreunde Kara Ben Nemsis?

Ähnlich wie den pferdekundigen Reitern Marokkos und Algeriens, die den Glanz alter Zeiten nur noch dem Touristen zuliebe aufpolieren, geht es einem anderen Reitervolk, das einst in der Schlacht sein reiterliches Geschick bewies: den Kosaken. Was heute meist zum Zirkuskunststück degradiert wird, was in Rußland selbst auch nur noch die Schautruppe zeigt, war einst Bestandteil kriegerischen Handwerks, furchteinflößend vor allem für Frankreichs Truppen, die durch das Kosakenheer schwer geschlagen wurden. Respektvoll berichtet der französische General Morand über seine Gegner: »Diese nur ihrem Instinkt folgenden Reitersleute halten ihre Gäule stramm zwischen den Schenkeln. Mit den Füßen stehen sie auf breiten Steigbügeln und stemmen sich so fest, wenn sie zur Waffe greifen. Aus der Ruhehaltung gehen sie unmittelbar in vollen Galopp über und vom Galopp ebenso unmittelbar in ›das Ganze halt‹. Die Pferde sind daran gewöhnt und scheinen mit dem Reiter gleichsam verwachsen. Die Mannschaften sind immer eines Befehls gewärtig und reagieren mit erstaunlicher Schnelligkeit.«

7. Die Zirkusmanege

Galopp rückwärts, Polka, Galopp auf drei Beinen – den Freund der »Hohen Schule« schaudert es bei dieser Vorstellung, denn hier geschieht gerade das, was bei der klassischen Dressur vermieden wird: das Künstliche wird dem Natürlichen vorgezogen, es wird kultiviert. Zirkusreiterei hat mit der Hohen Schule wenig zu tun, obwohl die Meister der zirzensischen Anfänge im 19. Jahrhundert, wie der Franzose Baucher, noch ganz der klassischen Dressurreiterei verpflichtet waren. Philip Astley, der eigentliche Urheber der Zirkusreiterei, war englischer Kavallerieoffizier, bevor er seinen berühmten Zirkus »The Astley Royal Amphitheatre of Arts« gründete. Seine Kunststücke bestanden vor allem aus geschickten Voltigen. Astleys Schüler Charles Hughes führte mit seinem »Royal Circus« zum erstenmal den Namen »Zirkus« ein, und mit dem »Olympic Zircus« und »Cirque d'Hiver«, die das Publikum des späten 18. und frühen 19. Jahrhunderts in Frankreich begeisterten, hatte sich der Name schon eingebürgert.

Zur Zeit des Second Empire hatte Frankreich – das klassische Zirkusland – sechs feste Zirkusse. Die Beliebtheit der Zirkusdarbietungen bei der vornehmen Gesellschaft dieser Zeit spiegelt sich noch in der Kunst von Degas, Toulouse-Lautrec und Daumier. Damals war die Primaballerina auf ungesatteltem Pferd die Paradenummer – man befand sich schon auf dem Weg zur Show, der dann in unserem Jahrhundert vollendet wurde. Die Pferdenummern traten in den Hintergrund zugunsten sensationellerer Raubtierdressuren, akrobatischer Waghalsigkeiten und publikumswirksamer Clownskunststücke. Doch das Pferd ist nicht ganz vergessen: einige unserer bekannten Zirkusdirektoren, wie Carl Sembach, der Schweizer Knie, der Däne Beneweiß, der Italiener Palmieri sind Meister der Freiheitsdressur und beherrschen ihre Araber-, Lipizzaner- oder Normännerhengste auf großartige Weise mit ihrer Peitsche. So aufmerksam sind dann die Pferde bei der Sache, daß man sich manchmal fragt: macht den Tieren diese Art der Dressur nicht vielleicht doch Spaß?

Zu den Fotos Seite 217 bis 220:

Seite 217: Im Zirkus Knie: Pferdenummern sind immer publikumswirksam. (Foto: Ysiboy-Anthony)

Seite 218 oben: Beim Leonhardiritt. Einmal im Jahr findet zu Ehren des Viehpatrons St. Leonhard in vielen bayerischen Orten ein Umritt statt. Zum Schluß werden die Pferde gesegnet. (Foto: Persson)

Seite 218 unten: Bräurosse im festlichen Sechserzug. Die Kaltblüter werden immer seltener und man hält sie — wie hier — oft nur noch aus Renommeegründen. (Foto: Gold)

Seite 219: Erinnerung an das Postkutschenzeitalter. Freiberger — ehemals die typischen Schweizer Postkutschenpferde. (Foto: Alder)

Seite 220: Beide haben die Rast verdient. Vom Pfingstritt im niederbayerischen Kötzting. (Foto: Gold)

Im Zirkus Knie

Beim Leonhardiritt

Bräurosse im festlichen Sechserzug

Rechts: Erinnerung an das Postkutschenzeitalter

Beide haben die Rast verdient

8. Das Landwirtschaftspferd

Pflügende, eggende Bauern auf dem Feld, schwer beladene Langholzfuhrwerke, mit Kaltblütern bespannt, prächtig geschmückte Bräurosse — noch vor zehn, fünfzehn Jahren waren dies vertraute Bilder, oft fotografiert, oft gemalt. Wo ist der Kaltblüter hingekommen, schlechthin »das Landwirtschaftspferd« des Bauernhofes der guten alten Zeit? Das Land mit der naturbedingten Haltung von Kaltblutpferden ist Bayern mit seinen Bergen und Vorbergen. Eine statistische Aufstellung aus dem Jahre 1972, herausgegeben vom »Landesverband bayerischer Pferdezüchter«, zeigt in eindrücklicher Weise, welche Veränderung der Bestand an eingetragenen Zuchtstuten in den letzten Jahren erfuhr.

Eingetragene Zuchtstuten nach Rassen in Bayern	1956	1970	1972
Kaltblut	8772	958	742
Warmblut	429	1256	1622
Haflinger	502	733	986
Ponys und sonstige Kleinpferde	(noch nicht erfaßt)	758	849

Diese Zahlen aus Bayern, die für die früher so verbreitete Rasse des Süddeutschen Kaltblutes gelten, würden noch viel schlimmer aussehen, wenn es um das Rheinisch-Deutsche Kaltblut ginge, dessen Bestände noch erschreckender dezimiert wurden. Diese Rasse, die vor dem Zweiten Weltkrieg vom Staat noch in großem Maße züchterisch gefördert wurde, verlor in unserer Zeit ganz und gar ihre wirtschaftliche Berechtigung, so daß die Zucht in ihrem Ursprungsgebiet, dem Rheinland, völlig zum Erliegen kam.

In unserem Rassenlexikon wurde immer wieder darauf hingewiesen, wie sehr die Zucht von Bedarf und Nachfrage abhängig ist, wie oft Fremdblut zugeführt wurde, um die Rassen — je nach Marktlage — schwerer oder leichter zu machen. Es ist heute kein Geheimnis mehr: die zunehmende Motorisierung, die Zunahme der landwirtschaftlichen Maschinen war es, die das schwere Arbeitspferd vertrieb,

es weitgehend unnötig, ja hinderlich machte. Ein Pferd, das in frühen Zeiten die Oberherrschaft hatte, das Kampfpferd des Mittelalters – das Pferd des Ritters war ja ein Kaltblüter – hatte für immer ausgedient.
Einer Ausnahme dieser traurigen Regel begegnen wir jedoch in den holzreichen Gebieten: hier wird das schwere Zugpferd immer noch gebraucht, hier kann es noch nicht durch die Maschine ersetzt werden. Im Alpengebiet Deutschlands, Österreichs und der Schweiz, vor allem aber in Skandinavien werden wir daher dem Kaltblüter oder dem schweren Arbeitspferd auch heute noch begegnen. In Schweden ist es zum Beispiel so, daß das Holz ein Drittel der Landesexporte ausmacht, und die Statistik weiß, daß die Hälfte des geschlagenen Holzes von Pferden geschleppt und transportiert wird.
Hin und wieder sieht man auch noch kaltblütige Bräurosse, doch auch sie wären längst durch die konkurrierenden »PS« ersetzt worden, wenn man sie nicht noch aus Renommeegründen halten würde. Seien wir also froh über die Einsicht der Brauereien und Industrieunternehmen, die aus Werbegründen die Haltung von Kaltblütern nicht aufgegeben haben, denn sie tragen viel dazu bei, daß unsere Kolosse der Landstraße nicht aussterben.
Kein Wunder, denn er ist leichter und wendiger als der Kaltblüter, kann auch mal zum Reiten hergenommen oder vor den Schlitten gespannt werden. Das reine Bergbauernpferd von einst ist heute zum Familien- und Freizeitpferd geworden. Ein Pferd, das in der ganzen Welt viele Freunde gefunden hat: es wird in nicht weniger als zwanzig europäischen und überseeischen Ländern gezüchtet! Daneben sind die Bauern in zunehmendem Maße zur Zucht von Warmblütern übergegangen, denn noch nie war der Bedarf an Reitpferden so groß wie heute – ausgenommen natürlich die Zeit, in der das Pferd für militärische Zwecke gebraucht wurde. (Den höchsten Pferdebestand in Deutschland erreichte die Armee im Jahre 1871 mit 265 508 Pferden!)
In Bayern, wo alljährlich im November die »Leonhardi-Ritte« zu Ehren des Patrons von Vieh, Feld und Flur stattfinden, wird dem Zuschauer am traurigsten bewußt, wie sehr das schwere Landwirtschaftspferd im Rückgang begriffen ist, denn jedes Jahr nehmen weniger Kaltblüter an diesen Umritten teil, jedes Jahr werden es mehr Reitpferde und sogar Ponys, die früher bei solchen Festen nie gesehen wurden. Zitieren wir, als Huldigung für das schwere Bauernpferd, eine Beschreibung der Tölzer Leonhardi-Fahrt, die schon seit 1718 bezeugt ist:
»Aus der ganzen Umgebung strömen mit vier Pferden bespannte, bekränzte Leiterwagen zusammen, von jugendlichen Reitern in festlicher Tracht begleitet. Vom Städtchen aus setzt sich der fröhliche Zug zur Leonhardi-Kapelle auf dem Gipfel des nahen Kalvarienberges in Bewegung. In seiner Mitte rumpelt das eigentliche Festgefährt, die Leonhardi-Truhe, die wie ein großer Baumstamm aussieht. Sie ist mit blauer Farbe, mit bunten Blumenkränzen und frommen Sprüchen bemalt. Im Vorderteil der Truhe sitzt der ›Brettl-Hupfer‹, der die angenehme Aufgabe hat, den geputzten Mädchen die Leiter zum Ein- und

Aussteigen an den Wagen zu legen. Nebenher bedient er auch die Wagenbremse, damit das Gefährt nicht etwa eine verfrühte Heimfahrt hinterrücks antritt. Die anderen Wagen der Tölzer Leonhardi-Fahrt, mit Kränzen, bunten Tüchern und Bändern geschmückt, beherbergen die übrigen Teilnehmer, hübsch nach Geschlechtern getrennt, wie sie dann auch später in der Kirche sitzen, wenn der Pfarrer das Hochamt hält. Dreimal umkreisen, vom Priester gesegnet, Pferde und Wagen die Kirche. Dann geht es, der Herold mit dem Ortsbanner voran, wieder zurück nach Tölz zum großen Peitschenknallen auf dem Marktplatz. Bei Umtrunk und Tanz feiert jeder auf seine Weise das Fest des heiligen Leonhard zu Ende.«

»Ein prächtiges Dreigestirn zieht alle Jahre am Himmelsbogen des altbayerischen Bauernlebens auf: Der Oster- oder Georgiritt zu Traunstein, der Pfingstritt zu Kötzting und die Tölzer Leonhardifahrt.« Mit diesen Worten erhebt der Chronist und Prälat Hindringer neben dem Tölzer Pferdefest den Pfingstritt im Bayerischen Wald und den Osterritt in Traunstein zu den größten bäuerlichen Feiertagen.

Alle drei Feste sind kirchlicher Art aber vorchristlichen Ursprungs. Ohne Kaltblutpferde sind sie nicht denkbar.

Zu den Fotos Seite 225 bis 232:

Seite 225: Besorgte Zärtlichkeit. Ein edles Fohlen. (Foto: Alder)

Seite 226: Drei, die sich gut verstehen. Rast zwischen der Arbeit. (Foto: Alder)

Seite 227: Hier hat die Maschine das Pferd noch nicht verdrängt. Mittelschwere Arbeitspferde sind in der Landwirtschaft vielseitiger verwendbar als Kaltblüter. (Foto: Alder)

Seite 228: Zwillinge – eine Seltenheit. Auf einer Schweizer Weide. (Foto: Alder)

Seite 229: Auch im Schnee galoppiert sich's gut. Schweizer Winterszene. (Foto: Alder)

Seite 230: Ausfahrt in die Winterlandschaft. Hier ist das Wagenpferd noch ganz in seinem Element. (Foto: Alder)

Seite 231: Zwei schöne Karossiers. Ein seltenes Bild, denn Kutschen sind nicht mehr gefragt. (Foto: Alder)

Seite 232: Ritt in den Abend. Gibt es einen schöneren Tagesausklang? (Foto: Alder)

Drei, die sich gut verstehen

Hier hat die Maschine das Pferd noch nicht verdrängt

Zwillinge — eine Seltenheit

Auch im Schnee galoppiert sich's gut

Ausfahrt in die Winterlandschaft

Zwei schöne Karossiers

Ritt in den Abend

9. Du und dein Pferd

Ein eigenes Pferd?

Noch vor einigen Jahren wäre dem Leser diese Frage wohl sehr gewagt erschienen, denn wer hätte es sich schon leisten können, ein eigenes Pferd zu halten, das ja nicht nur in der Anschaffung recht kostspielig ist, sondern auch noch untergebracht und gepflegt sein will. Heute ist die Frage nach dem eigenen Pferd jedoch schon nicht mehr so ganz unstatthaft, denn das Angebot an nicht zu teuren Pferden ist inzwischen größer geworden, man hat eingesehen, daß auch Erwachsene auf Ponys oder Kleinpferden reiten können, und schließlich gibt es immer noch die Möglichkeit, sich zusammen mit einem Reiterfreund ein Pferd zu teilen. Kein schlechter Weg übrigens, denn für die tägliche Pflicht, das eigene Pferd zu bewegen, läßt sich zu zweit eher die Zeit erübrigen. Es ist überhaupt mehr eine Zeitfrage, ob der Kauf eines Pferdes zu raten ist oder nicht. Nur die wirklich sehr Begüterten können es sich ja leisten, zugleich mit dem Pferd auch einen Bereiter zu bezahlen, der das Tier unter der Woche bewegt, so daß dem Pferdebesitzer sein sonntäglicher Ritt ins Gelände, nur für den er die Zeit übrig hat, zur Freude wird. Von diesem Fall soll hier aber nicht ausgegangen werden. Wir rechnen mit einem Pferdekäufer, der das Tier vielleicht im eigenen Stall neben dem Haus stehen hat, bei einem benachbarten Bauern oder auch im Pensionsreitstall.

Um dem Leser, der die Absicht hat, eines Tages ein eigenes Pferd zu besitzen, alles, was mit der Anschaffung und der Haltung eines Pferdes zusammenhängt, vor Augen zu führen, wollen wir in diesem Kapitel von der Pferdewahl über den Kauf, die Unterbringung und Fütterung bis zur Versicherung die wichtigsten Dinge besprechen, damit Enttäuschungen und finanzielle Verluste, die sich bei unüberlegter Anschaffung eines Pferdes meist einstellen, umgangen werden können.

Zuerst die wichtigste Frage:

Welches Pferd eignet sich für mich?

Ein Familienvater, der die ganze Familie, einschließlich der Kinder, auf dem eigenen Pferd reiten lassen möchte, wird andere Ansprüche an den Typ eines Pferdes haben als der Junggeselle, dem es nur darauf ankommt, in seiner Freizeit im Gelände zu reiten, oder der Ehrgeizige, der mit seinem Pferd auch mal aufs Turnier gehen möchte. Zunächst einmal: wollen wir uns für ein Pony, ein Klein- oder ein Großpferd entscheiden? Als Großpferde gelten bei uns alle Pferde mit einem Stockmaß über 147,3 cm, als Kleinpferde die über 130 und als Pony die unter 130 cm. In England allerdings werden alle Pferde unter 147,3 cm als Ponys bezeichnet. Auf alles, was mit dem Pony zusammenhängt werden wir noch in einem anderen Kapitel eingehen, doch soll hier schon gesagt sein: sie haben natürlich den Vorteil, daß sie in Anschaffung und Unterhalt billiger sind als Großpferde, denn man kann sie ohne Schwierigkeiten in einem kleinen Stall neben dem Haus halten oder in einem Pensionsstall zu zweit in eine Boxe stellen, so daß der Mietpreis reduziert wird. Wer nur zur eigenen Freude, ohne Ansprüche an Eleganz oder Renommee eines Pferdes zu stellen, ins Gelände reiten will, der ist mit einem Pony sehr gut beraten. Das gleiche gilt auch für Kleinpferde wie Haflinger, Norweger, Fjordpferde u. a. Obwohl im Rassenlexikon schon darauf hingewiesen wurde, hier noch eine kurze Aufstellung der reinen Kinderreit- und Fahrponys und der Reitponys für Erwachsene:

Kinder: Shetland Ponys, Exmoor Ponys, Dartmoor Ponys, Welsh-Mountain Ponys.
Jugendliche und leichte Erwachsene: New-Forest Ponys, Dülmener, Nordkirchener, Koniks, Huzulen, Bosniaken.
Erwachsene: Isländer, Norwegische Fjordpferde, Haflinger, Highland Ponys, Dales Ponys, Fell Ponys, Welsh Cobs, Connemara Ponys.

(Über Haltung und Pflege von Ponys siehe nächstes Kapitel »Du und dein Pony«).

Doch nun zu den Großpferden: Als außerordentlich günstig im Preis haben sich Pferderassen aus dem Ausland erwiesen, etwa aus Ungarn, der Tschechoslowakei, Jugoslawien, Polen und Holland. Ihr Nachteil ist allerdings, daß sie – zum Schutz der inländischen Pferdezucht – auf deutschen Turnieren nicht in Material-Eignungs-Spring- und Dressurprüfungen der Klassen A, L und L/M starten dürfen, denn die deutschen Rassen, etwa Hannoveraner, Holsteiner, Trakehner, Westfalen u. a. sind, da sie überall sehr begehrt sind, teurer in der Anschaffung. Nicht nur die Rasse spielt jedoch bei unseren Überlegungen eine Rolle, sondern auch der Ausbildungsstand des zur Wahl stehenden Pferdes. Ist ein Reiter schon sehr weit fortgeschritten, wird er sich immer ein junges, noch ungerittenes Pferd vom Züchter kaufen, das er selbst ausbilden kann, denn dann kommt er finanziell am besten weg. Vorsicht jedoch bei jungen Pferden, wenn man nicht schon ein ausgereifter Reiter ist, denn hier kann man unendlich viel verderben, und zwar meist für alle Zeit!

Das bereits angerittene Pferd ist für den werdenden Besitzer ein weniger großes Risiko, denn es kann auf sein Benehmen in der Bahn oder im Gelände schon überprüft werden. Solche Pferde kann man beim Züchter selbst kaufen oder auch auf der Auktion, wo sie u. U. teurer sind. Der Vorteil eines Auktionskaufes: der Zuchtverband bürgt hier für die Qualität, so daß man sicher sein kann, ein gutes Pferd zu bekommen. Ebenso wie ungerittene Pferde brauchen aber auch angerittene Pferde noch viel Zeit für ihre Ausbildung, so daß auch sie nur guten Reitern zu empfehlen sind. Nicht jeder hat das Geld, sein Pferd noch eine Weile einem Bereiter zu überlassen, ehe er es selbst besteigen kann! Also auch hier: kein falscher Ehrgeiz, denn die bei falscher Behandlung erworbenen Fehler können später meist nicht mehr korrigiert werden.

Ideal für den anspruchsvollen Reiter, wenn auch sehr kostspielig, ist das bereits vielseitig ausgebildete Pferd von etwa fünf bis sieben Jahren, das auch auf kleineren Turnieren geritten werden kann. Es verlangt allerdings einen Reiter, der den Ausbildungsstand erhalten oder ihn noch fördern kann. Ist es möglich, so ein Pferd anzuschaffen, wird es sich auch als Familienpferd gut eignen – vorausgesetzt allerdings, daß jemand da ist, der auftretende Fehler immer wieder korrigieren kann.

Für den Durchschnittsreiter jedoch ist nur ein Pferd ratsam: das ältere, zuverlässige Gebrauchspferd, das auch für Anfänger geeignet ist und Ungeschicklichkeiten des Reiters nicht übelnimmt. Pferde dieser Art gibt es viele auf dem Markt, und sie werden auch preisgünstig angeboten. Dabei liegt es oft nahe, sich ein schon selbst erprobtes Schulpferd zu kaufen, das man in der Reitstunde kennengelernt hat, das einem liegt und auf das man sich verlassen kann. Natürlich ist man dabei nicht nur auf den Reitstall angewiesen: auch durch Züchter, Privatleute und Händler kann man zu einem solchen Pferd kommen, das einem vielleicht in einer Fachzeitschrift (siehe Anhang) angeboten wurde. Ist es noch verhältnismäßig leicht, sich beim Kauf eines solchen Pferdes auf das eigene Urteil zu verlassen, so gibt es eine andere Kategorie von Pferden, die ebenso geeignet sein können, jedoch unbedingt unter Hinzuziehung eines Fachmanns gekauft werden sollten: Pferde (seien es Dressur- oder Springpferde bzw. Galopper), die aus irgendwelchen Gründen für den Leistungssport untauglich geworden sind. Galopper müssen natürlich noch gründlich umgeschult werden – oft wird das gar nicht möglich sein – ehe sie für den Durchschnittsreiter zu gebrauchen sind. Dabei ist zu einem Galopper eher zu raten als zu einem Traber, der schon allein durch Zuchtauswahl zum Traben prädestiniert ist, und dem dann durch seine Schulung das Galoppieren systematisch abgewöhnt wurde. Wer möchte schon auf einem Pferd sitzen, das nicht galoppieren kann!

Der Pferdekauf

Wo bekomme ich nun das für mich geeignete Pferd? Zunächst muß einmal gesagt werden, daß es keinen Sinn hat, sich auf eigene Faust auf die Suche nach einem Pferd zu machen. Sicher gibt es in unserer Bekanntschaft einen erfahrenen Reiter, einen objektiven Züchter oder auch einen zuverlässigen Reitlehrer, der einem bei dem riskanten Unternehmen des Pferdekaufs zur Seite stehen kann. Es ist ja nicht allein die Frage der Sympathie zu einem bestimmten Pferd, die hier entscheidet: der geübte Blick eines Fachmannes wird manche Mängel eines noch so hübschen Pferdes entdecken, die uns bestimmt verborgen blieben, wenn wir allein nach dem Auge gingen und nach ästhetischen Gesichtspunkten urteilen würden.
Zusammen mit dem Fachmann lassen sich dann verschiedene Wege einschlagen. Pferde sind zu haben: beim Züchter, auf Reit- und Zuchtpferdeversteigerungen, in einem Verkaufsstall, bei Direktimporteuren ausländischer Pferde, auf großen Pferdemärkten, und schließlich kann man sie auch aus Privathand – meist über eine Fachzeitschrift – erwerben. Auch hierbei kommt es natürlich wieder darauf an, was man für ein Pferd haben möchte. Junge ungerittene oder angerittene Pferde kauft man am besten beim Züchter oder auf Auktionen, zuverlässige Schulpferde in einem Verkaufsstall. Entscheidet man sich für den Weg über die Auktion, so hat man meist einige Tage vor der eigentlichen Versteigerung die Möglichkeit, das Pferd, das einem gefällt, selbst auszuprobieren. Im Anhang sind einige Anschriften angegeben, die uns ermöglichen, etwas über Auktionstermine und Pferdeangebote zu erfahren.
Der Weg über den Züchter hat den Vorteil, daß wir bei ihm die Mutter – manchmal auch den Vater – sowie die Geschwister des uns interessierenden Pferdes ansehen können, daß wir auch seine Lebensbedingungen kennenlernen. Auch hierzu findet man Adressen im Anhang.
Ein nicht zu verachtender Weg ist der über einen seriösen Verkaufsstall. Oft bietet der eigene Reitstall Pferde zum Verkauf an, und man kann sich bei einem Tip meist auf den Reitlehrer verlassen, dem ja daran liegt, uns auch weiterhin zufrieden zu sehen. Riskanter ist der Weg über den Händler, doch auch hier ist nicht mehr soviel Vorsicht geboten wie früher, da sich der »Roßtäuscher« von einst nur schwer halten könnte, denn seine Praktiken sprechen sich bald überall herum.
Es hätte nun wenig Sinn, auf knappem Raum darstellen zu wollen, nach welchen Gesichtspunkten man ein Pferd aussucht. Sicher werden wir nicht so töricht sein und nur die Gesamterscheinung eines Pferdes – Farbe, Abzeichen, Futterzustand etc. – berücksichtigen, sondern werden auch prüfen, ob seine Größe und sein Gewicht zu uns passen. Dann kommen die drei Hauptkriterien:

1. Beine mit Sehnen, Gelenken und Hufen
2. Atmung und Herz
3. Temperament und Charakter

Ob nun ein Pferd einen guten Hals, gut gelagerte Schultern, einen Rücken hat—dies alles sind Fragen, deren Beantwortung man besser dem Kundigen überläßt. Uns muß es genügen, wenn wir festgestellt haben, daß die Abstammungspapiere des zur Wahl stehenden Pferdes in Ordnung sind, daß das angegebene »Signalement« (Beschreibung von Farbe und Abzeichen) mit dem des ausgewählten Pferdes übereinstimmt. Unser Fachmann, der sich die Zähne des Tieres angesehen hat, wird uns sagen können, ob die Altersangabe stimmt. Natürlich hat unser Berater das Pferd auch an der Hand, im Schritt und Trab vorführen lassen, er hat es selbst geritten, um seine Eigenschaften genau überprüfen zu können.

Kein Kauf jedoch ohne juristische Regeln! Wofür haftet der Pferdeverkäufer? — auch das sollte man wissen. Nach dem Bürgerlichen Gesetzbuch ist der Verkäufer innerhalb von 14 Tagen verpflichtet, ein Pferd zurückzunehmen und sämtliche in der Zwischenzeit entstandenen Kosten zu ersetzen, wenn zur Zeit der Übernahme folgende »Hauptmängel« vorhanden, jedoch verborgen waren: Dämpfigkeit, Kehlkopfpfeifen (Rohren), Mondblindheit (periodische Augenentzündung), Koppen, Rotz, Dummkoller. Diese Anmeldung zur Wandlung eines Kaufes muß innerhalb der Gewährsfrist mit eingeschriebenem Brief erfolgen.
Beim Pferdekauf beim Händler gilt auch heute noch teilweise der Handschlag als einzig übliche Vertragsform. Ein kurzer Vertrag, in welchem die Identität mit dem dazugehörigen Abstammungspapier, Stall- und Schmiedefrömmigkeit und die Eignung für eine bestimmte Nutzung zugesichert wird, ist empfehlenswert.
Der Händler ist dagegen nicht verpflichtet, den Käufer auf deutlich sichtbare Fehler hinzuweisen, darf aber auf Befragen keine falsche Auskunft geben. Trifft eine zugesicherte Eigenschaft nicht zu, so muß der Mangel eingeklagt werden.

Doch nun eine weitere, nicht unwichtige Frage:

Mit welchen Kosten haben wir beim Kauf von Pferd und Ausrüstung zu rechnen?

Natürlich können wir hier nur ungefähre Angaben machen, denn in unserer wirtschaftlich labilen Zeit sind Preisangaben zu gewagt. Gegenwärtig ist ungefähr mit folgenden Anschaffungskosten zu rechnen:
Ein Pferd aus den Balkanländern: 3000,— bis 4000,— DM.
Ein sechs- bis zehnjähriger, ausgebildeter deutscher Warmblüter, von dem keine Wettkampfleistungen zu erwarten sind: 4000,— bis 7000,— DM.
Ein fünf- bis zehnjähriges Pferd mit kleineren Turniererfolgen, ohne höhere Leistungsmöglichkeiten: 6000,— bis 10 000,— DM.
Junge, angerittene Pferde: ab 6000,— DM (doch bis etwa 100 000 DM!).
Shetland Ponys: 1000,— bis 2000,— DM.

Island Ponys: 3000,– bis 5000,– DM.
Hoch im Blut stehende Ponys: 2500,– bis 6000,– DM.
Bei der Unterbringung in einem Reitstall wird man ungefähr mit laufenden Kosten von monatlich zwischen 250,– bis 500,– DM rechnen müssen, wobei in diesem Preis Unterbringung, Futter und Streu, Pflege des Pferdes und Sattelzeuges, Satteln und Absatteln, Benutzung der Anlage und Einrichtungen des Reitstalls enthalten sind.

Die Anschaffung eines Vielseitigkeitssattels mit Zubehör werden wir etwa mit 900,– DM veranschlagen müssen, eine komplette Trense mit Reithalfter und Zügel mit 120,– DM, einen Stallhalfter mit 50,– DM, Putzzeug und Pflegemittel kosten ebenfalls etwa 50,– DM.

Doch was kostet nun das Pferd, wenn es beim Haus gehalten wird? Hier kommt es natürlich darauf an, ob schon geeignete Unterbringungsmöglichkeiten – Garage, Scheune etc. – vorhanden sind, die nur noch umgebaut werden müßten, oder ob eine gänzlich neue Stallung geschaffen werden muß. Der Neubau einer Pferdebox mit Raum für Heuvorrat wird allgemein mit 5000,– bis 6000,– DM angegeben, doch dazu kommt noch die Einrichtung eines befestigten Vorplatzes zum Putzen und Waschen, Räume für Futter, Sattelzeug etc. und eventuell ein Reitplatz. Die laufenden Kosten betragen für Futter, Sattelzeug etc. und eventuell ein Reitplatz. Die laufenden Kosten betragen dann noch etwa 150,– DM monatlich, worin aber nicht der Betrag für Tierarzt und Hufschmied enthalten ist.

Billiger ist die Haltung eines Ponys, denn der Stall ist meist selbst anzufertigen (ca. 2000,– DM), das Tier kann vorwiegend auf der Weide ernährt werden, und nur im Winter wird noch extra Heu zugefüttert.

Die Möglichkeiten der Unterbringung

Wie man sieht, ist das Pferd am Haus auch nicht ganz billig, und man sollte sich überlegen, ob man nicht doch den Weg über den Pensionsstall wählt. Schließlich will unser Pferd nicht nur betreut und gepflegt, sondern auch noch täglich bewegt werden – bei Schnee, Matsch oder Regenwetter ist das sicher nicht immer ein Vergnügen! Zu bedenken ist ja auch noch, ob in der Nähe des eigenen Hauses geeignete Ausreitmöglichkeiten vorhanden sind, ob das Pferd auch bei schlechtem Wetter (eigene Halle, Reitplatz etc.) bewegt werden kann.
Weniger riskant ist es natürlich, wenn man das Pferd bei einem Bauern in der Nähe stehen hat, wenn es dort gefüttert und getränkt wird und man es dort auf die Weide bringt. Die Pflege selbst und das gründliche Ausmisten mehrmals in

der Woche können wir dann vielleicht selbst übernehmen. Wenn dann noch ein Reitstall in der Nähe ist, wo das Pferd auch bei schlechtem Wetter geritten werden kann, ist diese Art der Unterbringung wohl in manchen Fällen die am wenigsten komplizierte.
Am häufigsten erleben wir es jedoch, daß ein eigenes Pferd im Reitstall in Pension gegeben wird. Natürlich ist das nicht billig, doch dafür brauchen wir uns keine Sorge um Fütterung, Pflege und alles andere zu machen – vorausgesetzt, wir sind an den richtigen, gut geführten Reitstall geraten. Durch Bekannte, die ebenfalls ein eigenes Pferd haben, kann uns so ein Stall empfohlen werden; auch wird es gut sein, wenn wir selbst einmal die Atmosphäre, die in so einem Betrieb herrscht, kennenlernen, und wenn wir uns (nach vorheriger Anmeldung) in den Stallungen umschauen und das Pflegepersonal beobachten. Und die Bewegung unseres Pferdes? Das ist in diesem Fall kein Problem, denn es gibt in vielen Reitställen feste Stunden, die – mit oder ohne Unterricht – für Privatpferde in der Bahn vorbehalten sind. Wenn wir selbst nicht immer Zeit haben, kann das Pferd – gegen eine entsprechende Gebühr – vom Ausbildungspersonal gearbeitet werden.

Die Ausrüstung des Pferdes

Sattel ist nicht gleich Sattel, Zaumzeug nicht gleich Zaumzeug. Das wird dem Laien bewußt, wenn er sich einmal verschiedene Sättel, Trensen und Halfter angeschaut hat. Nicht nur, daß es spezielle Dressur-, Spring- und Vielseitigkeitssättel gibt: nicht jeder von ihnen paßt zu jedem Pferd oder jedem Reiter. Ein Sattel muß genau auf den Pferderücken passen, und der Reiter muß bequem darauf sitzen. Ohne Unterlage verpaßt, muß er an allen Punkten gleichmäßig auf dem Pferderücken aufliegen.
Ein Sattel besteht aus einem Sattelbaum mit »Vorderzwiesel« (vordere Sattelkammer), dem Sitzleder und aus Sattelblättern. Wichtig ist, daß die Sattelkammer hoch und breit ist und genug Raum für den Widerrist bietet. Es gibt Sattelfirmen, die sich das betreffende Pferd ansehen und dann den passenden Sattel liefern, doch meist wird es so sein, daß man selbst vor dem Kauf die Widerristbreite mißt (mit einem Instrument, das man sich beim Fachgeschäft ausgeliehen hat). Zum kompletten Sattel gehören Unterlage, Gurt, Steigbügel und Riemen. Als Unterlage nimmt man am besten eine Satteldecke aus Filz, naturgegerbtem Leder oder ein Schaffell. Die Bügel sollen möglichst breit und schwer sein, damit man beim Sturz schnell aus ihnen herauskommen kann. Bewährt haben sich die sogenannten »Fillissteigbügel« mit Gummieinlagen. Die Bügelriemen sollen so stabil wie möglich sein und am besten aus gutem Kernleder bestehen. Der am meisten verwendete Sattelgurt ist der »Schnurengurt« aus Eisengarn, doch wer es sich leisten kann, wird immer Gurte aus Leder nehmen.

Die Trense muß ebenfalls dem in Frage kommenden Pferd angepaßt werden. Das Zaumzeug ist richtig verpaßt, wenn die Trense am Mundwinkel anliegt, ohne die Lefzen hochzuziehen. Unter den Kehlriemen muß man eine Faust stecken können und unter den Kinnriemen beim Reithalfter zwei Finger. Vor dem Kauf mißt man am besten die Maße von einem Maulwinkel über das Genick zum anderen Maulwinkel, die Länge für den Stirn- und Nasenriemen sowie die Maulbreite ab. Das bewährteste Halfter ist das hannoversche Reithalfter, doch wird bei manchen Pferden das englische oder mexikanische Reithalfter ratsamer sein, da sie das Pferd besser atmen lassen. Das Trensengebiß besteht beim Durchschnittsreiter aus einer möglichst dicken und daher nicht so scharf wirkenden Wassertrense aus nicht rostendem Argentan. Pferde, die im Maul besonders empfindlich sind, bekommen eine dicke Gummitrense. Dünne, scharfe Trensen und Kandaren gehören nur in die Hand des Könners!

Bei den Zügeln haben sich Gurtzügel mit Lederstegen bewährt oder Lederzügel mit griffigem Gummiüberzug, um das Entgleiten aus der Hand zu verhindern. Für Dressurreiter gibt es nur den dünnen Lederzügel, besonders natürlich bei Kandarenzäumung.

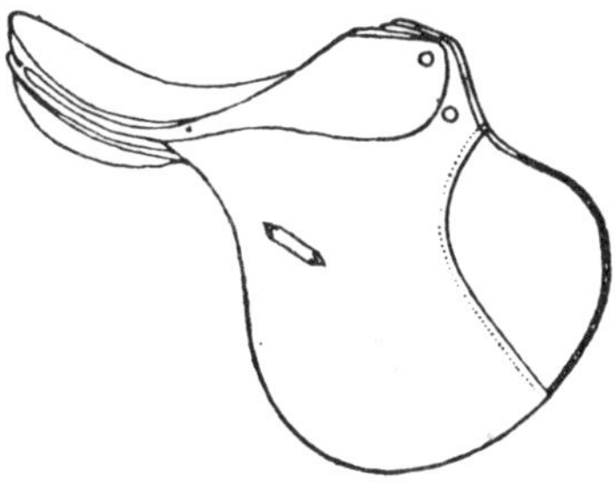

Springsattel

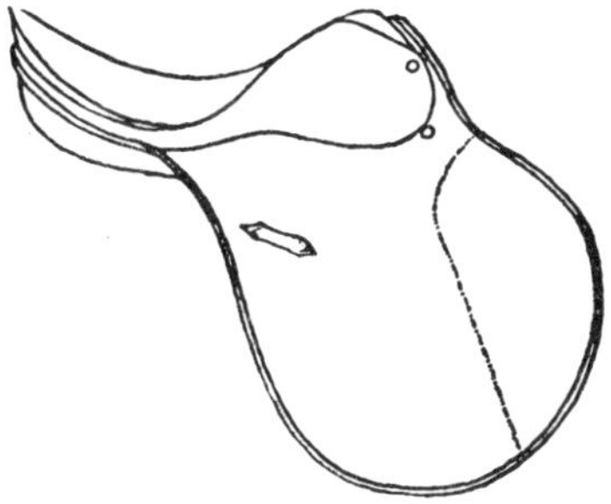

Dressursattel

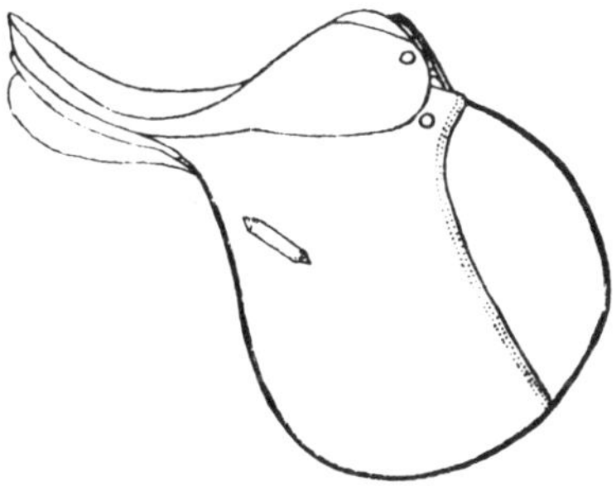

Vielseitigkeitssattel

Gummigebiß

Olivenkopftrense

Dickes Trensengebiß

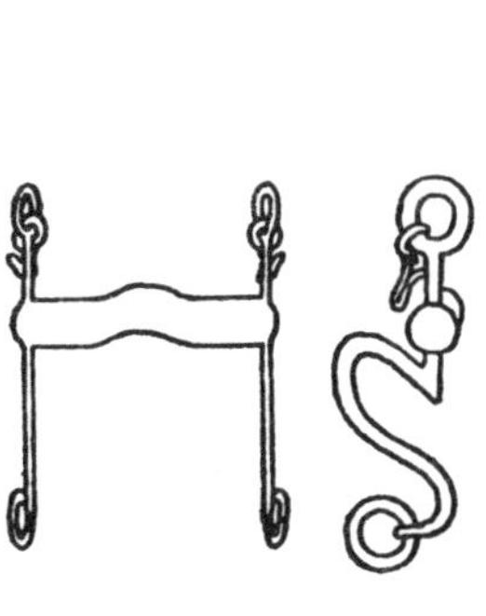

Kandare

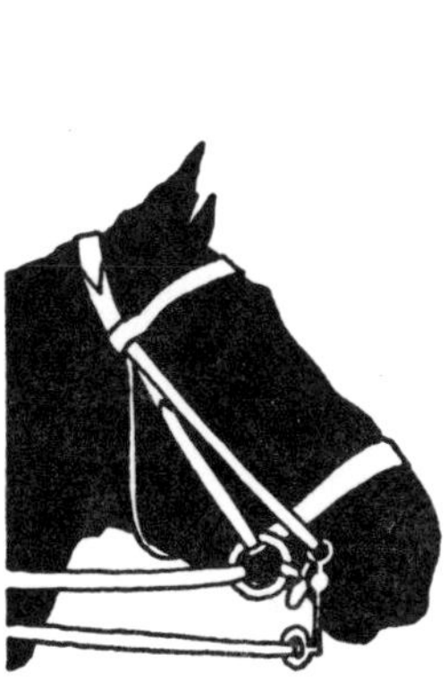

Kandarenzaum

Trensenzaum

Die Haltung des Reitpferdes im Stall

Die Stallverhältnisse des früheren »Mitarbeiters« Pferd, des Kriegsgefährten und jetzigen Sportkameraden, beschäftigten schon immer die »Roßleute«. Nun, die Wissenschaft hat inzwischen viele Erkenntnisse gewonnen. Allerdings erst die neuesten Forschungen der Tier- und besonders der Pferdepsychologie untersuchen den Einfluß der Bauweise des Stalles und die Art der Tierhaltung auf die Verhaltensweisen des Pferdes. Dabei scheint dies so naheliegend zu sein. Hält sich doch ein in Privatbesitz befindliches Reitpferd meist 22 Stunden täglich im Stall auf. Pferde, die diese lange Zeit unter unwürdigen oder unglücklichen Verhältnissen zubringen müssen, erleiden Schaden an ihrem artspezifischen Verhalten, das heißt, sie sind nach einiger Zeit nicht mehr Pferde wie sie sein sollen. Die menschlichen Bezeichnungen »gut« oder »böse« sind auf das Verhalten des Pferdes nicht übertragbar. Die Kreatur versucht naturgemäß, sich den Umweltverhältnissen anzupassen. Angriffe erzeugen Abwehr, Abriegelung ruft Abstumpfung hervor. Mit einem Pferd, das unter ungewöhnlichen Bedingungen gehalten wird, kann man nicht in gewohnter Weise umgehen, und die normalen Ausbildungsrichtlinien sind auf dieses Tier nicht anwendbar.

Die guten Pferdezüchter und Pferdehalter taten bisher unbewußt und aus Erfahrung das Richtige, die schlechten hatten »Verbrecher« im Stall. Geborene Verbrecher gibt es unter den Pferden kaum.

Dem Pferd muß also das Empfinden vermittelt werden, daß der Stall ein sicherer Ort sei. Die Verbindung zu den übrigen Stallgefährten soll eine natürliche Ordnung entstehen lassen und eine soziale Eingliederung ermöglichen. Der Mensch muß verstehen, durch Konsequenz und das rechte Maß von Güte und Strenge das Vertrauen unseres Sportgefährten zu gewinnen. Bei dem guten Erinnerungsvermögen des Pferdes kann diese Behandlung nicht erst bei der Ausbildung zum Reitpferd erfolgen.

Neben den Anforderungen, die die Psyche und Natur des Lebewesens Pferd an den Stall stellen, spielt die Arbeitswirtschaft eine maßgebliche Rolle, und als dritter Punkt müssen die Kosten für den Stallbau berücksichtigt werden.

In leicht verständlichen Worten ausgedrückt: Ein Stall ist gut, wenn er auf Seele und Körper des Pferdes Rücksicht nimmt und mit geringen Kosten praktisch für die Arbeit gebaut ist.

Anweisungen für den Bau von Pferdeställen füllen eigene Bücher. Deshalb nur Stichwörter, die den vorgenannten Forderungen gerecht werden.

Stallgebäude: Massiver Bau aus Stein, Holz oder modernen Baustoffen, mit Wärmedämmung, von einer 28 cm starken Ziegelmauer

Stallhöhe: 2,50–3,20 m

Grundfläche je Pferd (600 kg) mit Nebenflächen, ohne Heu- und Strohlager: 12–14 m^2

Fensterfläche: $^1/_{17}$ der Grundfläche

Boxen: Reitpferd 10 qm (3 x 3,50 m)
Zuchtpferd 12—15 qm

Boden: Isolierstrich auf Rollierung, rauh

Aufbau der Boxwände: Unterer Teil — 140 cm = Holzbohlen, auswechselbar, in U-Schienen eingefügt (Eiche, Fichte 35 mm); oberer Teil 120 cm Eisenstangen, Rohrstangen senkrecht. Zwischenraum ca. 10 cm (unter Hufbreite)

Boxentüre: 150 cm breit, bei schmaler Stallgasse unter 2 m, unbedingt Schiebetüre.

Türverriegelung im Holz versenkt oder Mechanismus in den Rohrstangen, der durch Anheben ausgelöst wird; keinesfalls vorstehend!

Futterkrippe oder Barren: Keramik, nicht rostendes Metall, Kunststoff (bruchfest), Länge 60 cm, Breite 35 cm, Tiefe 20 cm mit nach innen vorstehendem Rand. Anbringung an der Boxenvorderwand oder Ecke (wichtig aus arbeitswirtschaftlichen Gründen!). Beschickungsmöglichkeit von der Stallgasse aus (Öffnung 20 cm hoch, 40 cm breit)

Tränke: Selbsttränke mit guter Reinigungsmöglichkeit und frei von Verletzungen verursachenden, scharfkantigen Teilen; absperrbar.

Heuraufe: nicht erforderlich, Heu wird vom Boden gefüttert. (1. Straffung der Rückenmuskulatur, 2. Reinhaltung der Mähnenhaare)

Einstreu: Weizenstroh oder Sägemehl bzw. Torfmull. Als beste Einstreu gilt Weizenstroh, das von den Pferden teilweise auch als Futter aufgenommen wird. (Kein Roggen- oder Gerstenstroh, wegen der Grannen.) Bei stark stoffansetzenden Tieren, die dabei zu rund werden, oder bei Pferden, denen man aufgrund der hohen Leistungsanforderungen den Magen vorwiegend mit Kraftfutter auffüllen will, muß man, um den »Maulkorb« zu vermeiden, zur Sägemehlstreu greifen (Nachteil: schlechter Mist — Harz!).

Bei Torfmulleinstreu ist darauf zu achten, daß man reine, nicht bereits mit Mineraldüngemitteln versetzte Qualität erwirbt.

Stallgang oder Stallgasse: isolierender Estrich in rauher Aufbringung wie Boxenboden.

Breite 2 m und mehr. Boxenanordnung ab 4—6 Pferden beidseitig des Stallganges. Waschmöglichkeit in Nische mit absolut sicherem Wasserabfluß für Trensen etc. — Stallgasse selbst muß absolut trocken bleiben! — Abtransport des Mistes mit Schiebkarre zur nahegelegenen Dungstätte. Keine Jaucherinne im Pferdestall!

Waschplatz für Pferde: vor dem Stall. In großen Ställen vertiefte Wasch- und Kühlbox (für verletzte und stark belastete Pferdebeine) mit Wanne von ca. 50 cm Tiefe.

Stallbelüftung: gut ziehender Frisch- und Abluftkamin mit separat schließbaren Öffnungen am Stallboden und an der Stalldecke, ist preiswerter und besser als Ventilator (Dauerkosten)! — Bei Dunstkamin gute Isolation bis über das Dach hinaus zum oberen Rand, da sonst Abluft wieder abkühlt und zurückfällt.

Futterkammer: trocken, ungeziefersicher, gut belüftet.

Heu- und Strohbergeraum: deckenlastig oder ebenerdig, daneben Lagerraum für ca. 12 dz Heu je Pferd (1200 kg) und Jahr und 10—15 dz Stroh.
Es wird empfohlen, Reitpferde durchweg in Boxen in modernen Pferdeställen zu halten. Schulpferde in einem Reitschulbetrieb mit einem Einsatz je Pferd von 3 bis 6 Stunden täglich können auch in Ständern (je Pferd 1,60 x 3,30 m) gehalten werden. Jungpferde und Zuchtstuten ohne Fohlen sollten aus wirtschaftlichen wie aus den vorerwähnten psychologischen Gründen in Laufstallungen gehalten werden.
Wieviel und welche Nahrung unser Pferd braucht, hängt von dem Nährgehalt der einzelnen Futtermittel ab und richtet sich danach, ob das Pferd eine leichte oder schwere Arbeit zu verrichten hat. Es ist deshalb ungenügend, bestimmte Rationen festzulegen, ohne die Nährsubstanz der einzelnen Futtermittel anzugeben. Als Faustzahl kann beim Pferd wie auch bei anderen Pflanzenfressern gelten, daß es täglich etwa 2 % des Körpergewichts an Trockenmasse aufnimmt. Die Tierernährungswissenschaftler beschäftigt die Frage, durch welche Art der Futterzufuhr man den Energie-, Kohlehydrate und Rohproteinbedarf bei Sportpferden sowie bei stark beanspruchten Zuchttieren decken kann.
Da die Rohfaserverdaulichkeit beim Pferd ohnehin viel schlechter ist als bei unserem bedeutendsten landwirtschaftlichen Nutztier, dem Rind, muß die Hauptmenge der Nährstoffe durch Kraftfutter zugeführt werden und kann nicht durch Heu- oder gar Strohnahrung gedeckt werden.
Etwa 18 % sollte der Anteil der Rohfaser in der gesamten Ration dennoch nicht unterschreiten, um eine geregelte Magen- und Darmtätigkeit zu sichern. Hinzu kommt der Bedarf an Mineralstoffen, der mit der gesteigerten intensiven Nutzung des Grünlandes und den gestiegenen Leistungsanforderungen im Sport auch nicht mehr allein durch die Grundfuttermittel gedeckt werden kann. Der Grundsatz lautet, einer Hafer-/Heufütterung mit einem Kalk-Phosphorsäureverhältnis von 2 : 1 Mineralstoffgemische beizufüttern, die bei Hochleistungspferden bis zu 100 Gramm pro Tag betragen. Zuchtpferde brauchen in ihrem Mischfutter eine bestimmte Menge an Vitaminen A, D, E und stark schwitzende Sportpferde benötigen ein stark salzhaltiges (NACl) Mischfutter.
Nun aber zur Praxis der Fütterung. Sie ist simpel und geheimnisvoll zugleich. Einem Reitpferd bei mittlerer Belastung 5 Kilogramm Heu und 6 kg Hafer in drei Rationen, früh, mittags und abends zu verabreichen, verlangt durchaus keinen Experten. Ein nerviges Military-Pferd im Spitzentraining, vielleicht in der Prüfung, bei gutem Appetit zu halten, den Magen nicht zu belasten und dennoch den bestehenden Bedarf an Nährstoffen voll zu decken, ist eine Aufgabe, die den versierten Fuchs voll beansprucht. Nur mit lauwarm verfüttertem, breiigem Mash aus gequetschtem Hafer, Weizenkleie, Leinsamenschrot, rohen Eiern, mit warmem Wasser oder Milch aufbereitet, wird ihm das gelingen. Lassen wir jedoch die extremen Sonderfälle. Die Regel ist eine einfache Fütterung, bei der Heu — nicht Grummet — und Hafer die Hauptbestandteile bilden.

Pferdeschlag	leichte Arbeit Heu kg	leichte Arbeit Hafer kg	mittl. Arbeit Heu kg	mittl. Arbeit Hafer kg	schwere Arbeit Heu kg	schwere Arbeit Hafer kg
Ponys (bis 150 kg)	2,0	0,8	2,0	1,5	2,0	2,5
Kleinpferde (bis 350 kg)	3,0	1,5	3,5	3,0	3,5	4,0
Warmblutpferde (600 kg)	5,0	3,5	5,0	6,0	3,5	10,0

Soweit andere für das Pferd verwendbare Futtermittel zur Verfügung stehen, gibt es keine Bedenken, den Speisezettel abwechslungsreich zu gestalten. Jedes neue Futtermittel muß dabei allmählich eingesetzt werden, da der Verdauungstrakt zur Umstellung Zeit braucht. Beigefütterte Rüben sollen dabei nicht mehr als 1 kg Hafer ersetzen. Körnerfrüchte und Nebenprodukte der Zuckerindustrie können bis 1/3 der Haferration ersetzen.

1 kg Hafer kann ersetzt werden durch:

0,8	kg	Körnermais	1,25	kg	Trockenschnitzel
0,8	kg	Gerste	4,0	kg	Zuckerrüben
1,0	kg	Kartoffelflocken	5,0	kg	Möhren
1,0	kg	Zuckerschnitzel	6,0	kg	Gehaltsrüben

Die Tagesration wird am besten in drei Mahlzeiten, früh, mittags und abends aufgeteilt. Der alte Streit, ob vor oder nach dem Füttern getränkt werden soll, hat die Selbsttränke entschieden. Ein zeitweises Absperren der Tränkeautomaten ist überflüssig, da sich das Tier selbst auf einen sinnvollen Verbrauch einstellt. Im übrigen benötigt ein Pferd bei Trockenfütterung täglich bis 40 Liter, bei Grünfutter bzw. Weidegang bis 20 Liter Wasser.

Pflege, Frisur und Hufbeschlag

Das Sprichwort »gut gefüttert ist halb geputzt« besteht zu Recht. Das Haarkleid eines Pferdes, das sich in gutem Futterzustand befindet und dessen Mineralstoffbedarf gedeckt ist, ist glatt, glänzt und stößt weder übermäßig viele Haare noch Schuppen ab. Daneben wirkt sich Gesundheit und Wohlbefinden auf die »Jacke« des Reitpferdes aus. Ein anderer Teil der Pferdepflege ist Handarbeit, für die wir folgende Geräte benötigen: Striegel, Kardätsche, Reisbürste, Leinenlappen, Schwamm, Hufkratzer, Mähnenkamm und Schweifschere. Die Arbeit beginnt am Kopf und endet am Schweif bzw. bei den Beinen. Zuerst wird mit dem Gummi- oder Metallstriegel das Fell kreisrund mit und gegen den Haarstrich »gestriegelt« und die feinen Schmutzpartikel entfernt. Dann bürstet man das Fell mit der Kardätsche, die man nach jedem zweiten, dritten Bürstenstrich auf der in der anderen Hand gehaltenen Striegel abstreift, um den Schmutz aus der Bürste zu entfernen. Die Bürste (Kardätsche) hält man dabei immer in der dem Kopf zugewandten Hand, das heißt auf der linken Pferdeseite in der linken,

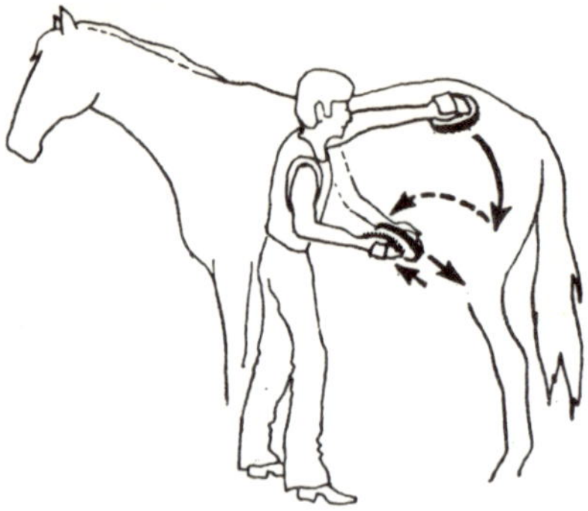

Putzen

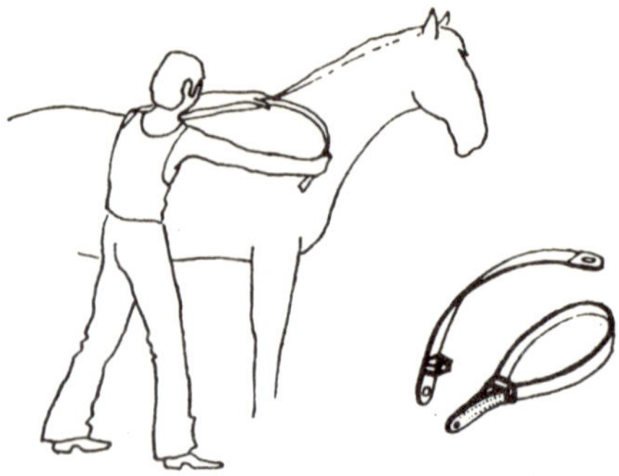

Abziehen des Wassers mit dem Schweißmesser

auf der rechten Pferdeseite in der rechten Hand. Mit dem Lappen schließt man das Putzwerk auf dem Fell ab. Kopf und Beine werden nur mit der Kardätsche gebürstet. Augen, Nüstern, After und Scham bzw. Schlauch werden mit dem feuchten Schwamm gereinigt.

Die Reisbürste (oder Wurzelbürste) wird nach dem Reiten verwendet, um das verschwitzte Haarkleid zu glätten und den groben Schmutz zu entfernen. Ebenfalls unmittelbar nach der Arbeit reinigen wir mit dem Hufkratzer Hufsohle und Strahlfurchen und entfernen Steine aus den Hufen. Bei starker Verschmutzung, besonders nach Vielseitigkeitsprüfungen und Jagden, werden die Pferde mit Wasser abgeschwammt, dem man häufig geringe Mengen Spritius oder Obstessig beimischt. Es ist unerläßlich, das Pferd zuerst mit dem Schweißmesser zu trocknen und anschließend trockenzuführen.

Der »feine« Putz der Pferde auf allen Turnieren und Leistungsschauen kommt nicht von selbst. Man frisiert! Die Mähne wird auf etwa Handbreite verzogen, das heißt die langen Haare auf der Mähnenunterseite werden mit dem Kamm ausgerupft. Die Mähne wird dabei individuell auf der Seite belassen, auf welche sie von Natur aus fällt. Die übrigen Haarspitzen werden mit dem Messer egalisiert. Bei Dressur- und Materialpferden werden aus optischen Gründen häufig die Mähnenhaare zu kleinen hochgebundenen Zöpfen, Knötchen oder in einem kunstvollen Netzgeflecht angeordnet.

Der Schweif wird an der Wurzel seitwärts schmal geschnitten oder gezupft, das Schweifende so gekappt, daß es normal getragen beim Reiten eine Handbreite unter das Springgelenk reicht. Der Kötenbehang an den Fesseln wird mit der geschwungenen Schere auf Beinhaarlänge gekürzt.

Haarpflege soll sein – Hufpflege muß sein! Der Wert eines Pferdes steht und fällt mit der Verfassung von Beinen und Hufen. Reinigung und das Einstreichen mit Huffett sind tägliche Verrichtungen bei der Pferdepflege. Das Schuhwerk des Pferdes, die Hufeisen, verpaßt der Schmied. Da der Huf ständig wächst (im Monat bis zu 9 mm), müssen im Abstand von ca. 6 Wochen die Hufe umbeschlagen werden. Dabei werden die Eisen abgenommen, der Horntragrand, Sohle und Strahl ausgeschnitten, und die Eisen erneut kalt oder heiß aufgenagelt. Etwa bei jedem dritten Umbeschlagen müssen die inzwischen abgenützten Eisen erneuert werden. Das Gleichstehen von Sehnen und Gelenken wird auf diese Weise sichergestellt. Bei glattem Boden werden als Gleitschutz in die Hufeisen Stahlstollen eingeschraubt, so wie bei Fußballstiefeln.

Das kranke Pferd

Modernster Stallbau und Einrichtung, optimale Fütterung und Haltung können das »Auge des Herrn«, das die Tiere überwacht, nicht ersetzen. Der gewissenhafte Tierhalter registriert jede Veränderung in Gebaren und Aussehen seines Pferdes. Bei allen ernsten Erkrankungen muß unbedingt der Tierarzt hinzugezogen oder das Pferd sofort in eine Tierklinik eingeliefert werden.

Das gesunde Pferd hat in Ruhestellung eine Temperatur von 37,5—38,5° C, 28 bis 45 Pulz- bzw. Herzschläge in der Minute und atmet 10—16 mal in der Minute. Das Fieber wird im Darm gemessen. Achtung, dabei Thermometer anbinden! Den Puls fühlt man mit den Fingerkuppen (Zeige-, Mittel- und Ringfinger) an der Innenseite der Unterkiefer.

Allgemeine Anzeichen einer krankhaften Veränderung sind neben der Veränderung vorstehender Rhythmusnormen Freßunlust, Unruhe, Teilnahmslosigkeit, Schweißausbrüche, Husten.

Bei der Kolik, der häufigsten Pferdekrankheit, die wegen Gefahr von Darmverschlingung und Darmschluß immer ernst zu nehmen ist, schlagen die betroffenen Tiere zusätzlich um sich, werfen sich nieder und wälzen sich hin und her.

Alarmierend für den Pferdehalter und Reiter sind die Erkrankungen der Luftwege (Influenza, Druse, Emphysem), der Parasitenbefall und alle Lahmheiten. Als Vorbeugungsmaßnahmen haben sich einige Schutzimpfungen hervorragend bewährt:

Tetanusimpfung: Der Starrkrampfbazillus ist besonders im Pferdemist und auf Pferdeweiden häufig anzutreffen. Kleinste Verletzungen genügen, um eine Infektion über das Blutserum hervorzurufen.

Impfung gegen Pferdeinfluenza (Hoppegertener Husten): Infolge der stark angewachsenen Zahl von Pferdesportveranstaltungen und der damit verbundenen gemeinsamen Unterbringung von vielen fremden Pferden gibt es seuchenartige Infektionswellen. Die Erreger sind verschiedene, oft stallspezifische Bazillen. Durch Impfung kann eine Infektion verhindert oder abgeschwächt werden.

Borna-Schutzimpfung: Die ansteckende Gehirn-Rückenmarksentzündung oder Borna'sche Krankheit tritt immer wieder vereinzelt in Beständen auf. Oft lange andauernde Quarantänemaßnahmen können durch Schutzimpfung vermieden werden.

Zu den Fotos Seite 249 bis 256:

Seite 249: Was gibt es Neues? Ein edler Vertreter seiner Rasse. (Foto: Alder)

Seite 250: Voltigieren macht Spaß. Reiterliches Geschick und selbstverständlicher Umgang mit dem Pferd – hier kann es gelernt werden. (Foto: Rust-Anthony)

Seite 251: Endlich bin ich ihn los! Ein hoher Sprung in eine kleine Pferdefreiheit. (Foto: Alder)

Seite 252: Der Huntsman mit seiner Meute. Ausritt zur Schleppjagd. (Foto: Prenzel)

Seite 253: Hubertusjagd. Der Hubertustag wird mit einer festlichen Reitjagd und einem abendlichen Freudenfeuer gefeiert. (Foto: Curth-Anthony)

Seite 254: Die Freiheit der Weide. Araber in einem Schweizer Gestüt. (Foto: Alder)

Seite 255: Temperament, Kraft und Adel. Der Morgengalopp wird voll ausgekostet. (Foto: Alder)

Seite 256: Ponys in Jütland. Meer, Wind und karge Weiden – die natürlichen Lebensbedingungen für das Pony, das bei unserer Stallhaltung oft verwöhnt und verweichlicht wird. (Foto: Nobel-Anthony)

Was gibt es Neues?

Voltigieren macht Spaß

Endlich bin ich ihn los!

Der Huntsman mit seiner Meute

Am Abend nach der Hubertusjagd

Die Freiheit der Weide

Temperament, Kraft und Adel

Ponys in Jütland

10. Du und dein Pony

Ponies und Kleinpferde sind über alle Erdteile verstreut. Sie werden in den landwirtschaftlich weniger entwickelten Ländern als Lastenträger und Zugtiere vor landwirtschaftlichen Geräten und Wagen genutzt. Die Koniks, Bosniaken und Huzulen der Gegenwart sind ein Beispiel dafür.

Im Sport gab es Ponies allerdings schon im 3. Jahrhundert nach Christus. Die Perser spielten zur damaligen Zeit bereits Polo, das Spiel der Könige und Prinzen. Die Araber verwenden Ponies dann im 5. Jahrhundert, und auch in China und Indien werden Kleinpferde geritten.

Das klassische Ponyland der Gegenwart ist England. Neben Landrassen und Pferdchen ohne kontrollierte Abstammung ist hier besonders die Zucht von Welsh, New Forest- und Hochland-Ponies in hoher Blüte. Die größeren Vertreter dieser Rassen gelten nicht nur als Kinderpferde sondern gleichermaßen als Reitpferde für die ganze Familie, für die Jagd und für den Leistungssport. Dabei werden bei den Briten wie auch in internationalen Kreisen Ponies nicht unbedingt als Angehörige einer bestimmten Rasse angesehen, sondern jedes kleine Pferd unter dem Stockmaß 147 cm wird als Pony bezeichnet.

Bei Leistungsprüfungen werden Ponies und Kleinpferde auch nicht nach Rassenzugehörigkeit sondern lediglich nach ihrem Stockmaß eingeteilt. Die kleinste Abteilung umfaßt Ponies bis 115 cm Stockmaß, die mittlere Abteilung von 116 cm bis 130 cm Stockmaß, die große Abteilung von 131 cm bis 147 cm Stockmaß. Die Anlagen für die einzelnen Reitdisziplinen sind je nach Rasse sehr unterschiedlich. Das muß man als Käufer wissen und berücksichtigen.

Die Anschaffung eines guten Ponies ist im übrigen nicht einfacher als die eines Großpferdes. Rasse, Farbe und Exterieur sollten bei der Auswahl erst an zweiter Stelle berücksichtigt werden.

Die ersten Überlegungen bei der Anschaffung betreffen persönliche und sachliche Aspekte:

Reiter: ob Kind oder Erwachsener — Verwendungszweck: Springreiten, Dressur, Spielpferd für Kinder — Haltungsansprüche, Gesundheit, Temperament und Charakter.

Als Erwachsenenkleinpferde zeichnen sich vor allem innerhalb den deutschen Zuchten aus:
Arabohaflinger, Connemara, Dülmener, Haflinger Islandpony, New Forest, Norweger (Fjord), Welsh Mountain.
Diese Ponies sind alle ebenso auch für Jugendliche und Kinder geeignet. Für die kleinen Reiter kommen natürlich besonders die Sheties und Dartmoorponies infrage. Für die Dressur stechen die Welshs, New Forester und Arabohaflinger durch ihre Mechanik hervor.
Als Springer Cracks kann man mit gutem Gewissen besonders die veredelten Connemaraponies empfehlen, die aus Irland kommen.
Ein besonders gutmütiges Temperament wiederum ist den Norwegern, Isländern und Haflingern gegeben. Zum Überwinden langer Distanceritte bietet der obenerwähnte Isländer — ein Robustpony — neben Härte, Ausdauer und Genügsamkeit zwei zusätzliche Geländegangarten, den Paß und den Tölt. Beide Gangarten, etwa im Tempomaß des Trabes, sind für Pferd und Reiter besonders kräftesparend und angenehm.

Der Stall und die Pflege

Ponies werden einerseits in extensiver Weidehaltung mit Unterstand, der nur auf drei Seiten geschlossen ist, andererseits im Luxusstall untergebracht, je nach ihrer Verwendung. Ein als »lebender Rasenmäher« gehaltenes Parkpony begnügt sich mit einem aus dichtem Bretterverschlag gefügten Weidestall, der im Winter reichlich mit Stroh eingestreut wird. Das Kleinpferd empfindet es genauso wie ein Großpferd als unangenehm, mit Tiergattungen, die warme Stalluft mit hoher Luftfeuchtigkeit brauchen, untergebracht zu werden.
Für die Stallhaltung gilt das für die Großpferde Gesagte. Die Stallmaße variieren entsprechend. So genügt für ein Shetlandpony eine Box mit Grundfläche 2 x 3 m, für ein Connemara-, New Forest Pony oder einen Arabohaflinger eine Box mit 3 x 3 m. Auch die Pflege und der Hufbeschlag unterscheiden sich bei einem Reitpony nicht von denen des Großpferdes. Bei reinen Weidetieren ist die tägliche Bürsterei natürlich nicht erforderlich. Wind und Regen verrichten die Hautpflege. Rauher Boden ersetzt die Raspel des Schmiedes bei der Hufpflege. Auf weichem Weideland allerdings müßten die Hufe aller Tiere, die dabei ja immer barfuß laufen, in regelmäßigen Zeitabständen von 2—3 Monaten ausgeschnitten werden.

Das Füttern

Über die Fütterung im Stall sind Mengen und Futtermittel für Kleinpferde im allgemeinen Kapitel über Stallfütterung enthalten. Am häufigsten werden Ponies

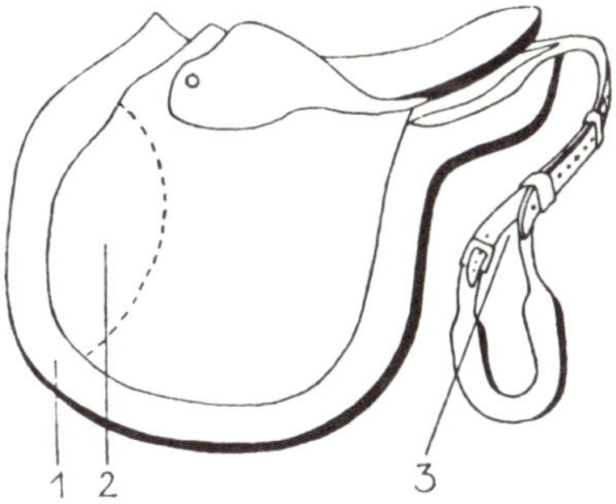

Vielseitigkeitssattel für Ponys

1 Filzdecke
2 Pausche
3 Schweifriemen

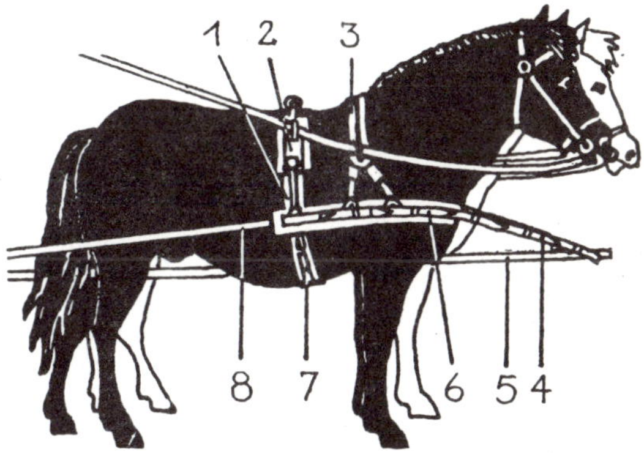

Zweispänner-Sielengeschirr für Ponys

1 Bauchgurt
2 Kammdeckel
3 Halsriemen
4 Aufhalteriemen oder Aufhalter
5 Deichsel
6 Siele oder Brustblatt
7 Sprenggurt
8 Zugstrang

allerdings, wenn sie nicht intensiv geritten werden, in den Sommermonaten zumindest, auf der Weide gehalten. Wenn das Pferd nur wenig arbeitet, genügt es, daß es die Menge an Weidegras aufnimmt, die nötig ist, um den natürlichen Nährstoffbedarf zu decken. Bei sehr jungem Weidegras ebenso wie bei der Umstellung von der Winterfütterung auf die Weide empfiehlt es sich immer Rauhfutter (Heu oder Stroh) beizufüttern um Durchfälle zu vermeiden. Sowohl auf der Weide als auch im Stall ist dafür zu sorgen, daß das Tier ständig mit Wasser versorgt wird. Während des Winters ist diese Forderung im Offenstall nicht leicht zu erfüllen. Alle Automatentränken sind im Vergleich zu dem einfachen, fließenden Wassergrand unvorteilhaft.

Bei der Winterfütterung ist in solch natürlichen Ställen der Energiebedarf wesentlich höher. Zum reichlich verabreichten Rauhfutter wird noch Körnerfutter — üblicherweise Hafer — in einer Menge von täglich ca. 1 % des Körpergewichtes, verabreicht.

Besonders bei der extensiven Weidehaltung muß der Tierhalter mit geübtem »Blick über den Zaun« alle Unpäßlichkeiten bei Haltung, Fütterung und Gesundheit sofort erkennen und beseitigen.

11. Über Pferdezucht und Pferdebestände

Pferdezucht wird in Deutschland sowohl vom Staat als auch von privater Seite betrieben. Viele Hauptgestüte, wie zum Beispiel Trakehnen, gingen im Osten verloren, und wenn wir heute Haupt- bzw. Stammgestüte ansehen wollen, bleiben uns nur noch zwei Möglichkeiten: das württembergische Gestüt Marbach a. d. Lauter, in dem Württembergisches Warmblut und Araber gezogen werden, und das bayerische Gestüt Schwaiganger, in dem man sich des Süddeutschen Kaltbluts und des Bayerischen Warmbluts und des Haflingers annimmt. Ein Hauptgestüt ist eine staatliche Zuchtstätte und beherbergt Hengste, Stuten und Fohlen. Daneben gibt es noch die Landgestüte, die ausschließlich Hengstdepots der in der Landespferdezucht verwendeten Hengste sind. Solche Hengstdepots gibt es heute noch in Landshut (Bayern), Dillenburg (Hessen), Celle (Niedersachsen), Warendorf (Nordrhein-Westfalen) und Zweibrücken (Rheinland-Pfalz). Die Hengste, die dort aufgestellt sind und während der Decksaison auf Stationen im ganzen Zuchtgebiet verteilt werden, sind im Alter von zweieinhalb Jahren von privaten Hengstzüchtern oder den staatlichen Gestüten erworben worden.

Nach dem Zweiten Weltkrieg wurden zwar die vielerorts stark zerstörten Gestütseinrichtungen wieder aufgebaut, doch das Voranschreiten der Motorisierung brachte eine neue Entwicklung. Die Landwirtschaft war mit Pferden übersättigt, und aus dem Verkehr verschwand das Pferd ganz und gar. Ende der 50er Jahre sah man ein, daß man nun reduzieren mußte. In dieser Zeit wurde das Hauptgestüt Zweibrücken in ein Landgestüt umgewandelt, der alte Gestütshof Eichelscheiderhof wurde verpachtet. 1956 wurde das Rheinische Landgestüt Wickrath aufgelöst, 1958 Darmstadt aufgegeben, 1959 Ansbach, 1960 Traventhal, 1960/61 Harzburg und Osnabrück. Altefeld, das jüngste der preußischen Landgestüte, hörte mit Kriegsende auf zu existieren. Im Osten Deutschlands werden die alten Gestüte wie Graditz, Moritzburg, Neustadt a. d. Dosse und Redefin weitergeführt. Ostpreußens berühmte Gestüte sind zum Teil im Krieg zerstört worden. Das Pferd in der Landwirtschaft ist weitgehend von der Maschine verdrängt. Der Staat sieht sich dennoch verpflichtet, Pferdezucht und Pferdesport bzw. das Prüfungswesen für Pferdeleistung zu fördern. Es ist dies eine kulturelle Verpflichtung und eine Aufgabe zur Erhaltung der Gesundheit der Jugend und der Erwachsenen. Die Förderungsmaßnahmen kommen nicht nur dem Gestüt, sondern vor allem auch der privaten bäuerlichen Zucht zugute. Die planmäßigen Zuchten bedienen sich in erster Linie des Warmblut- und des Freizeitpferdes. Bei den beachtlichen Preisen für Leistungstiere ist die Pferdezucht wieder ein lohnender Betriebszweig.

In der Bundesrepublik Deutschland ist die Pferdezucht sehr gründlich durchorganisiert. Pferdezuchtverbände kümmern sich um die Zuchtbuchführung und um die Lenkung der züchterischen Arbeit. Ihre Aufgabe ist auch die Durchführung von Prämiierungen für Zuchttiere auf lokalen oder zentralen Schauen und von Absatzveranstaltungen von Jung-, Zucht- und Sportpferden.

Bundes- und Ländergesetze regeln, daß alle Hengste zur Zucht verwendet werden. Jeder Hengst, der zum Decken herangezogen werden soll, muß gekört sein, d. h. von einer von der Obersten Landesbehörde berufenen Kör-Kommission als fähig befunden sein, die Qualität der Landeszucht zu verbessern (Körnoten I–III). Zudem benötigt der gekörte Beschäler eine Deckerlaubnis (A oder B). Die Deckerlaubnis A — öffentliche, DE für fremde Stuten — wird erteilt für Vatertiere, die einer anerkannten Rasse angehören und deren Einsatz im öffentlichen Zuchtinteresse ist. Die Deckerlaubnis B — beschränkte Deckerlaubnis — begrenzt die Deckbefugnis des Hengstes auf die im Eigentum des Hengsthalters befindlichen Stuten.

Die Körfähigkeit eines Hengstes erfordert ein Mindestalter von 2 Jahren und 6 Monaten, eine nachgewiesene Abstammung von wenigstens drei Generationen, eine einwandfreie Entwicklung der Geschlechtsorgane und des Gebisses sowie das Freisein von Gewährsmängeln.

Die Hengstmutter muß bei der Körung, der Junghengst innerhalb von 3 Jahren nach der Körung gemäß Bundestierzuchtgesetz ein Zugleistungs- bzw. beim Warmblut eine Reitleistungsprüfung erfolgreich bestanden haben. Bei Galopper- und Traberpferden sind Mindestausgleichsgewichte bzw. Mindestzeiten Bedingung.

Hengste, die nicht gekört sind oder nach erwiesener Untauglichkeit abgekört wurden, dürfen weder decken noch mit weiblichen Tieren gemeinsam auf die Weide gebracht werden. Bei Zuwiderhandlung werden Strafen bis 10 000 DM verhängt und Zwangskastration angeordnet.

Interessant ist, wie sich der deutsche Pferdebestand heute aufteilt. Nach der letzten Zählung (1972) umfaßt der deutsche Pferdebestand 282 000 Pferde. In den Stutbüchern der Zuchtverbände sind derzeitig 55 393 Pferde und Ponys (ohne Vollblüter und Traber) eingetragen. Davon entfallen 66,2 Prozent auf die deutschen Warmblutrassen, 30,7 Prozent auf Ponys, Robustpferde, Kleinpferde und Haflinger unter 147 cm und nur 3,1 Prozent auf Kaltblüter. Hinzu kommen dann noch etwa 1720 Vollblut- und 3000 Traberstuten.

Und nun noch ein paar Zahlen zur Schweizer Pferdezucht: Im Jahre 1970 hatte

die Schweiz noch ungefähr 53 000 Pferde, wovon etwa drei Viertel der Freiberger Rasse zuzurechnen sind. Die Pferdezucht wird von 88 Zuchtgenossenschaften kontrolliert. Der Bund unterhält in Avenches ein Eidgenössisches Gestüt, das über 90 bis 100 Hengste verfügt. Sie sind während der Decksaison über das ganze Land verteilt. Etwa die gleiche Anzahl von Hengsten ist in Privatbesitz.
Nun noch einiges zu den Bränden, die auf S. 265 gezeigt werden. Vor allem in Zuchten des europäischen Kontinents werden die Rassenzugehörigkeit des Pferdes, die Zuchtrichtung, Blutlinie etc. durch Brandzeichen deutlich gemacht. In Deutschland wird der Rassebrand bzw. Gestütsbrand auf den linken, in Haupt- und Stammgestüten auf den rechten Hinterschenkel gebrannt. Gekörte Hengste und eingetragene Zuchtstuten tragen häufig das nämliche Brandzeichen auf der linken Halsseite. Daneben gibt es auch Brände auf Schulter und in der Sattellage. Vollblutpferde (Galopper) erhalten keine Brandzeichen; Traber wurden verschiedentlich auf der Unterlippe tätowiert.

Brandzeichen

1 Württemberg (Marbach; Hengste und Stuten, rechter Hinterschenkel)

2 Württemberger Warmblut (Eingetragene Stuten, rechter Hinterschenkel; Hengste linke Halsseite)

3 Zweibrücken (rechte Halsseite)

4 Achselschwang (linker Hinterschenkel)

5 Schwaiganger (rechter Hinterschenkel)

6 Dülmener (Fohlenbrand, linke Sattellage)

7 Ostpreuße (Warmblut, Fohlen von anerkannten Stammbuchhengsten und Stuten des Vor- und Haupregisters, linker Hinterschenkel)

8 Ostpreuße (Warmblut, Fohlen mit einseitig ostpreußischer Abstammung, linker Hinterschenkel)

9 Trakehner (Warmblut, Fohlen, rechter Hinterschenkel, bis 1944)

10 Holsteiner (Warmblut, Fohlen holsteinischer Abkunft, linker Hinterschenkel)

11 Nord- und westdeutsche Kleinpferde und Ponys (Fohlenbrand linker Hinterschenkel, Eintragungsbrand linke Halsseite)

12 Schleswiger Kaltblut (Stammbuchbrand, Fohlen rechte Halsseite, eingetragene Stuten linker Hinterschenkel)

13 Niedersächsisches Kaltblut (Stammbuchbrand, Fohlen linke Halsseite, eingetragene Stuten linker Hinterschenkel)

14 Niedersächsisches Kaltblut (Hauptstammbuchbrand, Fohlen linke Halsseite, eingetragene Stuten linker Hinterschenkel)

15 Westfale (Warmblut, Fohlen, linker Hinterschenkel)

16 Westfale (Hauptstammbuch-Eintragungsbrand, Warmblut linke Halsseite, Kaltblut linker Hinterschenkel)

17 Oldenburger (Warmblut, Stammbuchbrand, linker Hinterschenkel, Prämienbrand rechter Hinterschenkel)

18 Hannoveraner (Warmblut, Hauptstammbuchbrand, Fohlen linker Hinterschenkel, eingetragene Stuten linke Halsseite)

19 Hannoveraner (Warmblut, Vorbuchbrand)

20 Hannoveraner (Warmblut, Stammbuchbrand, Fohlen linker Hinterschenkel, eingetragene Stuten linke Halsseite)

21 Ostfriese (Warmblut, Stuten und Körbrand für Hengste, linke Halsseite)

22 Ostfriese (Warmblut, Fohlen linker Hinterschenkel)

23 Kurhessen (Warmblut, linker Hinterschenkel)

24 Hessen-Nassauer (Warmblut, Fohlen linker Hinterschenkel, zugleich für Kaltblut)

25 Baden (Kaltblut, linke Halsseite)

26 Rheinland (Kaltblut, Hauptstammbuchstuten, linker Hinterschenkel)

27 Rheinland (Kaltblut, Stammbuchbrand linker Hinterschenkel, Fohlen linke Halsseite)

28 Haflinger (linke Halsseite)

29 Saarland (Stammbuchstuten und Hengste linker Hinterschenkel, Fohlen rechte Halsseite)

30 Bayern (Süddeutsches Kaltblut, Fohlen linker Hinterschenkel)

31 Bayerisches Warmblut

32 Süddeutschland (Kleinpferde, linker Hinterschenkel)

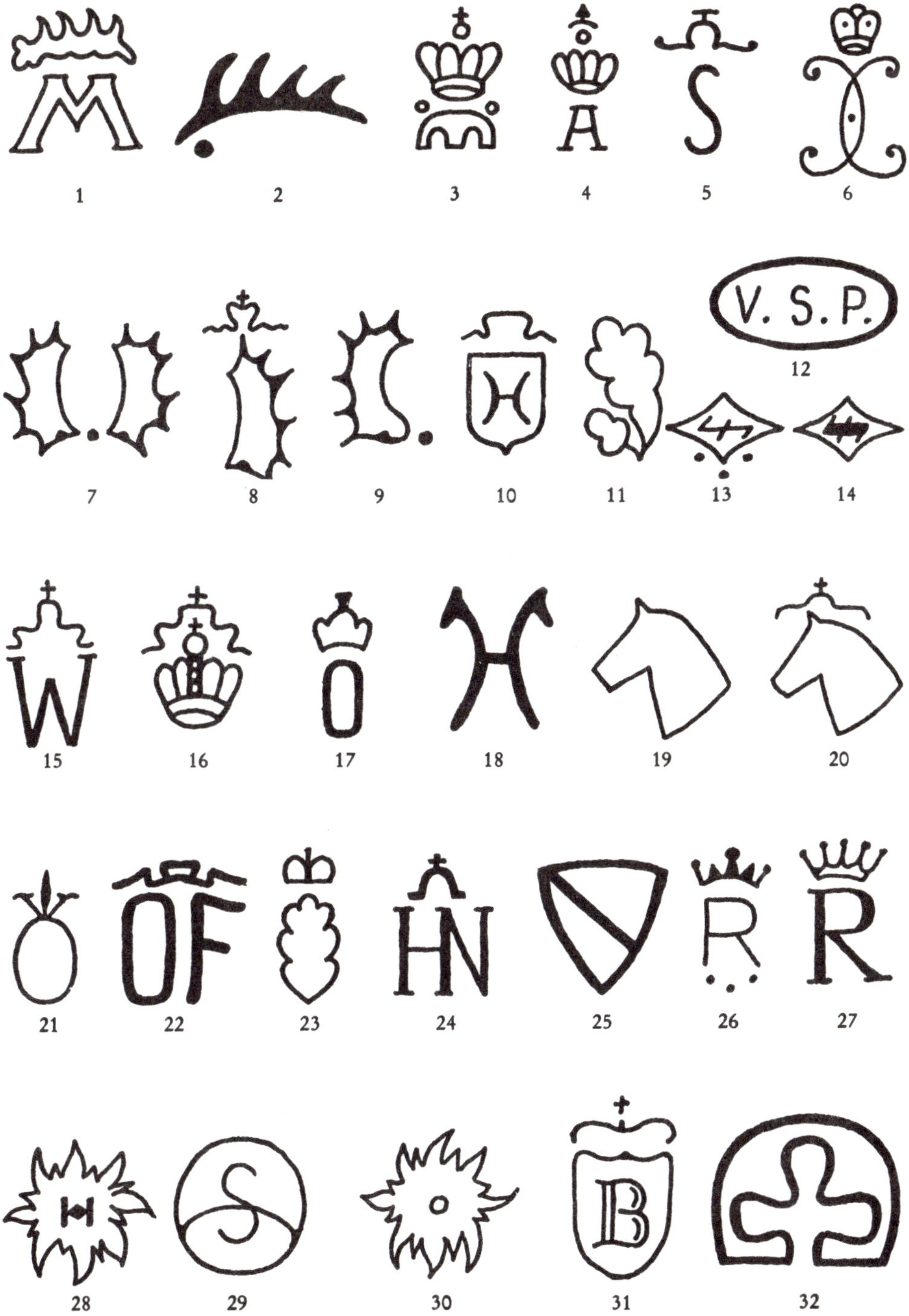
1
2
3
4
5
6
V. S. P.
12
7
8
9
10
11
13
14
15
16
17
18
19
20
21
22
23
24
25
26
27
28
29
30
31
32

12. Anatomie und Exterieur des Pferdes

Altersbestimmung anhand der Gebißveränderung

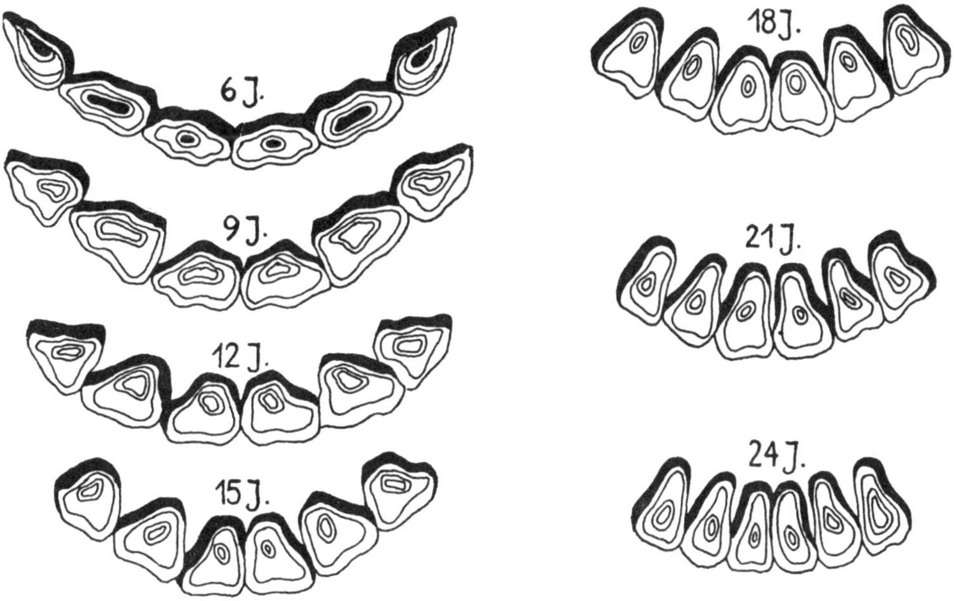

Reibefläche der Unterkieferschneidezähne verschieden alter Pferde. – Das ungefähre Alter des Pferdes kann man an seinen Zähnen abschätzen. Der Zahn besteht aus dem Zahnbein, das von weißem Schmelz überzogen wird. Die Oberfläche der Zähne stülpt sich beim Pferd ein, wodurch ein mit Zahnzement ausgefüllter Hohlraum – die sogenannte Kunde – entsteht. Die an der Reibefläche der Schneidezähne befindliche Kunde muß allmählich verschwinden, weil der Zahn infolge der Reibung abgenutzt wird. Diese Abnutzung der Zähne beträgt im Jahr etwa 2 mm, und da diese Kunden in den Schneidezähnen des Unterkiefers gegen 6 mm tief sind, so muß die Kunde drei Jahre nach Beginn der Reibung des Zahnes verschwinden: an den Zangen mit sechs Jahren, an den Mittelzähnen mit sieben und an den Eckzähnen mit acht Jahren. Da die Kunden in den Schneidezähnen des Oberkiefers tiefer sind, so verschwinden sie erst später. Anstelle der Kunden zeigt sich später ein ovaler Ring, der Rest der Schmelzeinstülpung, welches anfangs länglich-oval ist und später rund-oval wird.

Das Knochengerüst

1 Unterkiefer
2 Hintere Backenzähne
3 Gefäßeinschnitt
4 Vordere Backenzähne
5 Hakenzähne
6 Vordere Schneidezähne
7 Nasenbein
8 Oberkiefer
9 Angesichtsleiste
10 Augenhöhle
11 Kiefergelenk
12 Hinterhaupt
13 Erster Halswirbel
14 Zweiter Halwirbel
15 Schulterblattgräte
16 Schulterblatt
17 Letzte (zehnte) unechte Rippe
18 Hüfthöcker
19 Kreuzhöcker
20 Darmbein
21 Hüftgelenk
22 Oberschenkel
23 Sitzbeinhöcker
24 Hinterröhre
25 Sprunggelenk
26 Sprungbeinhöcker
27 Schienbein
28 Schienbeinleiste
29 Rudimentäres Wadenbein
30 Kniekehlgelenk
31 Kniescheibengelenk
32 Kniescheibe
33 Rippenbogen
34 Erste unechte Rippe
35 Letzte (achte) echte Rippe
36 Gleichbeine
37 Strahlbein
38 Hufbein
39 Kronbein
40 Fesselbein
41 Vorderröhre
42 Griffelbein
43 Vorderfußwurzelgelenk
44 Speiche
45 Rudimentäre Elle
46 Ellenbogengelenk
47 Brustbein
48 Oberarm
49 Buggelenk
50 Erste echte Rippe

a 7 Halswirbel
b 18 Brustwirbel
c 6 Lendenwirbel
d 5 Kreuzwirbel (Kreuzbein)
e 18.–21. Schwanzwirbel

Der Huf

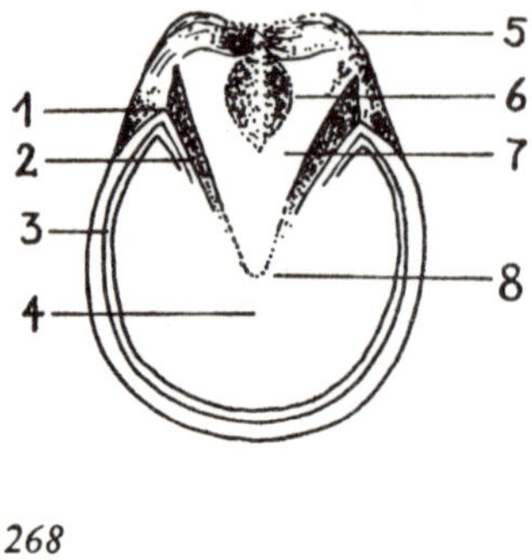

1 Trachtenwinkel
2 Eckstreben
3 Tragerand
4 Hornsohle
5 Ballen
6 mittlere Strahlfurche
7 Hornstrahl
8 Strahlspitze

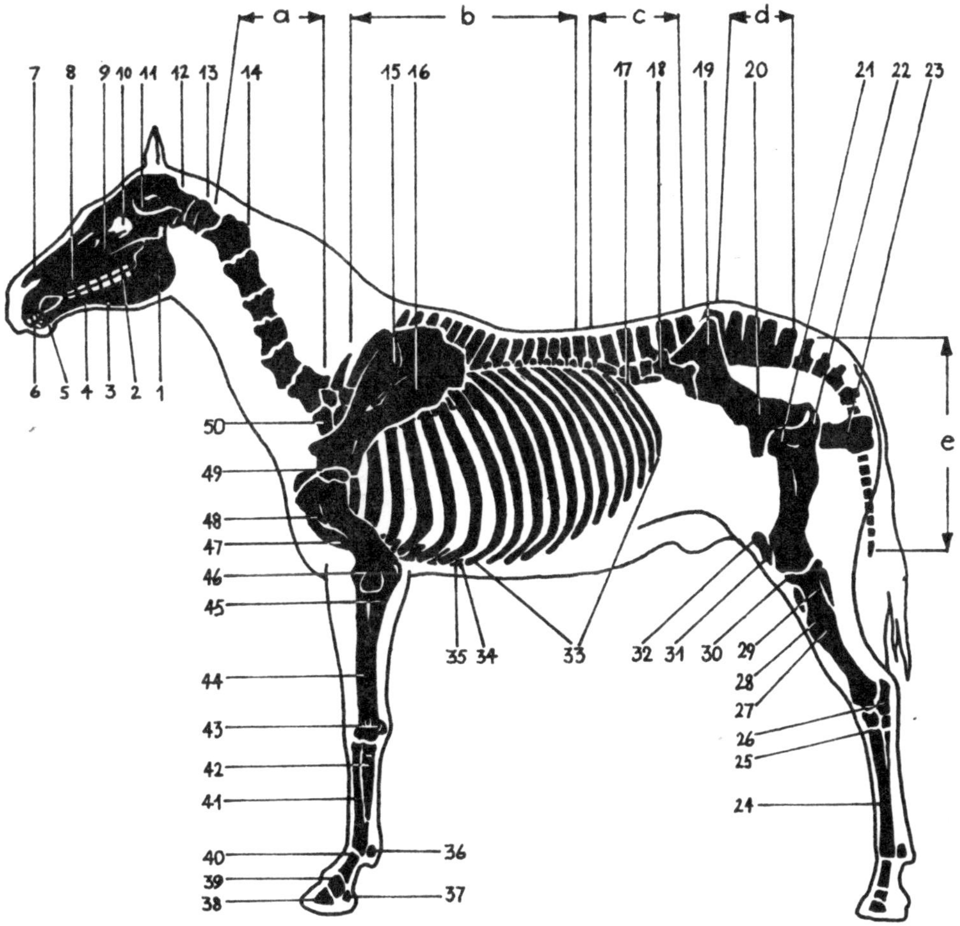

Der Vorderfuß

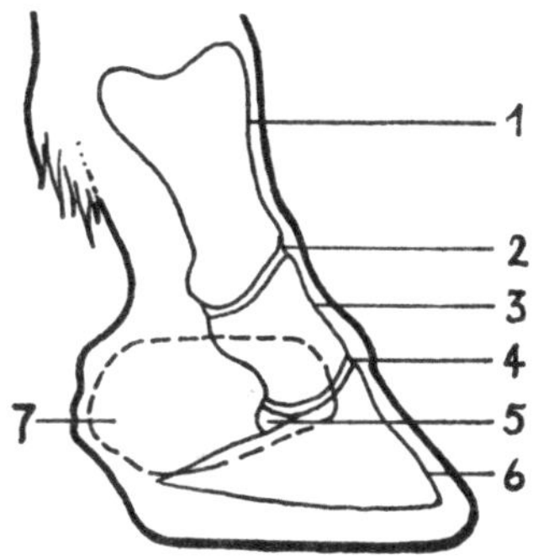

1 Fesselbein
2 Kronengelenk
3 Kronenbein
4 Hufgelenk
5 Strahlbein
6 Hufbein
7 Hufbein-Knorpel

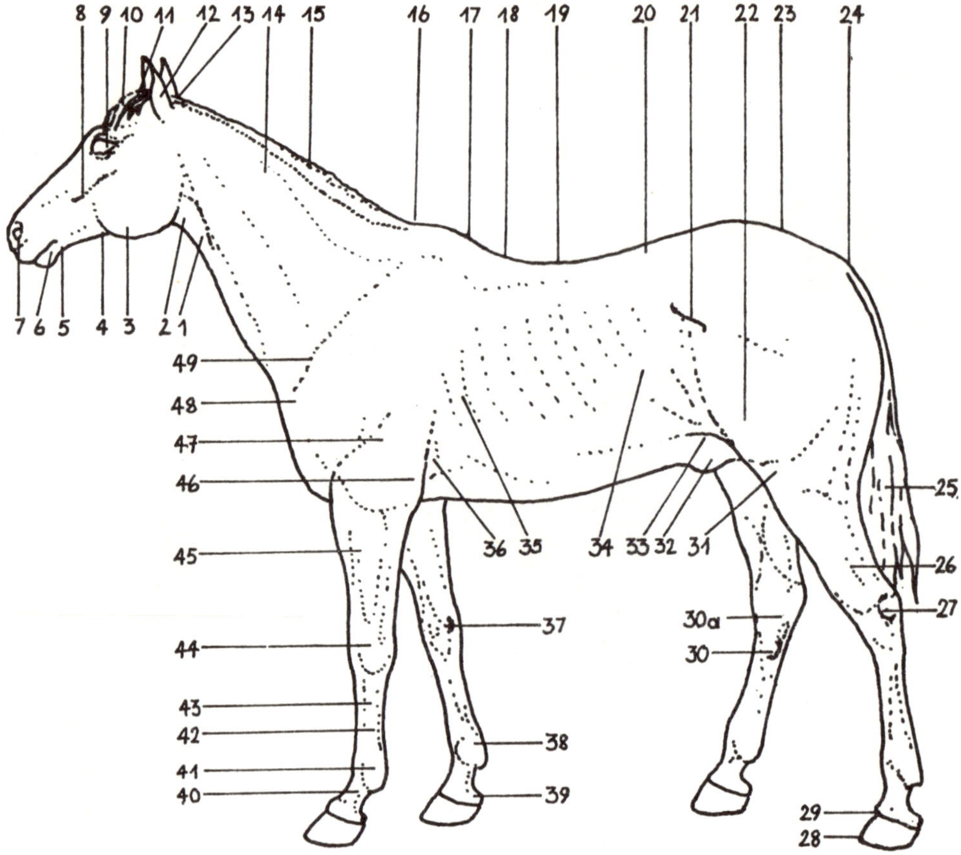

Das Exterieur

1 Drosselrinne
2 Kehlgang
3 Ganasche
4 Gefäßeinschnitt
5 Kinnkettengrube
6 Lefze
7 Nüster
8 Angesichtsleiste
9 Auge
10 Stirn
11 Schopf
12 Ohr
13 Genick
14 Hals
15 Mähnenkamm
16 Axthieb
17 Widerrist
18 Sattellage
19 Rücken
20 Nierenpartie (Lende)
21 Hüfthöcker
22 Oberschenkel
23 Kruppe
24 Schweifansatz
25 Schweif
26 Unterschenkel
27 Sprungbeinhöcker
28 Huf
29 Kronenrand
30 Kastanie der Hintergliedmaßen
30a Sprunggelenk
31 Kniegelenk
32 Schlauch
33 Kniefalte
34 Hinterrippe
35 Vorderrippe
36 Herzgegend
37 Kastanie der Vordergliedmaßen
38 Sporn
39 Ballen
40 Fesselbeuge
41 Fesselkopf
42 Beugesehne
43 Griffelbein
44 Vorderfußwurzelgelenk
45 Unterarm
46 Ellenbogengelenk
47 Oberarm
48 Buggelenk 49 Schulter

Bewegungsphasen

Schritt

Trab

Galopp

Der Schritt ist die langsamste Gangart des Pferdes. Die Fußfolge ist dabei in vier voneinander getrennte Hufschläge aufgeteilt. Fußfolge: Linker Hinterfuß – linker Vorderfuß – rechter Hinterfuß – rechter Vorderfuß.

Der Trab ist eine beschleunigte Gangart mit diagonaler Fußfolge: Linker Hinterfuß und rechter Vorderfuß – rechter Hinterfuß und linker Vorderfuß. Man unterscheidet den Arbeitstrab, bei dem der Hinterfuß in die Spur des Vorderfußes tritt, den versammelten Trab, bei dem er eine Huflänge hinter die Spur des Vorderfußes tritt, den Mittel- und starken Trab, bei denen er eine, bzw. zwei Huflängen über die Spur des Vorderfußes hinaustritt.

Der Galopp ist die schnellste Gangart des Pferdes. Linksgalopp: Rechter Hinterfuß – linker Hinterfuß und rechter Vorderfuß – linker Vorderfuß – Schwebephase.

Die Farben des Pferdes

Ob Schimmel, Fuchs, Brauner oder Rappe, jede Farbe wird uns lieb sein, wenn wir mit der Leistung unseres Pferdes zufrieden sind, mit seinem Charakter und seinem Temperament. Da es sich aber eingebürgert hat, Pferde genau nach ihrer Haarfarbe zu unterscheiden, da man die Haarfarbe, zusammen mit dem Abzeichen (s. S. 273) als »Signalement« in den Fohlenschein einträgt, wollen wir uns hier etwas mit diesem Thema beschäftigen. Leider können wir keine Farbtafeln zur genaueren Bestimmung der einzelnen Haarfarben zeigen, deshalb nur einige grundsätzliche Hinweise:

Pferde werden eingeteilt in Braune, Füchse, Rappen, Schimmel, Isabellen, Falben, Schecken und Tiger, wobei Braune, Füchse und Schimmel in verschiedenen Abstufungen vorkommen.

Braune: Man unterscheidet Hellbraune (oft mit schwarzem Aalstrich), Braune, Dunkel- und Schwarzbraune. Sie haben immer eine schwarze Mähne, einen schwarzen Schweif und dunkle Beine.

Füchse: Man spricht bei ihnen von Hellfüchsen, Füchsen oder Dunkelfüchsen. Das Deckhaar ist hell-bräunlichgelb bis dunkel-rotbraun. Mähnen- und Schweifhaar sind gleichfarbig oder heller.

Rappen: Bis auf gelegentliche weiße Abzeichen sind sie vollkommen schwarz gefärbt. Als »Sommerrappen« bezeichnet man ein Pferd, dessen Sommerhaar tief schwarz ist, das im Winter aber mehr braunschwarz erscheint.

Stichelhaarig: So nennt man Braune, Füchse oder Rappen, in deren Fell einzelstehende weiße Haare eingestreut sind.

Schimmel: Sie werden, anders als Albinos, immer dunkel geboren und färben sich erst allmählich heller – ein Prozeß, der meist zehn Jahre dauert. In ausgefärbtem Zustand können sich aber noch kleinere oder größere dunkle Flecken im Fell befinden, und dann spricht man von Apfel-, Forellen- oder Fliegenschimmel.

Isabellen: Sie haben ein hellcremefarbiges Haar, bei hellerem oder sogar weißem Mähnen- und Schweifhaar. Ein Beispiel hierfür ist der Palomino.

Falben: Auch ihr Haar ist hellcremefarbig, doch Mähne und Schweif sind schwarz, dazu kommen Aalstrich und schwarze Beine wie beim Norwegischen Fjordpferd. »Mausfalben« heißen mausgraue Pferde mit Aalstrich und schwarzen Beinen wie das Dülmener Wildpferd.

Schecken: Sie haben mehr oder weniger große unregelmäßige Flecken, meist braun und schwarz, oft braun oder schwarz auf weißem Grund oder umgekehrt wie beim Shetland Pony und Pinto. »Tiger« nennt man Pferde, die bei dunkler Grundfärbung über den ganzen Körper verteilt etwa handflächengroße oder kleinere, runde oder ovale, weiße oder – bei hellerer Grundfärbung – andersfarbige Flecken besitzen (Appaloosa).

Die Abzeichen

(nach Nissen, Welches Pferd ist das?)

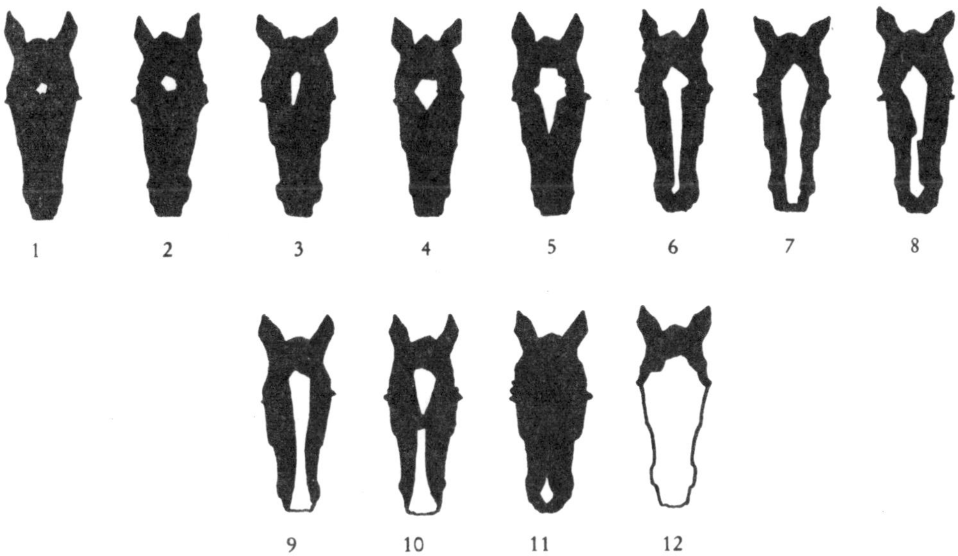

1 Flocke
2 Blume
3 Flämmchen
4 Stern
5 Keilstern
6 schmale Blesse
7 breite Blesse
8 unregelmäßige Blesse
9 durchgehende Blesse
10 unterbrochene Blesse
11 Schnippe
12 Laterne

Olympische Reiterspiele

(Ergänzung zur Chronik der Reiterolympiaden
auf S. 167–183)

MÜNCHEN 1972

Große Dressurprüfung

1. Liselott Linsenhoff	auf Piaff	BRD
2. Elena Petushkova	auf Pepel	UdSSR
3. Josef Neckermann	auf Venetia	BRD

Mannschaftswertung: 1. UdSSR, 2. BRD, Schweden

Großes Jagdspringen

1. Graciano Mancinelli	auf Ambassador	Italien
2. Ann Moore	auf Psalm	Großbritannien
3. Neal Shapiro	auf Sloopy	USA

Nationenpreis: BRD, USA, Italien

Military

1. Richard Meade	auf Lauriston	Großbritannien
2. Alessandro Argenton	auf Woodland	Italien
3. Jan Jonsson	auf Sarajevo	Schweden

Mannschaftswertung: 1. Großbritannien, 2. USA, 3. BRD

Anhang

Kleines hippologisches Wörterbuch

Aalstrich: Dunkler Haarstreifen, der sich von der Mähne bis zum Schweif erstreckt. Er kommt bei vielen den Wildpferden nahestehenden Ponys und Kleinpferden vor.

Abgedrehte Formen: Pferd mit geschlossenen, runden Körperformen.

Abläuten: Glockenzeichen vom Richterturm, welches anzeigt, daß das Rennen begonnen hat.

Abreiteraum: Kleine Bahn auf Turnierplätzen, auf denen die Pferde auf den Parcours vorbereitet werden.

Absatteln: Abnehmen des Sattels vom Pferderücken.

Abzäumen: Abnehmen des Zaumes.

Abzeichen: Weiße Haarstellen, die sich nicht verändern und in verschiedener Form am Kopf, an den Füßen und anderen Körperteilen vorkommen (s. Abbildung auf Seite 273).

Acchetta: Sardinisches Pony, dessen Abstammung wohl auf eingeführte Berber zurückgeht.

Adbell-Toddington-Rennen: Begründet 1922, Distanz 2200 m. Bedeutende Traberzuchtprüfung für den jeweiligen deutschen Derby-Jahrgang.

Aktion: Bezeichnung für den Grad des Gangwerkes. Das Pferd hat eine hohe Aktion, wenn die Vorderknie hoch erhoben werden, eine raumgreifende Aktion, wenn es gut ausschreitet, eine flache, wenn sich die Beine wie gestreckt vorwärtsbewegen.

Anhalftern: Das Pferd im Stall festmachen.

Apfelschimmel: Er hat rundliche, dunkel gefärbte Flecken, meist am Hinterteil, manchmal auch bis zum Hals.

Arbeitstempo: Normales Tempo, bei welchem eine erhöhte Einwirkung auf das Pferd möglich ist.

Armorikaner: Pferde der Bretagne, dem alten Armorikum.

Aufgalopp: Er findet vor dem Rennen statt und geht an den Zuschauertribünen vorbei. Gleichbedeutend mit Probegalopp.

Aufzäumen: Dem Pferd den Zaum anlegen.

Ausbrechen: Ausweichen des Pferdes vor einem Hindernis.

Ausgleichsrennen: Sie wurden geschaffen, um auch dem Besitzer eines weniger guten Pferdes Gewinnchancen zu geben, und zwar durch Gewichts- oder Distanzerleichterungen.

Außenseiter: Ein Pferd mit geringen Gewinnchancen.

Axthieb: Die Kerbe zwischen dem Kammrand des Halses und dem Widerrist.

Babolna: Ungarisches Gestüt, in dem Araber und Warmblut gezüchtet werden. Es liegt im Komitat Komárom.

Ballotade: Übung der Hohen Schule. Sie unterscheidet sich von der Croupade (s. d.) nur dadurch, daß die Hinterbeine des Pferdes, anstatt unter den Leib gezogen zu werden, etwas herabhängen und während des Sprunges die Eisen der Hinterhufe zeigen.

Bande: Umsäumung der Reitbahn.

Behang: Behaarung an den Gliedmaßen, in erster Linie an der Hinterseite der Röhre und in der Fesselbeuge.

Beschäler: Zuchthengste, die zu Fortpflanzungszwecken aufgestellt wurden. Gehören sie einem Landgestüt, so nennt man sie »Landbeschäler«, gehören sie einem Hauptgestüt, so heißen sie »Hauptbeschäler«.

Bespannungsregeln: Schweres Geschirr (Kummet) wird verwendet vor Coupés, Kabriolets, Dogcarts, Tandems, Mails und anderen Coaches; leichtes (Sielengeschirr) vor Viktorias, Zweirädern, Damenwagen, Sportwagen, amerikanischen und ungarischen Wagen.

Blanke Kandare: Nur die Kandaren-, nicht auch die Trensenzügel sind angestellt; das Pferd wird nur auf der Kandare geführt oder geritten.

Blaues Band: Bezeichnung für die Derby-Rennen, da der Sieger einen Kranz mit blauer Schleife erhält.

Blesse: Ein weißer Streifen (Abzeichen) auf dem Pferdekopf, der von der Stirn bis zu den Nüstern reicht.

Brandzeichen: S. Tafel S. 265. Sie werden durch kurzes Aufdrücken heißer Metallzeichen auf das Haarkleid gesengt, meist auf Hals oder Hinterbacke.

Brusttiefe: Die Partie zwischen Widerrist und unterem Brustbeinteil.

Bügeln: Schaufelnde Bewegung der Vordergliedmaßen beim Traben.

Cadre Noir: Schulabteilung der französischen Reitschule Saumur, so genannt nach der schwarzen Uniform der Reiter.

Canter: Arbeitsgalopp.

Capriole → Kapriole

C.H.I.: Abkürzung von Concours Hippique International. Turnierveranstaltungen, an denen sich auch ausländische Reiter beteiligen können.

C.H.I.O.: Abkürzung von Concours Hippique International Officiel. Im Offiziellen Organ der Internationalen Pferdebehörde verlautbartes Turnier.

Chukka: Spielabschnitt beim Polospiel.

Cob: Tiefgebauter, kleiner, kräftiger englischer Pferdetyp.

Courbette: Schulsprung, bei dem sich das Pferd aus der Piaffe zur Pesade erhebt und durch gleichmäßig auf beide Hinterbeine wirkende vortreibende Hilfen aufwärts und unter sein Gewicht vorwärts springt, ohne mit der Vorhand zu landen. Je nach dem Ausbildungsgrad kann man das Pferd mehrere aufeinanderfolgende Courbetten ausführen lassen.

Croupade: Schulsprung auf der Stelle: das Pferd zieht alle vier Beine unter den Leib, wobei die Hinterhufe die Eisen nach unten halten und nicht zeigen. Im Augenblick des Anziehens kommt das Pferd in eine waagrechte Lage, aus der es mit allen vier Beinen zugleich genau auf der Stelle des Absprungs landet.

Curée: Innereien des aufgebrochenen Wildes, die den Hunden nach Beendigung einer Parforcejagd vorgeworfen werden; bei Schleppjagden besteht das Curée aus mitgebrachten Fleischstücken.

Deckgeld: Abgabe für das Befruchten der Stute durch den Hengst, auch Decktaxe genannt.

Derby: Es wurde im Jahre 1780 zum ersten Mal in England gelaufen und geht über eine Distanz von 2400 m. Das Deutsche Derby wird seit 1869 gelaufen, und zwar im Horner Moor in Hamburg. Klassisches Rennen für Dreijährige.

Deutsches St. Leger: Große Herbstprüfung des jeweiligen Dreijährigenjahrgangs. In Deutschland 1881 zum ersten Mal gelaufen.

Deutsches Traber-Derby: Wichtigste Prüfung der Dreijährigen. Distanz 3200 m. Wird seit 1895 veranstaltet.

Dreischlag: Unreine Trabbewegung, vorn Trab, hinten Galopp.

Durchgeritten: Ein Pferd ist durchgeritten, wenn es vollkommen im Gehorsam steht.

Durchlässig: Ein Pferd ist durchlässig, wenn es auf ihm gegebene Hilfen in richtiger Haltung eingeht, wenn es einen hohen Grad von Geschmeidigkeit erlangt hat.

Edel: Der Ausdruck wird im Zusammenhang mit reinrassigen oder hochblütig gezogenen Pferden verwendet.

Eichenbruch: Auch »Bruch«; ein Zweig, der nach dem Ende der Jagd als Trophäe an die Teilnehmer verteilt wird, die die Jagd zu Ende mitgeritten haben. Es kann auch Tannenzweig sein (nach St. Hubertus).

Einfahren: Dressurmäßige Schulung eines Pferdes vor dem Wagen, meist mittels eines schweren Einfahrwagens, eines hochgebauten Breaks.

Einlauf: Letzter Teil einer Rennstrecke.

Einlaufbogen: Letzte Kurve der Rennstrecke, bevor sie in den Einlauf biegt.

Einlaufwette: Die richtige Reihenfolge der zwei ersten Pferde eines Rennens muß im voraus angegeben werden.

Eisenschimmel: Mit schwarzen Haaren durchsetzter Schimmel.

Eisrennen: Rennen auf schneebedeckter Eisfläche.

Englisch traben: Der Reiter weicht den Rückenstößen des Pferdes aus, indem er sich bei jedem zweiten Schritt aus dem Sattel hebt. Auch »Leichttraben« genannt. Im Gegensatz dazu steht das Deutschtraben, bei dem ausgesessen wird, d. h. bei dem der Reiter die Schwingungen des Pferderückens mitmacht.

Eohippus: Urahn aller Pferde, durch Skelettfunde in Ablagerungen des Eozän nachgewiesen.

Epihippus: Pferdling aus der Tertiärzeit.

Epsom: Eine der bekanntesten englischen Rennbahnen, auf der auch das Derby gelaufen wird.

Equiden: Säugetierfamilie, zu der neben dem Pferd auch Esel, Halbesel und Zebra gehören.

Erstling: Erstes Fohlen einer Stute.

Exterieur: Das Gebäude bzw. Erscheinungsbild eines Pferdes.

Exterieurlehre: Die Beurteilung eines Pferdes nach seinen äußeren Formen.

Extremitäten: Bezeichnung für Beine und Füße des Pferdes.

Fährte: Spur des Wildes, die bei der Schleppjagd künstlich gelegt wird.

Falbe: Pferd mit gelbweißem Haarkleid. Zum Unterschied von Isabellen haben Falben eine dunkle Pigmenthaut.

Falsche Bahn: Bei Turnieren nicht in der Reihenfolge eingehaltene Bahn, führt zum Ausscheiden aus dem Wettbewerb.

Faßbeinig: Gewölbte, sprunggelenksweite Stellung der Hinterbeine.

Fessel: Verbindungsgelenke zwischen Röhre bzw. Schiene und Fesselbein.

Fesselzopf: Langhaar am hinteren Teil des Fesselgelenks, auch Kötenzopf genannt.

Flanken: Partie zwischen dem hinteren Rippenrand und der Kruppe, auch Weichen oder Leisten genannt.

Flankierbaum: Standabgrenzung im Stall.

Fliegenschimmel: Mit dunklen Tupfen übersäter Schimmel.

Freudenau: Rennbahn in Wien, auf der 1868 das erste österreichische Derby entschieden wurde.

Fuchsschwanzjagd: Jagd hinter einem als Fuchs markierten Reiter, der sich eine Fuchslunte (Fuchsschwanz) angeheftet hat.

Fuchteln: Schaufelnde, fehlerhafte Bewegungen des Pferdes mit den Vorderbeinen, auch »Bügeln« genannt.

Fünferzug: Anspannungsart; zwei Pferde sind an der Deichsel und drei davor gespannt (siehe Seite 163).

Ganasche: Das Verbindungsstück von Hals und Kopf, zwischen dem hinteren Rand des Unterkieferbeins und dem Atlasflügel.

Gebäude: Ausdruck für den anatomischen Körperbau eines Pferdes.

Gehorsam: Volles Gefügigsein des Pferdes, den Hilfen des Reiters oder Fahrers in richtiger Weise nachzukommen.

General Stud Book: Englisches Stutbuch für Vollblutpferde.

Gerade: Letzter Teil der Rennbahn, eine mehrere hundert Meter lange Strecke.

Gespaltene Kruppe: Eine gespaltene Kruppe hat von hinten gesehen in der Mitte eine Vertiefung.

Gestütbuch: In jedem Gestüt und jedem Zuchtgebiet geführtes Verzeichnis, das die Abstammungsdaten und Geburtsdaten der gezogenen Pferde enthält.

Gewährsmängel: Mängel, die den Gebrauch eines Pferdes stark behindern bzw. unmöglich machen. Es gibt folgende Gewährsmängel: Koppen, Kehlkopfpfeifen, Dummkoller, Dämpfigkeit, Rotz, periodische Augenentzündung (Mondblindheit). Zur Wandlung des Kaufs von Pferden, die mit solchen Mängeln behaftet sind, ist eine gesetzliche Frist von 14 Tagen gesetzt.

Gewichtsträger: Kräftiges, stark gebautes Pferd, das dazu geeignet ist, einen schweren Reiter zu tragen.

Gewinnseite: Im Turfjargon die Seite, wo das Richterhäuschen steht und wo die Entscheidung über den Sieg ausgesprochen wird.

Grand National Steeple-Chase: Schwerstes Hindernisrennen der Welt, das seit 1836 bei Liverpool gelaufen wird.

Griffelbeine: Verkümmerte Zehen des Pferdes, die sich am Fesselbein als Knötchen fühlen lassen.

Gummiglocken: Zum Schutze der Hufkrone umschnallbare Gummipolster, die im Spring- und Trabersport verwendet werden.

Gummitrense: Bei ihr besteht das Mundstück aus Hartgummi bzw. aus Kunststoff.

Gurtentiefe: Großer Brustumfang, der Gewähr dafür gibt, daß im Brustraum gut entwickelte Innenorgane eingebettet sind.

Güst: Mit diesem Ausdruck werden Stuten bezeichnet, die unfruchtbar geblieben sind oder bleiben.

Gymkhana: Aus dem Indischen übernommen für Reiterspiele, die besonders in England beliebt sind, im allgemeinen Geschicklichkeitsprüfungen.

Gymnastische Durchbildung: Sammelbegriff für den Grad des Durchgerittenseins, des Gehorsams usw.

Halali: Waidmännischer Ruf am Ende einer Reitjagd.

Halbblut: In Deutschland gelten als Halbblut alle Pferde, bei denen nur ein Elternteil hundertprozentiges Vollblut ist.

Halfbred: Englisches Halbblut.

Hallenturnier: Turnier, das in geschlossener Reithalle abgehalten wird.

Handpferd: Im Fahrsport das rechts der Deichsel vorgespannte Pferd.

Hanken: Hinterpartie des Pferdes, vom Hüftgelenk abwärts über die Sprunggelenke bis zum Fesselbein reichend.

Hauptmängel: Gewährsmängel, für die der Verkäufer auch ohne besondere Verabredung haftet: Rotz, Dummkoller, Dampf, Kehlkopfpfeifen, periodische Augenentzündung, Koppen.

Hauptgestüte: Staatliche Gestüte, in denen Pferdezucht betrieben wird.

Hilfengebung: Hilfsmittel, auf denen die Verständigung mit dem Pferd beruht.

Hinterhand: Reiterlicher Begriff für den Teil des Körpers, der sich hinter dem Reiter befindet.

Hippologie: Pferdekunde, Lehre vom Pferd.

Höchstquoten: Es gibt sie auf dem Turf und auf der Traberbahn, wenn Außenseiter, d. h. auf dem Wettmarkt unbeachtete Pferde, siegen.

Hochweitsprung: Sprung, der sowohl in die Höhe als auch in die Weite geht.

Hohe Gänge: Ein Pferd hat hohe Gänge, wenn es die Beine in den Knien hochhebt.

Horrido: Jagdruf, ursprünglich der Hetzruf des Rüdemanns an die Meute oder den Leithund: »Ho! Rüd', ho!«

Hosen: Muskelpartie der Hinterhand, besonders zwischen den hinteren Extremitäten, die sich verjüngend zum Unterschenkel zieht.

Hubertusjagd: Reitjagd, die im Spätherbst zum Gedenken an den Schutzpatron der Jagd veranstaltet wird.

Hufräumer: Hakenförmiges Instrument zum Reinigen des Hufes.

Huntsman: (engl.) Führer einer Meute.

Jagdgalopp: Ruhiger, weit ausgreifender Galopp.

Jagdherr: Gastgeber, Veranstalter einer Jagd.

Jährling: Einjähriges Pferd.

Jucker: Leichtes, gängiges, elegantes Wagenpferd.

Juckeranspannung: Leichte Anschirrung, die den Juckern entspricht.

Juckerwagen: Sammelbegriff für leichte, vierrädrige Wagentypen.

Kaliber: Das Verhältnis von Widerristhöhe zum Gewicht.

Kaltblut: Bezeichnung für die schweren Arbeitspferde »kalten«, also ruhigen Blutes, die mit der wirklichen Temperatur des Blutes natürlich nichts zu tun hat.

Kandare: Gebißart, die aufgrund ihrer Konstruktion eine vermehrte Zügelwirkung auf die Laden des Pferdes ausübt.

Kandarenzäumung: Gleichzeitige Benutzung von Trense und Kandare.

Kanter → Canter.

Kapriole: Figur der Hohen Schule; höchste Vollendung der Lançade; das Pferd wird zum Absprung in eine hohe Ballotade aufgefordert, und während es waagrecht in der Luft liegt, hat das Streichen (Ausschlagen) mit aller Kraft zu erfolgen, bei gestreckten und geschlossen gehaltenen Hinterbeinen.

Kardätsche: Pferdebürste.

Karossier: Kräftiges, gängiges Pferd mit schöner Trabaktion, das vor Karossen gespannt wird.

Kastanie: Hornige Stelle in Kastanienbildung an der Innenseite der Vordergliedmaße, etwas oberhalb des Vorderfußwurzelgelenks, und an der Innenseite der Hintergliedmaße etwas unterhalb des Sprunggelenks.

Kavalkade: Gruppe von Reitern.

Kehlriemen: Teil des Zaumes; wird direkt vom Nackenstück hinter die Backen des Pferdes geschnallt, darf aber dort nicht angezogen werden.

Kinnkette: Sie wird rechtsseitig in den Kinnkettenhaken der Kandare eingehakt, verläuft flach in der Kinnkettengrube zum linken Haken der Kandare; soll die Kandare im richtigen Winkel von 45 Grad zur Maulspalte halten.

Kinnkettengrube: Vertiefung oberhalb des Kinns.

Kleinpferde: Pferde über 130 cm und unter 147,3 cm Größe.

Knieaktion: Das hohe Emporheben der Knie, wie bei Hackneys, Lipizzanern etc.

Kören: Auswahl und Anerkennung der zuchttauglichen Hengste.

Körordnung: Vom Staat festgelegte Bedingungen, unter denen durch eine »Körkommission« zur Fortzucht geeignete Hengste ausgewählt werden.

Kötenzopf: Fesselbehang.

Krötenmaul: Abzeichen des Pferdes; unpigmentiertes, fleischfarbenes Maul mit Tupfen und Flecken.

Kruppe: Becken des Pferdes, zwischen den Schweif- und Lendenwirbeln und dem Kniegelenk.

Kuhhessig: Fehlerhafte, zehenweite Stellung der Hinterbeine, den Kuhbeinen ähnlich.

Kummet: Um den Hals des Pferdes gelegte, gepolsterte Zugvorrichtung.

Lançade: Figur der Hohen Schule; Sprung im Bogen nach aufwärts und vorwärts; im Sprung liegt die Vorderhand höher als die Nachhand; die Vorderbeine sind angezogen, während die Hinterbeine im Sprung leicht zum Landen untergezogen sind.

Landgestüte: In Landgestüten findet man Hengste, die den Züchtern vom Staat zu günstigen Bedingungen zur Verfügung gestellt werden. Zur Deckzeit werden sie nach den jeweiligen Bedürfnissen auf »Beschälplatten« im Land verteilt.

Landschlag: Noch nicht systematisch veredelte und durchgezüchtete Rassen, die ursprünglich in den verschiedenen Landschaften eines Landes lebten.

Landstallmeister: Leiter staatlicher Gestüte.

Lediges Pferd: Reiterloses Pferd.

Legen: Kastrieren eines Hengstes.

Leichttraben → Englisch Traben.

Levade: Übung der Hohen Schule. Das Pferd setzt sich tief in die Hanken, bis es sein eigenes Gewicht und das des Reiters auf den Hinterhufen bis dicht an die Ellenbogen angezogenen Vorderhufen in beinahe waagerechter Haltung des Rumpfes auszubalancieren vermag.

Linksgalopp: Das Pferd greift in der Galoppade mit dem linken Vorderfuß vor.

Lipizza: Gestüt im Karst bei Triest, 1580 von dem Habsburger Erzherzog Karl gegründet. Bis 1918 kamen aus diesem Gestüt die weltberühmten Lipizzaner der Spanischen Hofreitschule. Nach dem Ersten Weltkrieg wurde das k.u.k. Gestüt nach Piber in der Steiermark verlegt, von dort werden die Lipizzaner heute nach Wien geliefert. In Lipizza wurde weiterhin ein staatliches italienisches Gestüt betrieben.

Longe: Langer Gurtenzügel, der mit einem Ende in das Kopfgestell des Pferdes geschnallt wird; Hilfsmittel bei der Ausbildung.

Longieren: Arbeit mit der Longe (s. S. 240).

Martingal: Hilfsführung der Zügel, um ihre direkte Wirkung zu brechen oder um ein zu starkes Heben des Pferdekopfes zu vermeiden.

Mash: Pferdekraftfutter, das aus Hafer, Weizenkleie und Leinsamen besteht.

Master: Jagdleiter bei einer Parforce- und Reitjagd.

Mausfalb: Falbentönung: graugelb mit grauen Langhaaren.

Mesohippus: Auch Miohippus; Pferdling, der im Miozän lebte und etwa Schafsgröße erreichte.

Mezair: Figur der Hohen Schule; Erheben der Vorhand bei angezogenen Vorderbeinen, deren kurzes Auffußen und Nachsetzen der Hinterbeine, entspricht einer »halben« Courbette.

Mezöhegyes: Ungarisches Gestüt im Komitat Szegedin; gegr. 1785; Hauptzuchtstätte von Furioso und Nonius.

Milchmaul: Abzeichen des Pferdes; weiß gefärbte Vorder- und Hinterlippe.

Military: Vielseitigkeitsprüfung, die an drei hintereinanderliegenden Tagen ausgetragen wird und aus einer Dressurprüfung, der Absolvierung einer Querfeldeinstrecke (davor zwei Wegestrecken und ein Rennbahngalopp) und aus einem Jagdspringen besteht.

Mischrassen: Durch Kreuzungen hervorgegangene unreine Rassen.

Mustang: Entstammt den durch Spanier und Portugiesen im 16. Jh. nach Brasilien gebrachten Pferden und verwilderte später.

Nachhand: Hinterhand.

Neapolitaner: Historische Rasse, die vom 16. Jh. an in Neapel mit andalusischen Pferden gezüchtet wurde; hervorragende Dressurpferde, und u. a. auch Begründer des Conversano- und Neapolitano-Stammes der Lipizzaner.

Nennungsgeld: Betrag, der bei der Anmeldung zur Teilnahme an einem hippologischen Wettbewerb zu entrichten ist.

Newmarket: Zentrum des englischen Vollblutrennsports, in dem schon im 14. Jh. Rennen abgehalten wurden.

Oaks: Klassische Stutenprüfung, die zuerst im Jahre 1779 in Epsom gelaufen wurde. Nach der Besitzung Oaks des Lord Derby genannt. Nach dem Muster der Oaks wurden auch auf dem Kontinent Stutenprüfungen eingeführt; in Deutschland der »Preis der Diana«.

Onager: Wildeselart mit gelblicher Färbung und Aalstrich.

Orohippus: Pferdling aus dem vorzeitlichen Oligozän.

Outsider: Außenseiter.

ox: Zusatz zum Namen eines Pferdes; ist keine Abkürzung, sondern ein Begriffszeichen — es steht für »Arabisches Vollblut« wie xx für »Englisches Vollblut« und x für »Anglo-Araber«.

Oxer: Hochweitsprung-Hindernis.

Pace: Das Tempo in einem Rennen, einem Geländeritt etc.

Paddock: Offene Box auf der Rennbahn, in der das Pferd bereitgemacht wird.

Parcours: Springbahn, die bei Springwettbewerben zu nehmen ist, auch »Umlauf« genannt.

Parforcejagd: Hetzjagd mit Hunden hinter lebendem Wild, durch das Tierschutzgesetz in Deutschland verboten.

Parieren: Anhalten aus einer Bewegung zum Stillstand.

Pas de deux: Schauvorreiten, das durch zwei Personen ausgeführt wird.

Passage: Auch »Spanischer Tritt« genannt; Übung der Hohen Schule; das Pferd schwingt sich von einem diagonalen Beinpaar auf das andere, hält jedoch die erhobene Beindiagonale länger und höher aus als im Trab.

Paßgang: Gangart, bei der die Beine einer Seite gleichzeitig vorgesetzt werden. Da der Paßgang für den Reiter bequem ist, wurde er früher oft anerzogen; bei manchen Rassen (einige Ponys, Amerikanisches Saddle Horse etc.) ist er jedoch natürlich.

Pedigree: engl. für Stammbaum; Auszug aus dem Stutbuch.

Pesade: Von frz. »peser« = auswägen; Übung der Hohen Schule: Erhebung der Vorhand in einem Winkel von 45 Grad zum Erdboden.

Pferdelänge: Entfernung von der Nase bis zur Hinterbacke. Nach Pferdelängen wird bei einem Rennen das Intervall zwischen den das Ziel passierenden Pferden ausgedrückt.

Piaffe: Figur der Hohen Schule; kadenzierter Trab auf der Stelle; das Pferd tritt von einem diagonalen Beinpaar auf das andere und befindet sich dazwischen den Bruchteil eines Augenblicks lang in der Schwebe.

Piber: Österreichisches Staatsgestüt in der Steiermark; heutige Zuchtstätte der Lipizzaner.

Pikör: Von frz. »Piqueur«, Gehilfe von Master oder Huntsman.

Pilaren: Zwei im Boden feststehende Pfosten, zwischen die das zu schulende Pferd gestellt wird; von Antoine de Pluvinel, dem Landstallmeister Ludwigs XIII., erfunden.

Pirouette: Kreisdrehung im verkürzten Galopp, wobei die Vorderbeine des Pferdes einen größeren Kreis als die Hinterbeine beschreiben.

Platzwette: Wettart, bei der das Pferd der Wahl nicht als Sieger, sondern auf einem der vorderen Plätze durchs Ziel gehen muß.

Points: Positive Einzelheiten im Gebäude des Pferdes, die kleinere Mängel kompensieren können.

Pönalität: Gewichtszulage, die ein Pferd im Rennen tragen muß, wenn es älter als andere ist oder sich als erfolgreicher erwiesen hat.

Pony: Sammelname für Pferderassen unter 147,3 cm Stockmaß.

Ponytrecking: Distanzritte mit Ponys.

Probegalopp: Auch Aufgalopp. Wird vor Beginn der Rennen durchgeführt, um den Zuschauern das Pferd in der Bewegung zu zeigen und evtl. Mängel an der Sattelung etc. noch beheben zu können.

Przewalski-Pferd: Urpferd, das heute noch in wenigen Exemplaren an der Nordgrenze der Mongolei lebt und 1881 von dem russischen Obersten Przewalski entdeckt wurde. Verschiedene Forscher halten dieses Pferd für den Vorfahren aller domestizierten Rassen.

Pullen: Auf-die-Hand-Gehen des Pferdes, das Pferd sucht Anlehnung an den Zügel des Reiters; Grund: Nervosität, ungenügende gymnastische Durchbildung, starker Vorwärtsdrang u. a.

Rack: Variation des Paßgangs: drei Beine sind in der Luft, eines ist am Boden.

Rahmen: Proportionen des Pferdekörpers wie Verhältnis von Vorderhand zur Hinterhand, von Hals-, Rücken- und Kruppenlänge zueinander.

Ramskopf: Nach engl. »Ram« = Schafsbock; wie die Widder haben ramsnasige Pferde eine konvexe Nasenlinie; bei Lipizzanern, Hannoveranern u. a. zu finden.

Remonte: Junges, noch nicht gerittenes oder erst in der Ausbildung begriffenes Pferd; der Begriff wird eigentlich nur auf Militärpferde angewandt.

Renngalopp: Galopp in verstärktem Tempo.

Rosse: Brunstperiode der Stute; erstreckt sich mit Vor- und Nachrosse auf fünf bis sieben Tage; Abstand von einer Rosse zur anderen 21 bis 28 Tage.

Rumpler: Stolpern, das nicht zum Sturz führt.

Säbelbeinig: Zu spitze Winkelung des Sprunggelenks.

Saumpferd: Tragpferd, Gebirgspferd.

Scharlachrennen: Bauernrennen, die in früheren Jahrhunderten abgehalten wurden; der Siegpreis war ein Stück eines Scharlachtuches.

Scherbäume: Doppeldeichseln, zwischen denen das Pferd bei Einspännern geht.

Schlepper: Reiter, der bei der Schleppjagd die künstliche Fährte (Schleppe) legt.

Schleppjagd: Jagd hinter der Meute auf einer künstlich gelegten Fährte.

Schnitzeljagd: Jagd zu Pferde, bei der die Fährte durch ausgestreute Papierschnitzel markiert wird.

Schrittpferde: Pferde, die vorwiegend im Schritt verwendet werden, wie viele Kaltblüter.

Schweifrübe: Besteht aus den Schwanzwirbeln, dem hintersten Teil des Pferdekörpers.

Schweißmesser: Gerät zum Abstreifen schweißnasser Haare.

Siegwette: Wettart, bei der auf den Sieg des gewählten Pferdes gesetzt wird.

Spanischer Tritt → Passage

Speed: Schnelligkeit eines Pferdes.

Springgarten: Anlage mit Hindernissen, die für Springübungen aufgebaut wird.

Springstall: Reitstall, dessen Pferde in erster Linie bei Springturnieren starten.

Stallwette: Wettart, bei der sich der Wettende auf Angehörige eines bestimmten Stalles festlegen muß.

Stangenpferde: Sie gehen an der Deichsel, sind unmittelbar vor den Wagen gespannt.

Steeplechase: Ein schweres Hindernisrennen, wörtlich übersetzt »Kirchturmrennen«, denn ursprünglich wurde ein Kirchturm oder ein anderer herausragender Punkt auf dem Feld als Ziel bestimmt, auf das man querfeldein zujagte.

St. Leger: Ältestes klassisches Zuchtrennen, das seit 1776 ausgetragen wird und nach dem englischen Colonel St. Leger benannt wurde; 1881 in den deutschen Rennbetrieb übernommen.

Stockmaß: Vorrichtung, mit deren Hilfe die Größe des Pferdes gemessen wird; an einem Maßstab ist rechtwinklig ein Querschieber angebracht, der auf den Widerrist herabgeschoben wird.

Strahl: Aus elastischem Horn bestehendes Polster an der Unterseite des Hufes, das sich keilförmig von hinten in die Hornsohle schiebt.

Stutbuch → Gestütbuch

Sulky: Leichter, zweirädriger Wagen für Trabrennen.

Tarpan: Wildpferd, von manchen Forschern als Stammvater aller Warmblüter angesehen.

Tandemanspannung: Bei dieser Anspannungsart sind zwei Pferde voreinander angespannt.

Tattersall: Name für Pensionsstallungen; nach Richard Tattersall benannt, der 1760 das erste dieser Unternehmen in London begründete.

Thoroughbred: englische Bezeichnung für Vollblut.

Tölt: Schneller Schritt, der bis zum Trab gesteigert werden kann, für den Reiter jedoch angenehmer als der Trab ist, da er nicht dessen Stöße bringt; typisch für manche Ponyarten.

Totalisator: Von frz. »totaliser« = zusammenzählen. Wettmaschine, die amtliche Wettstelle.

Trachten: Die Seitenwände des Hufs.

Trächtigkeit: Die Tragezeit der Stuten beträgt etwa 336 Tage.

Trense: Gebißstück, das – im Gegensatz zur Kandare – eine milde Lenkwirkung auf das Pferd ausübt.

Troika: Dreigespann, bei dem die Pferde nebeneinandergespannt sind.

Trotting Pitch: Die überbaute Kruppe bei Trabern.

Turf: englisches Wort für »Rasen«, das aber zum Inbegriff für den gesamten Rennsport wurde.

Two-Thousand-Guineas: Bedeutendstes englisches Zuchtrennen, das über eine Distanz von 1600 m geht und im Jahre 1809 begründet wurde; ihm entspricht das deutsche Henckel-Rennen.

Überbaut: Ein Pferd ist überbaut, wenn seine Kruppe so hoch liegt wie der Widerrist oder ihn noch überragt; gehört zu den Eigenschaften des Trabers.

Umlauf → Parcours

Vollblut: Übersetzung des englischen »thoroughbred«; Pferde, die ausschließlich von den im ersten Teil des »General Stud Book« verzeichneten Hengsten und Stuten abstammen. Hinter ihrem Namen steht das Zeichen xx.

Volte: Kreis von sechs Schritten Durchmesser, der im Schritt oder Arbeitstrab oder versammelten Galopp geritten wird.

Voltigieren: Gechicklichkeitsübungen auf dem ungesattelten Pferd.

Vorhand: Bezeichnung für alle Körperteile des Pferdes, die vor dem Reiter liegen; Vorderteil des Pferdes.

Wallach: Kastrierter Hengst.

Warmblut: Alle Pferderassen, die keine Kaltblüter sind; nach anderem Sprachgebrauch auch Pferde, die aus Kreuzungen mit Vollblut hervorgingen.

xx: Hinter dem Namen eines Pferdes ist es das Zeichen für eingetragenes Vollblut.

Zehenenge Stellung: Einwärts gerichtete Zehen.

Zehenweite Stellung: Auswärts gerichtete Zehen.

Zelter: Pferde des Mittelalters, die auf Paßgang dressiert waren.

Zuchtverbände

Baden:
Badisches Pferdestammbuch,
6900 Heidelberg, Mönchhofstraße 52

Bayern:
Landesverband Bayerischer Pferdezüchter e.V. (alle Rassen),
8000 München 15, Haydnstraße 11

Hessen:
Arbeitsgemeinschaft hessischer Pferdezuchtverbände,
6340 Dillenburg, Postfach 303

Niedersachsen:
Verband hannoverscher Warmblutzüchter e.V.,
3000 Hannover, Johannssenstraße 10
Verband der Züchter des Oldenburger Pferdes,
2900 Oldenburg, Pferdemarkt 12
Ostfriesisches Stutbuch e. V.,
2980 Norden/Ostfriesland

Rheinland:
Rheinisches Pferdestammbuch e. V. (alle Rassen),
5300 Bonn, Endenicher Allee 60
Pferdezuchtverband Rheinland-Nassau e. V.,
5400 Koblenz, Bahnhofsplatz 9

Schleswig-Holstein:
Verband der Züchter des Holsteiner Pferdes mit Reit- und Fahrschule Elmshorn e. V.,
2200 Elmshorn, Klostersande 93

Westfalen:
Westfälisches Pferdestammbuch e. V. (alle Rassen),
4400 Münster (Westf.), Engelstraße 52, Postfach 1743

Württemberg:
Verband Württembergischer Pferdezüchter e.V. (alle Rassen),
7000 Stuttgart S, Sophienstraße 21b

Spezielle Zuchtverbände

Araber:
Sekretariat der Gesellschaft der Züchter und Freunde des Arabischen Pferdes e. V.,
3101 Langlingen, Kreis Celle, Forsthaus
Araber-Stutbuch e. V.,
3000 Hannover, Vahrenwalder Straße 205

Direktorium für Vollblutzucht und Rennen
5 Köln-Weidenbusch, Rennbahnstraße 100

Traber:
Hauptverband für Traberzucht und -Rennen e. V.,
4046 Büttgen bei Neuss, Gutenbergstraße 40

Trakehner:
Verband der Züchter und Freunde des Warmblutpferdes Trakehner Abstammung e. V.
– Trakehner Verband –,
2000 Hamburg 72,
August-Krogmann-Straße 194

Zuchtverbände für Ponys

BUNDESREPUBLIK DEUTSCHLAND

Dachorganisation:
Arbeitsgemeinschaft der Ponyzuchtverbände,
2300 Kiel 1, Ziegelteich 10
Mitteilungsblatt »Kleinpferdezucht«,
Redaktion: 3388 Bad Harzburg-Bündheim,
Vollblutgestüt

LANDESVERBÄNDE:

Baden:
Badisches Pferdestammbuch e. V.,
Abt. Ponys und Kleinpferde,
6900 Heidelberg, Mönchhofstraße 52
(Arbeitsbereich Nordbaden)
Badisches Pferdestammbuch e. V.,
Abt. Ponys und Kleinpferde,
7828 Neustadt (Hochschwarzwald),
Walter-Göbel-Weg 4
(Arbeitsbereich Südbaden)

Bayern:
Verband der Kleinpferdezüchter Bayerns,
8 München 15, Kaiser-Ludwigs-Platz 5

Hessen:
Verband der Ponyzüchter Hessen e. V.,
6330 Wetzlar, Brühlsbachstraße 2

Niedersachsen:
Verband der Pony- und Kleinpferdezüchter
Hannover e. V.,
3000 Hannover, Johannssenstraße 10
mit folgenden Bezirksvereinen:
Bezirksverein der Pony- und Kleinpferdezüchter Südhannover,
3410 Nordheim, Sollingtor 2
Bezirksverein Lüneburg des Verbandes
der Pony- und Kleinpferdezüchter Hannover,
3110 Uelzen, Bauernstraße 1
Bezirksverband Stade im Verband
der Pony- und Kleinpferdezüchter Hannover,
2160 Stade, Hospitalstraße 1
Bezirksverband Hannover im Verband
der Pony- und Kleinpferdezüchter Hannover,
3000 Hannover, Johannssenstraße 10,

Oldenburg:
Verband der Kleinpferde- und Ponyzüchter
Weser-Ems,
2900 Oldenburg (Oldbg.), Johannisstraße 1

Rheinland:
Island-Pferde-Züchter- und Besitzervereinigung
e. V., vormals Deutscher Pony Klub e. V.,
5000 Köln 1, Humboldtstraße 5–9
Mitteilungsblatt »Pony-Post – Freizeit im
Sattel«
Rheinisches Pferdestammbuch e. V. Abt. C,
Ponys und Kleinpferde,
5300 Bonn, Endenicher Allee 60
Pferdezuchtverband Rheinland-Nassau,
5450 Neuwied, Ringstraße 54

Schleswig-Holstein:
Landesverband der Pony- und Kleinpferdezüchter Schleswig-Holstein/Hamburg e. V.,
2300 Kiel 1, Ziegelteich 10

Westfalen:
Westfälisches Pferdestammbuch e. V.
Abt. Kleinpferde und Ponys,
4400 Münster (Westf.), Engelstraße 52

Württemberg:
Verband der Württembergischen Pferdezüchter
e. V., Abt. Ponys und Kleinpferde,
7000 Stuttgart S, Sophienstraße 21b

Die wichtigsten ausländischen Ponyverbände

England
Dachorganisation:
The National Pony Society, 85 Cliddesden Road, Basingstoke, Hampshire

British Horse Society:
16 Bedford Square, London W.C.1

British Palomino Society:
Kingsettle Stud, Chelderton, Salisbury, Wilts

British Show Pony Society:
Coombers Farm, Fagate, Horsham, Sussex

English Connemara Pony Society:
The Quints, Bentley, Farnham, Surrey

Dales Pony Society:
Hutton Gate, Guisborough, Yorkshire

Dartmoor Pony Society:
Lower Hisley, Lustleigh, Newton Abbot, Devon

Exmoor Pony Society:
Capland Orchard, Hatch Beauchamp, Taunton, Somerset

Fell Pony Society:
Packway, Windermere, Westmoreland

Highland Pony Society:
51 High Street, Dunblane, Pertshire

New Forest Pony Breeding and Cattle Society:
Beacon Corner, Burley, Ringwood, Hampshire

Shetland Pony Stood Book Society:
61 George Street, Perth, Scotland

Welsh Pony and Cob Society:
32 North Parade, Aberystwyth, Cardiganshire

Irland
Connemara Pony Breeders Society:
Connemara

Holland
Nederlands Dartmoor Pony Stamboek:
Mennsestraat 2, post Elst (Gelderland)

Het Nederlandse Fjorden -paarden Stamboek:
Willem de Zwygerlaan 9, Woudenberg (U)

Haflinger Club:
Koniginnengracht 43, Den Haag

Nederlands Stamboek voor Islandse Ponys:
Prins Frederikklaan 18, Amersfoort

Ver. Ned. New Forest Pony Stamboek:
van Wassenaarheuvel 74, Oosterbeek

Het Nederlands Shetland Pony Stamboek:
Worth-Rheden (post Velp)

Ver. Het Nederlands Welsh Pony Stamboek:
Kavelingen 28 A, Valthermond

Dänemark
Samwirkende Danske Husmandsforeningers Udvalg for Stambogsføring for Heste of Norsk Fjordrace:
Aarhus/Dänemark, Johs. Bjergsgade 5

Dansk Welsh Mountain Pony Selskab:
Copenhagen oder Selleberg pr. Marslev

Norwegen
Norges Fjordhestlag:
Os pr. Bergen

USA
The American Shetland Pony Club:
Box 1250 Lafayette, Indiana

Fachzeitschriften

FACHZEITSCHRIFTEN

Equipe (vereinigt mit **Sankt Georg**)
Joachim Schilling Verlag,
8035 Gauting vor München,
Pippinstraße 11/11a

Kleinpferdezucht
Offizielles Fachorgan der Arbeitsgemeinschaft der Ponyzuchtverbände,
6050 Offenbach (Main), Große Marktstraße,
erscheint viermal jährlich

Pony Post – Freizeit im Sattel
5300 Bonn, Venusbergweg 10,
erscheint zwölfmal jährlich

Reiter Revue International
4050 Mönchengladbach,
Lüpertzenderstraße 157–163,
Postfach 345

Sankt Georg (vereinigt mit **Equipe**)
Joachim Schilling Verlag,
8035 Gauting vor München,
Pippinstraße 11/11a

Quellenverzeichnis

F. Ackerl, A. H. Lehmann: Die edlen Lipizzaner und die Spanische Reitschule, Weimar 1939

F. Ch. de Beaulieu: Vollblut, München 1960
Ferien im Sattel – Wandern zu Pferde, Düsseldorf 1970

L. Gianoli: Horse and Man, London 1969

R. Glyn, U. Bruns: Das große Buch der Pferderassen, Zürich 1971

D. M. Goodall: Pferde der Welt, Heidenheim 1971

L. Greil, W. Osborne: Das große Pferdebuch, Wels-München 1970

W. Hölzel: Der Traum vom eigenen Pferd, Stuttgart 1971

W. Hölzel: Jagdreiten, Stuttgart 1969

H. H. Isenbart: Das Königreich des Pferdes, Luzern 1969

M. Jankovich: Pferde, Reiter, Völkerstürme, München o. J.

H. L. Jung: Mit den Pferden wandern, Winterthur 1967

R. Klimke: Military, Stuttgart 1967

L. Kretzenbacher: Ringreiten, Rolandspiel und Kufenstechen, Klagenfurt 1966

H. Lehmann: Volksbrauch im Jahreslauf, München 1964

J. Nissen: Welches Pferd ist das? Stuttgart 1964

Norman: Hippologisches Lexikon, Berlin 1939

A. Podhajsky: Die klassische Reitkunst, München 1965

E. Saurel: Le Cheval, Paris 1968

M. Schäfer: Das Pferd, mein Hobby, München 1970

M. Schäfer: Wie werde ich Pferdekenner? München 1971

E. Schiele: Haltung des Reitpferdes, München 1970

W. Schockemöhle, W. Lutz: Deutsche Springreiter, Frankfurt 1970

H. L. Schütt: P. Barm, Eins, zwei, ab . . ., Berlin 1971

H. v. Seherr-Thoss: Dressurprüfung bei Reitturnieren, Hannover 1971

R. S. Summerhays: The Observers Book of Horses and Ponies, London 1948

W. E. Süskind: Pferderennen, München 1950

v. Toptani: Modernes Springreiten, Berlin 1971

F. Traut: Gestüte Europas, Verden 1971

Ch. Ch. Trench: Geschichte der Reitkunst, München 1971

W. Uppenborn: Ponys, Stuttgart 1968

E. Weiland: Pferdezucht in der Schweiz, Winterthur o. J.

Wolfram v. Eschenbach: Parzival, nacherz. v. G. Baumecker, Überlingen 1950

Xenophon: Über die Reitkunst, übersetzt v. R. Keller, Heidenheim 1962

F. Zeuner: Geschichte der Haustiere, München 1963